9급공무원

10개년

기출문제

사회복지학개론

9급 공무원

10개년 **기출문제**

사회복지학개론

초판 인쇄　2022년 1월 5일
초판 발행　2022년 1월 7일

편 저 자 ｜ 공무원시험연구소
발 행 처 ｜ ㈜서원각
등록번호 ｜ 1999-1A-107호
주　　소 ｜ 경기도 고양시 일산서구 덕산로 88-45(가좌동)
교재주문 ｜ 031-923-2051
팩　　스 ｜ 031-923-3815
교재문의 ｜ 카카오톡 플러스 친구[서원각]
영상문의 ｜ 070-4233-2505
홈페이지 ｜ www.goseowon.com
책임편집 ｜ 정유진
디 자 인 ｜ 이규희

Preface

시험의 성패를 결정하는 데 있어 가장 중요한 요소 중 하나는 충분한 학습이라고 할 수 있다. 하지만 무작정 많은 양을 학습하는 것은 바람직하지 않다. 시험에 출제되는 모든 과목이 그렇듯, 전통적으로 중요하게 여겨지는 이론이나 내용들이 존재한다. 그리고 이러한 이론이나 내용들은 회를 걸쳐 반복적으로 시험에 출제되는 경향이 나타날 수밖에 없다. 따라서 모든 시험에 앞서 필수적으로 짚고 넘어가야 하는 것이 기출문제에 대한 파악이다.

사회복지학개론은 많은 수험생이 선택하고 고득점을 목표로 하는 과목으로 한 문제 한 문제가 시험의 당락에 영향을 미칠 수 있는 중요한 과목이다. 방대한 양으로 학습에 부담이 있을 수 있지만, 시험의 난도 자체가 다른 과목에 비해 높은 편은 아니므로 빈출 내용을 중심으로 공부한다면 고득점을 얻을 수 있다. 최근으로 올수록 사회복지 관련 법령의 내용을 확인하는 문제의 출제 빈도가 증가하고 있으므로, 주요 법령의 내용을 알아둘 필요가 있다.

9급 공무원 최근 10개년 기출문제 시리즈는 기출문제 완벽분석을 책임진다. 그동안 시행된 국가직·지방직 및 서울시 기출문제를 연도별로 수록하여 매년 빠지지 않고 출제되는 내용을 파악하고, 다양하게 변화하는 출제경향에 적응하여 단기간에 최대의 학습효과를 거둘 수 있도록 하였다. 또한 상세하고 꼼꼼한 해설로 기본서 없이도 효율적인 학습이 가능하도록 하였으며, 모의고사 방식으로 구성하여 최종적인 실력점검이 될 수 있도록 하였다.

9급 공무원 시험의 경쟁률이 해마다 점점 더 치열해지고 있다. 이럴 때일수록 기본적인 내용에 대한 탄탄한 학습이 빛을 발한다. 수험생 모두가 자신을 믿고 본서와 함께 끝까지 노력하여 합격의 결실을 맺기를 희망한다.

PART

01

10개년 기출문제

1 다음 설명에 가장 적합한 사회복지 실천모델은?

> • 시간제한, 제한된 목표, 현재에의 집중
> • 클라이언트와 사회복지사 간 동의에 의한 문제해결 활동을 강조
> • 중기 단계에서는 장애물의 규명과 해결, 문제 초점화 등이 이루어짐

① 권한부여모델　　　　　　　　② 인지행동모델
③ 과제중심모델　　　　　　　　④ 인간중심모델

2 다음 설명에 해당하는 사업은?

> • 학교에서 학생들의 삶의 질을 향상하기 위해 학생, 가정과 지역사회에 교육, 문화, 복지 서비스를 제공하는 사업
> • 학교에 '지역사회교육전문가'를 배치하여 학교와 지역사회 기관들과의 네트워크를 통해 지역의 인적·물적 자원을 연계하는 역할을 담당하게 하는 사업

① 전문상담교사사업
② 교육복지(투자)우선지원사업
③ 아동발달지원계좌사업
④ 드림스타트사업

3 다음 예시에서 주된 사회복지사의 역할은?

> 몸이 불편하고 경제상황이 어려운 노인에게 정기적으로 병원에 동행할 자원봉사자를 연계하였다.

① 옹호자(advocate)
② 중개자(broker)
③ 행동가(activist)
④ 집단촉진자(group facilitator)

4 사례관리에 대한 설명으로 옳지 않은 것은?

① 복합적인 문제와 욕구를 가진 사람들이 사례관리의 대상이 된다.
② 사례관리를 통해 복잡하고 분산된 서비스 체계에서 서비스의 연계성을 확보할 수 있다.
③ 사례관리자는 클라이언트가 여러 기관의 서비스를 제공받을 수 있도록 지원한다.
④ 사례관리자는 클라이언트를 직접 상담하는 치료자 역할을 수행하지 않는다.

5 사회복지서비스 기획에 필요한 욕구조사의 자료수집 방법으로 델파이 기법을 적용한 것은?

① 기존의 공인된 이차적 자료들의 소재를 파악하고, 접근성을 확보한 후 자료를 수집한다.
② 지역사회에서 현재 서비스를 제공하고 있는 기관들이 보유하는 서비스 실태 자료를 수집한다.
③ 지역사회의 잠재적 서비스 대상자들에 대해 확률표집을 적용한 설문 자료를 수집한다.
④ 전문가들을 대상으로 반복적 과정을 통해 합의된 의견에 대한 자료를 수집한다.

6 소득불평등과 빈곤에 대한 설명으로 옳지 않은 것은?

① 빈곤율(poverty rate)은 빈곤자(가구)가 전체 인구(가구)에서 차지하는 비율을 말한다.
② 소득불평등의 정도를 수치화하여 나타내는 측정치로써 지니계수(Gini coefficient)가 있다.
③ 빈곤은 주관적 기준으로 측정될 수 있으며, 라이덴 빈곤선(poverty line)이 한 예이다.
④ 사회적 배제(social exclusion)의 개념은 소득 빈곤의 결과적 측면에 초점을 두는 것이다.

7 유엔 아동권리협약에 대한 설명으로 옳지 않은 것은?

① 우리나라는 1991년 이 협약에 서명하고, 비준서를 유엔에 제출하였다.

② 아동의 생존권, 평등권, 자기결정권이 규정되어 있다.

③ 아동 이익 최우선의 원칙을 제시하고 있다.

④ 협약 당사국은 모든 아동들의 인권보장을 위한 법적, 제도적, 행정적 조치를 취하여야 한다.

8 우리나라의 사회복지 관련 법 중 가장 최근에 제정된 것은?

① 「노인장기요양보험법」

② 「장애인활동 지원에 관한 법률」

③ 「저출산·고령사회기본법」

④ 「긴급복지지원법」

9 가족치료모델 중 행동이론, 학습이론, 의사소통이론을 기초로 하며, 직접적이고 분명한 의사소통과 개인·가족의 성장을 치료 목표로 하는 것은?

① 사티어(Satir)의 경험적 가족치료모델

② 헤일리(Haley)의 전략적 가족치료모델

③ 보웬(Bowen)의 다세대 가족치료모델

④ 미누친(Minuchin)의 구조적 가족치료모델

10 사회복지 사상 중 인적자원 개발을 강조하는 사회투자국가의 논리와 가장 밀접하게 연관된 것은?

① 제3의 길(the third way)

② 신자유주의(neo-liberalism)

③ 케인즈주의(Keynesianism)

④ 페이비언주의(Fabianism)

7 가족사회복지실천모델에 대한 설명으로 옳지 않은 것은?

① 구조적 가족치료는 역기능적인 가족구조로 인해 가족문제가 비롯된다고 가정하며 주된 기법으로 합류, 경계만들기 등이 있다.

② 해결중심 가족치료는 문제가 일어나지 않았던 예외상황에 초점을 두며 주된 기법으로 기적질문, 대처질문 등이 있다.

③ 이야기 가족치료는 사회구성주의 관점에 근거하며 주된 기법으로 문제의 외현화, 시련기법 등이 있다.

④ 전략적 가족치료는 지금까지 가족이 문제해결을 위해 시도해 온 방법을 변화시키는 데 초점을 두며 주된 기법으로 순환적 질문, 역설적 개입 등이 있다.

8 우리나라 청소년복지에 관한 설명으로 옳지 않은 것은?

①「학교폭력예방 및 대책에 관한 법률」에 명시된 학교폭력에는 강제적인 심부름, 사이버 따돌림, 정보통신망을 이용한 음란·폭력 정보 등에 의하여 신체·정신 또는 재산상의 피해를 수반하는 행위 등이 포함된다.

②「청소년복지 지원법」에 명시된 청소년복지시설에는 반드시 사회복지사를 배치해야 한다.

③ 학교폭력 문제에 대한 접근 중 피해자 – 가해자 조정(Victim-Offender Mediation)프로그램은 제3자인 조정자의 도움으로 피해자와 가해자가 서로 자신들의 피해와 어려움을 이야기하도록 하는 것이다.

④「청소년복지 지원법」에는 학업중단 청소년 지원에 대한 근거조항이 있다.

9 샐리베이(Saleebey)가 소개한 강점관점 실천을 위한 유용한 질문으로 옳지 않은 것은?

① 예외질문(exception questions)

② 변화질문(change questions)

③ 생존질문(survival questions)

④ 훈습질문(working-through questions)

10 우리나라 지역사회복지에 관한 설명으로 옳지 않은 것은?

① 사회복지관의 운영이 지방이양사업으로 바뀌고 법인의 자부담을 의무화하였다.

② 지역자활센터에서는 자활의욕 고취를 위한 교육, 직업교육 및 취업알선, 생업을 위한 자금융자 알선 등을 행한다.

③ 사회복지협의회는 사회복지 관련 기관·단체 간의 연계·협력·조정을 행한다.

④ 사회복지공동모금회는 사회복지공동모금사업, 공동모금재원의 배분, 운용 및 관리 등을 행한다.

11 먼저 일어난 순서대로 바르게 나열된 것은?

> ㉠ 영세교구들이 연합한 빈민공장 설립이 허용되고 원외구호가 조장되었다.
> ㉡ 빈민의 구제수준이 노동자의 임금수준보다 낮아야 한다는 원칙이 제시되었다.
> ㉢ 수당으로 저임금 노동자의 임금을 보충해 주는 제도가 제정되었다.

① ㉠→㉡→㉢ 　　　　　　② ㉠→㉢→㉡

③ ㉡→㉢→㉠ 　　　　　　④ ㉢→㉠→㉡

12 사회복지 예산모형에 대한 설명으로 옳지 않은 것은?

① 품목별 예산은 간편하다는 장점이 있다.

② 성과주의 예산은 사회복지 조직이 수행하는 업무에 중점을 둔다.

③ 기획 예산은 사업계획을 세부사업으로 분류하고 각 세부사업을 '단위원가 × 업무량 = 예산액'으로 표시하여 편성한다.

④ 영기준 예산은 전년도 예산을 고려하지 않고 비용−편익분석에 따라 우선순위를 결정한다.

13 사회복지정책 결정모형 중 합리주의 모형에 대한 설명으로 옳은 것은?

① 새로운 정책은 과거 정책들의 점증적인 수정에 의해 만들어진다.

② 정책결정은 다양한 이익을 추구하는 이익집단들 간 경쟁의 산물이다.

③ 정책 대안들의 결과를 정확히 예측하고 비용편익 혹은 비용효과를 정확히 산출할 수 있다고 가정한다.

④ 정책결정은 조직화된 무정부 상태 속에서 나타나는 몇 가지 흐름에 의해 우연히 이루어진다.

14 사회복지전달체계에 대한 설명 중 옳은 것은?

① 「사회복지사업법」상 지역복지협의회는 지역 내 서비스의 연계 및 조정의 기반을 마련하고 지원하는 민간협의체이다.

② 원스톱서비스센터나 통합사례관리 서비스는 통합조정의 원칙에 근거한다.

③ 클라이언트가 필요할 때 쉽고 편리하게 서비스를 받을 수 있도록 전달체계를 구축하는 것은 책임성의 원칙에 근거한다.

④ 「사회복지사업법」상 사회복지사업에 관한 업무를 담당하게 하기 위하여 시·도, 시·군·구 및 읍·면·동에 사회복지사를 둘 수 있다.

15 다음 설명 중 옳지 않은 것은?

① UN은 전체 인구 중에서 65세 이상 인구가 차지하는 비율이 14 % 이상인 사회를 고령사회라 한다.

② 우리나라 통계청에서는 노년부양비를 경제활동 인구 중에서 65세 이상 인구가 차지하는 비율로 본다.

③ 지니계수는 소득의 불평등을 나타내는 지표이다.

④ 빈곤갭은 빈곤의 심도를 알려 주는 지표이다.

16 우리나라 사회보험제도에 대한 설명으로 옳은 것은?

① 감액노령연금은 가입기간이 10년 이상이면서 55세 이상으로 소득이 있는 업무에 종사하지 아니할 때 본인이 신청해서 받는다.

② 개별실적요율은 업종별로 과거 3년간 발생한 재해율을 반영하여 보험료를 산정하는 방식이다.

③ DRG포괄수가제는 보험을 관리하는 측과 의사대표 간에 미리 진료비의 총액을 정해 놓고 지불한다.

④ 연금 슬라이드제는 생활수준, 물가 등을 고려하여 연금 급여 수준을 조정하는 것으로 국민연금은 전국소비자물가변동률을 반영하고 있다.

17 2012년 1월 26일 개정된 「사회보장기본법」의 내용으로 옳지 않은 것은?

① "평생사회안전망"이란 생애주기에 걸쳐 보편적으로 충족되어야 하는 기본욕구와 특정한 사회위험에 의하여 발생하는 특수욕구를 동시에 고려하여 소득·서비스를 보장하는 맞춤형 사회보장제도를 말한다.

② "사회서비스"란 사회적 위험으로부터 모든 국민을 보호하고 국민 삶의 질을 향상시키는 데 필요한 소득·서비스를 보장하는 제도를 말한다.

③ 보건복지부장관은 사회서비스의 품질기준 마련, 평가 및 개선 등의 업무를 수행하기 위하여 필요한 전담기구를 설치할 수 있다.

④ 사회보장 업무에 종사하거나 종사하였던 자는 사회보장업무 수행과 관련하여 알게 된 개인·법인 또는 단체의 정보를 관계 법령에서 정하는 바에 따라 보호하여야 한다.

18 다음 글에서 설명하고 있는 제도는?

> • 부의 소득세(negative income tax)의 일종이다.
> • 노동공급유인을 제공하면서 근로빈곤층에게 소득을 보전한다.
> • 장애인 등과 같이 근로의지와 무관하게 취업을 할 수 없는 계층을 위해서는 별도의 공공부조제도가 필요하다.

① 근로장려세제   ② 취업촉진수당

③ 긴급생계급여   ④ 가족수당

19 복지국가 위기 이후 등장하는 복지국가 재편에 관한 설명으로 옳지 않은 것은?

① 저출산·고령화 문제는 대표적인 신사회적 위험이다.

② 사회투자국가는 인적자원개발에 대한 투자보다 시장실패자에 대한 사후 소득보장에 주력한다.

③ 스웨덴과 덴마크는 지속적 경제침체와 고실업의 위험에 대응하기 위해 적극적으로 공공부문을 확대하였다.

④ 독일과 프랑스는 내부시장을 강화하는 노동감축 방식을 통해 성장을 유지하고자 하였다.

20 영리기관과 비영리기관의 선택기준을 제시한 Gilbert(1984)의 주장에 근거해 볼 때 비영리기관이 영리기관보다 더 적합한 경우가 아닌 것은?

① 아동, 지적장애인 등과 같이 표현할 능력이 부족한 이용자에 대한 서비스 제공

② 보호관찰이나 기초생활보장 조건부수급자의 서비스와 같이 강제적인 서비스의 제공

③ 공중예방접종과 같은 표준적 절차나 내용을 담고 있는 서비스의 제공

④ 치료서비스와 같이 사례별로 다른 기술이 필요한 서비스의 제공

1 사회복지의 개념 정의에 대한 설명으로 옳지 않은 것은?

① 사회복지를 저소득층, 장애인, 노인 등 특수 계층의 욕구를 충족시키려는 정책, 급여, 프로그램 및 서비스로 이해하는 것은 협의의 개념 정의이다.

② 사회복지를 제도적 개념과 잔여적 개념으로 구분하는 것은 사회 내에서 사회복지가 어떻게 기능하는가에 따라 구분한 것이다.

③ 사회복지를 사회문제의 치료와 예방, 인적자원의 개발, 인간 생활의 향상에 직접 관련된 일체의 시책과 과정뿐만 아니라 사회제도를 강화하거나 개선하려는 노력을 포함하는 것으로 보는 것은 광의의 개념 정의이다.

④ 광의의 사회복지 개념에 입각하는 것보다 협의의 사회복지 개념에 입각해서 제도와 정책을 실시하는 경우, 사회통합 효과는 높지만 경제적 효율성 효과는 낮다.

2 사회복지 급여나 서비스의 대상자 결정에 적용되는 원칙의 하나인 보편주의에 대한 설명으로 옳지 않은 것은?

① 자산조사

② 집합주의 가치

③ 낙인감 감소

④ 사회통합

3 사회과학으로서 사회복지학의 특성에 대한 설명으로 옳지 않은 것은?

① 인간의 구체적 욕구충족을 위해 과학적 지식을 사용한다.

② 다학문적인 성격을 가지고 있기 때문에 사회과학의 다양한 학문적 성과를 총체적으로 활용한다.

③ 사회문제의 해결을 위한 방법을 창출해 내고 이를 실제 사회현상에 적용하는 실천지향적 학문이다.

④ 대상자의 이익을 최우선으로 하기 때문에 상호충돌 가능성이 있는 양극단의 가치 중 어느 하나를 선택해야만 한다.

4 다음 예시에서 강조하고 있는 사회복지사의 역할은?

> 장기간의 무단결석과 비행으로 학교에서 퇴학 위기에 처한 학생의 선처에 관한 의견 차이로 부모와 학교 당국 간에 갈등을 빚고 있다. 사회복지사는 양자 간의 타협 또는 문제의 해결을 위해 중립을 유지하며 돕는다.

① 중재자　　　　　　　　　　② 교육자

③ 중개자　　　　　　　　　　④ 옹호자

5 다음의 내용에 해당하는 카두신(Kadushin)이 제시한 아동복지서비스의 유형은?

> 가족과 부모-자녀 관계체계가 스트레스에 노출될 경우 아동복지에서의 초기 문제를 다루는 제1차 방어선의 역할을 하는 것으로, 가족의 기능이 원활하게 수행될 수 있도록 지원해 주는 제반의 가족기반 서비스이다.

① 지지적 서비스　　　　　　　② 대리적 서비스

③ 보충적 서비스　　　　　　　④ 심리적 서비스

6 영국의 1834년 「개정 구빈법」에서 규정된 열등처우의 원칙에 대한 설명으로 옳지 않은 것은?

① 자유주의자인 맬서스(Malthus)의 영향을 받았다.

② 사회보험제도의 대상자 선정 기준으로 활용되고 있다.

③ 노동 가능한 빈민에 대한 구제를 국가가 거절할 수 있는 법적 근거를 제공하였다.

④ 구제대상 빈민의 생활수준은 최하층 근로자의 생활수준보다 낮은 조건에서 구제가 제공되어야 한다는 것이다.

7 과제중심모델의 특성에 해당하지 않는 것은?

① 시간제한적이고 구조화된 단기개입

② 사회복지사와 클라이언트의 협조적 관계

③ 조사에 근거한 경험적 자료에 기초

④ 관찰가능한 행동과 환경을 분석하여 변화시킴

8 사회복지 역사에 대한 설명으로 옳은 것은?

① 영국의 1601년 「구빈법」은 구빈세를 재원으로 저임금을 보충해주려던 제도로서 복지국가의 효시로 간주된다.

② 16 ~ 18세기의 유럽에서는 노동하는 자들을 관리하거나 보호하는 일을 정책의 주요 과제로 생각하였다.

③ 영국의 1834년 「개정 구빈법」은 열등처우의 원칙을 내세웠으며, 지나치게 중앙집중화된 구빈행정을 교구 단위로 효율화하였다.

④ 사회보험제도의 도입은 국가마다 그 개혁의 특성이 달랐는데, 독일은 노동자 정당과 우호적 관계에 있던 자유당 정권에 의해, 영국은 사회통제의 성격을 띤 권위주의적 개혁을 거쳐 이루어졌다.

9 드림스타트사업에 대한 설명으로 옳지 않은 것은?

① 빈곤아동을 대상으로 사례관리를 통한 맞춤형 서비스를 제공한다.

② 보건, 복지, 교육 및 보육 서비스를 통합적으로 제공한다.

③ 보건복지부가 2006년부터 시행하고 있으며 그 대상지역이 계속 확대되고 있다.

④ 다학제적 접근을 통한 예방적 서비스를 제공한다.

19 다음 제시문 〈보기 1〉의 의문사항이 발생하였을 때, 〈보기 2〉의 조사 방법이 바르게 연결된 것은?

〈보기 1〉

㉠ 이번 사항은 위원들의 합의가 중요한데 의견을 조사하면서 의견 일치에 도달할 수 있도록 하는 방법은 없을까?

㉡ 실험 설계처럼 완벽하지 않지만, 독립변수 조작과 외적 변수 통제가 가능하고 비교집단을 설정할 수 있는 상황인데 어떤 방법이 좋을까?

㉢ 베이비부머들의 은퇴 시기가 다가오는데 이들의 노후 준비 상황이 매년 어떻게 변하는지를 알 수 없을까?

〈보기 2〉

(가) 초점 집단 인터뷰   (나) 델파이 기법
(다) 비실험 설계   (라) 유사실험 설계(준실험 설계)
(마) 횡단적 조사 설계   (바) 종단적 조사 설계

	㉠	㉡	㉢
①	(가)	(다)	(마)
②	(가)	(라)	(바)
③	(나)	(다)	(바)
④	(나)	(라)	(바)

20 「협동조합기본법」에 대한 설명으로 옳지 않은 것은?

① 협동조합 및 사회적협동조합의 최소 설립 인원은 5인 이상이며 시·도지사에게 신고하면 설립된다.

② 사회적협동조합은 비영리법인으로 한다.

③ 협동조합 조합원은 출자좌수에 관계없이 각각 1개의 의결권과 선거권을 가진다.

④ 협동조합 등 및 사회적협동조합 등은 투기를 목적으로 하는 행위와 일부 조합원등의 이익만을 목적으로 하는 업무와 사업을 하여서는 아니 된다.

1 국가에 의한 사회복지의 필요성을 주장할 때, '시장실패론'에 근거하지 않은 것은?

① 사회복지제도는 긍정적 외부효과를 발생시킨다.

② 사회보험은 민간보험에 비해 수직적 소득재분배 효과가 크다.

③ 사회복지제도는 공공재로서의 성격을 가지고 있다.

④ 의료서비스는 정보의 비대칭성으로 국가개입이 필요한 대표적인 사례이다.

2 사회복지조사방법에서 외적 타당성(external validity)에 대한 설명으로 옳지 않은 것은?

① 조사 반응성(research reactivity)이 높을수록 외적 타당성이 높다.

② 연구표본, 환경 및 절차의 대표성이 높을수록 외적 타당성이 높다.

③ 외적 타당성을 확보하기 위해서는 플라시보 효과(placebo effect)를 통제해야 한다.

④ 외적 타당성이란 조사의 연구결과를 다른 조건의 환경이나 집단으로 일반화할 수 있는 정도를 말한다.

3 브래드쇼(Bradshaw)가 분류한 인간의 욕구와 사례가 바르게 연결된 것은?

① 감지적 욕구(felt need) - 전문가, 행정가 등이 최저생계비를 규정한 경우

② 기능적 욕구(functional need) - 장애인 스스로 치료와 재활이 필요하다고 인식하는 경우

③ 표현적 욕구(expressed need) - 의료 · 보건 분야에서 서비스를 신청한 사람의 수로 판명하는 경우

④ 규범적 욕구(normative need) - A지역 주민의 욕구를 B지역 주민의 욕구와 비교하여 나타내는 경우

4 장애인의 역량을 강화하기 위해 '권한부여(empowerment)모델'을 적용할 경우, 적합하지 않은 것은?

① 사회복지사는 대화를 통해 장애인의 상황, 욕구 및 강점 등을 파악한다.

② 사회복지사와 장애인은 협력적인 파트너십을 기반으로 하여 문제해결과정에 참여한다.

③ 사회복지사는 장애인이 보유하고 있는 자원을 사정하여 바람직한 결과를 위한 계획을 작성한다.

④ 사회복지사는 장애인이 직면한 문제를 해결할 수 있도록 장애인이 처해 있는 환경을 변화시켜 준다.

5 사회복지 실천이론에 대한 설명으로 옳은 것은?

① 행동주의모델의 주요한 이론적 배경은 정신역동이론이다.

② 위기개입모델은 클라이언트 스스로 문제를 인식하게 하고 클라이언트의 자기결정권을 강조한다.

③ 심리사회모델은 클라이언트의 개별성을 강조하며 클라이언트의 심리적 변화와 사회환경적인 변화를 시도한다.

④ 생태체계모델은 클라이언트의 행동변화를 위한 체계적인 개입을 강조하며 변화 목표를 명확하게 설정하고 개입과정을 모니터링·기록·평가하는 것을 중요시한다.

6 먼저 실시된 순서대로 바르게 나열한 것은?

㉠ 국민기초생활보장제도	㉡ 사회복지통합관리망
㉢ 긴급복지지원제도	㉣ 사회복지사 1급 국가시험

① ㉠ - ㉡ - ㉣ - ㉢

② ㉠ - ㉣ - ㉢ - ㉡

③ ㉣ - ㉡ - ㉢ - ㉠

④ ㉣ - ㉢ - ㉠ - ㉡

7 「아동복지법」에서 명시하고 있는 아동학대 신고의무자에 해당하는 자만을 모두 고르면?

> ㉠ 초 · 중등학교 교직원   ㉡ 의료인
> ㉢ 사회복지 전담공무원   ㉣ 학원의 강사

① ㉠, ㉡, ㉢   ② ㉠, ㉢, ㉣

③ ㉡, ㉢, ㉣   ④ ㉠, ㉡, ㉢, ㉣

8 성격이론을 인간의 발달단계와 연관시켜 설명하지 않은 학자는?

① 아들러(Adler)   ② 에릭슨(Erikson)

③ 프로이트(Freud)   ④ 융(Jung)

9 정신보건사회복지에 대한 설명으로 옳지 않은 것은?

① 보건복지부장관은 정신보건전문요원의 자격증을 교부할 수 있으며, 정신보건전문요원은 정신보건사회복지사 · 정신보건임상심리사 및 정신보건간호사로 구분된다.

② 정신보건사회복지사는 정신질환자에 대한 개인력 조사 및 사회조사, 정신질환자와 그 가족에 대한 사회사업지도 및 방문지도 등을 업무로 한다.

③ 정신질환자사회복귀시설은 정신질환자를 정신의료기관 및 정신요양시설에 입원(입소)시키지 아니하고 사회복귀촉진을 위한 훈련을 행하는 시설을 말한다.

④ 정신보건사회복지사 수련제도가 시행되고 있으며, 정신보건사회복지사는 1급, 2급, 3급으로 구분되어 있다.

10 사회복지서비스 정책의 최근 변화 경향으로 옳은 것만을 모두 고르면?

> ㉠ 서비스 대상 인구가 보편적 방향으로 확대되고 있다.
> ㉡ 서비스 재원은 점차 일반조세로 일원화되고 있다.
> ㉢ 서비스 공급기관이 다양화되면서 공공부문이 서비스를 직접 공급하는 역할 비중이 커지고 있다.
> ㉣ 서비스 재정지원방식은 서비스 구매계약(POSC)이나 바우처(voucher) 제공방식보다 시설보조금 (subsidy) 방식이 급속히 확대되고 있다.

① ㉠
② ㉠, ㉡
③ ㉠, ㉣
④ ㉠, ㉡, ㉢, ㉣

11 입양에 대한 설명으로 옳은 것은?

① 아동의 권리보호를 위해 입양기관을 통하지 않은 입양은 금지되어 있다.
② 입양기관의 장은 국내에서 양친이 되려는 사람을 찾지 못하였을 경우에 한하여 국외입양을 추진할 수 있다.
③ 입양을 하면 친부모는 법적으로 아동에 대한 권리는 포기해야 하지만 의무가 없어지는 것은 아니다.
④ 「입양특례법」에 따르면 입양기관의 장은 입양이 성립된 후 3년 동안 사후서비스를 제공해야 한다.

12 사회보장정책의 기본방향으로 「사회보장기본법」에서 명시하고 있지 않은 것은?

① 소득의 보장
② 사회서비스의 보장
③ 사례관리 시스템의 구축
④ 평생사회안전망의 구축 및 운영

13 조지(George)와 윌딩(Wilding)의 사회복지 이념모형에 대한 설명으로 옳은 것은?

① 반(反)집합주의는 소극적 자유를 강조하며 현존하는 불평등은 경제성장에 기여할 수 있다고 본다.
② 마르크스주의는 자본주의가 효율적이고 공정하게 기능하기 위해서는 국가에 의한 규제와 통제가 필요하다고 본다.
③ 소극적 집합주의는 자유시장 체제를 수정·보완해야 한다고 주장하며 토오니(Tawney)와 티트머스 (Titmuss)가 대표적인 인물에 해당한다.
④ 페이비언주의는 적극적 자유를 중심 가치로 추구하며 복지국가에 대해 반대하는 입장으로 밀리반드 (Miliband)가 대표적인 인물에 해당한다.

14 사회복지서비스 전달체계의 운영주체로서 중앙정부에 비해 지방정부가 가진 장점으로 볼 수 없는 것은?

① 경쟁을 유발시켜 서비스 가격과 질을 수급자에게 유리하게 할 수 있다.

② 정책 결정에 수급자가 참여할 기회가 높아 수급자의 입장을 반영하기 쉽다.

③ 프로그램을 통합·조정하거나 프로그램을 지속적이고 안정적으로 유지하는 데 유리하다.

④ 창의적이고 실험적인 서비스 개발이 용이하여 수급자의 변화하는 욕구에 탄력적으로 대처할 수 있다.

15 외국의 사회복지 역사에 대한 설명으로 옳은 것은?

① 독일에서 최초로 실시된 사회보험은 질병(의료)보험이다.

② 영국의 자선조직협회는 빈곤문제 해결을 위해 정부가 주도하여 설립한 것이다.

③ 미국의 의료보험(Medicare)은 「사회보장법」이 제정된 1935년에 실시되었다.

④ 영국의 「신구빈법」(1834년)에서 '열등처우의 원칙'은 최저생활기준에 미달되는 임금의 부족분을 보조해주는 것을 말한다.

16 알코올 중독자인 남편의 금주치료를 위해 부인이 사회복지사를 찾아왔을 경우, 콤튼(Compton)과 갤러웨이(Gallaway)의 6가지 사회복지 실천체계 중 이 남편에게 해당하는 체계는?

① 행동체계　　　　　　　　　　　② 표적체계

③ 변화매개체계　　　　　　　　　④ 의뢰-응답체계

17 노인장기요양보험에 대한 설명으로 옳은 것은?

① 일정한 소득 이하인 경우에만 급여를 신청할 수 있다.

② 비영리법인만이 노인장기요양서비스를 제공할 수 있다.

③ 국민연금공단의 장기요양등급판정위원회에서 요양등급을 판정한다.

④ 신체·정신·성격 등의 사유로 가족 등으로부터 장기요양을 받아야 하는 자에게 현금급여를 지급할 수 있다.

18 「사회복지사업법」에서 정하고 있는 사회복지사업을 규정하고 있지 않은 법률은?

① 「한부모가족지원법」　　　　　　② 「정신보건법」

③ 「청소년기본법」　　　　　　　　④ 「식품기부 활성화에 관한 법률」

19 사회복지관에 대한 설명으로 옳은 것만을 모두 고르면?

> ㉠ 사회복지관은 설립법인에 따라 정치 및 종교 활동에서 중립적이지 않을 수 있다.
> ㉡ 사회복지관의 기능은 크게 사례관리기능, 서비스제공기능, 지역조직화기능으로 구분된다.
> ㉢ 지역사회연계사업, 지역욕구조사, 실습지도는 사회복지관의 사례관리기능에 해당한다.
> ㉣ 서비스제공기능에 해당하는 지역사회보호사업의 세부 사업에는 급식서비스, 보건의료서비스, 재가복지봉사서비스 등이 있다.

① ㉠, ㉡　　　　　　　　　　　② ㉡, ㉣

③ ㉢, ㉣　　　　　　　　　　　④ ㉡, ㉢, ㉣

20 아동복지에 대한 설명으로 옳은 것만을 모두 고르면?

> ㉠ 국가 또는 지방자치단체 외의 자는 아동복지시설을 설치할 수 없다.
> ㉡ 가정위탁지원센터의 장 및 아동복지시설의 장은 보호하고 있는 15세 이상의 아동을 대상으로 매년 개별 아동에 대한 자립지원계획을 수립해야 한다.
> ㉢ 지역아동센터는 아동의 보호·교육, 건전한 놀이와 오락의 제공, 보호자와 지역사회의 연계 등 아동의 건전육성을 위하여 종합적인 아동복지서비스를 제공하는 시설을 말한다.
> ㉣ 시장·군수·구청장은 아동의 친권자가 친권을 남용할 경우 아동의 복지를 위하여 필요하다고 인정할 때에는 친권을 제한할 수 있다.

① ㉠　　　　　　　　　　　　　② ㉡, ㉢

③ ㉢, ㉣　　　　　　　　　　　④ ㉡, ㉢, ㉣

1 「노인장기요양보험법」상 장기요양급여에 포함되지 않는 것은?

① 방문요양

② 주·야간보호

③ 도시락배달

④ 방문목욕

2 다음 설명에 해당하는 조사방법은?

> 일정 기간 동안 동일한 응답자에게 동일한 주제에 대해 시차를 두고 반복하여 행하는 조사

① 패널(panel) 조사

② 설문(survey) 조사

③ 횡단(cross sectional) 조사

④ 추이(trend) 조사

3 사회복지실천기술에 대한 설명으로 옳지 않은 것은?

① 바꾸어 말하기(paraphrasing) : 클라이언트가 말한 내용을 말의 뜻에 초점을 맞춰 재진술하는 것

② 해석(interpretation) : 클라이언트가 말한 내용과 행동 사이의 불일치를 지적하는 것

③ 명료화(clarification) : 클라이언트의 메시지가 추상적이고 애매모호할 때 구체화하는 것

④ 요약(summarization) : 클라이언트가 말한 내용을 축약하여 정리하는 것

10 다음 설명에 해당하는 제도와 관련된 법은?

> 지역의 식량가격을 기준으로 최저생계비를 설정하여 최저생활기준에 미달되는 임금의 부족액을 보조하는 일종의 임금보조제도이다.

① 엘리자베스 구빈법(The Elizabethan Poor Law, 1601)

② 스핀햄랜드법(The Speenhamland Act, 1795)

③ 길버트법(The Gilbert's Act, 1782)

④ 정주법(The Settlement Act, 1662)

11 다음에서 설명하는 사정도구는?

> 2 ~ 3세대까지 확장해서 가족구성원에 관한 정보와 그들 간의 관계를 도표로 작성하는 방법이다.

① 가계도 ② 생태도

③ 가족생활주기표 ④ 사회적 관계망표

12 과제중심모델에 대한 설명으로 옳지 않은 것은?

① 과제중심모델의 이론적 관점은 인본주의 철학을 중심으로 한다.

② 과제중심모델은 단기개입과 구조화된 접근을 강조한다.

③ 문제규명단계에서 클라이언트가 제시한 문제에 개입하기 위해서는 표적문제를 구체적으로 설정해야 한다.

④ 실행단계에서는 매 회기마다 클라이언트가 수행한 과제의 내용을 점검하고 상황에 따라 과제를 수정 보완해 나간다.

13 다음 설명에 해당하는 사회복지실천의 기본원칙은?

> 사회복지사가 각 클라이언트의 독특한 특성과 자질을 알고 이해하는 것으로, 클라이언트의 문제해결을 위해서 각기 다른 원리나 방법을 활용하는 것이다.

① 통제된 정서적 관여   ② 개별화

③ 수용   ④ 비심판적 태도

14 사례관리의 등장배경으로 옳지 않은 것은?

① 분산된 서비스 체계를 개선할 필요성

② 복잡하고 다양한 욕구를 지닌 클라이언트의 증가

③ 시설보호를 강조하는 시설화의 영향

④ 클라이언트와 그 가족에게 부과되는 과도한 책임을 완화할 필요성

15 「청소년복지 지원법」상 청소년 복지시설에 해당하지 않는 것은?

① 청소년 수련관   ② 청소년 쉼터

③ 청소년 자립지원관   ④ 청소년 치료재활센터

16 조지와 윌딩(George & Wilding)이 제시한 사회복지의 이념에 대한 설명으로 옳지 않은 것은?

① 밝고 약한 녹색주의는 환경을 무질서한 착취로부터 보호하고 방어해야 한다는 자각 아래 환경친화적 경제성장과 소비를 주장한다.

② 중도노선은 국가 차원의 복지정책을 통해 자본주의의 사회적 폐해를 완화할 필요성이 있다고 여긴다.

③ 민주적 사회주의는 평등, 자유, 우애를 중심 사회가치로 여기며, 시장사회주의를 지향한다.

④ 신우파는 반집합주의의 성향을 갖고 있으며, 평등을 최고의 가치로 여긴다.

17 다음 사례에 해당하는 표집방법은?

> 성인의 정치의식을 조사하기 위하여 소득을 기준으로 최상, 상, 하, 최하로 구분한 다음, 각각의 계층이 모집단에서 차지하고 있는 비율에 맞추어 1,000명의 표본을 4개의 소득계층별로 무작위 표집하였다.

① 체계적 표집   ② 층화표집

③ 할당표집   ④ 단순무작위표집

18 다음 설명에 해당하는 휴먼서비스 기획·관리 기법은?

> 일회성으로 끝나거나 종합적 파악이 중요한 프로젝트에 유용한 기법으로, 프로젝트의 목표에 따라 이와 관련된 과업과 활동, 세부활동 간의 관계를 논리적으로 시간 순서에 따라 도식화한 것이다.

① 프로그램평가검토기법(Program Evaluation and Review Technique)

② 목표관리(Management by Objectives)

③ 전략적 기획(Strategic Planning)

④ 클라이언트 흐름도(Client Flow Chart)

19 다음의 상황에서 사회복지사 A가 직면한 윤리적 딜레마는?

> 종합사회복지관에 근무하는 사회복지사 A는 방과 후 프로그램을 운영하고 있다. 방과 후 프로그램을 이용하는 아동 B의 결석이 잦아, 사회복지사 A는 이 문제에 대한 상담을 위해 가정방문을 하였다. 사회복지사 A는 가정방문을 통해 아동 B의 실직한 아버지와 도박중독인 어머니, 그리고 치매 증상을 보이는 할아버지를 만나게 되었다. 사회복지사 A는 이러한 상황 속에서 어떠한 문제에 먼저 개입해야 할지 결정하기가 쉽지 않은 상황에 직면하였다.

① 다중 클라이언트체계의 문제   ② 가치 상충

③ 충성심과 역할 상충   ④ 힘과 권력의 불균형

20 「아동학대범죄의 처벌 등에 관한 특례법」의 내용으로 옳지 않은 것은?

① 아동학대범죄를 알게 된 경우나 그 의심이 있는 경우에는 누구든지 아동보호전문기관 또는 수사기관에 신고할 수 있다.

② 아동학대범죄 신고를 접수한 기관의 직원은 신고인 및 피해아동의 인적사항을 지체 없이 관할 지방자치단체의 장에게 통보하여야 한다.

③ 「소방기본법」에 따른 구급대의 대원은 아동학대범죄의 신고의무자에 해당한다.

④ 아동학대범죄 신고의무자가 보호하는 아동에 대하여 아동학대범죄를 범한 때에는 그 죄에 정한 형의 2분의 1까지 가중처벌한다.

1 우리나라의 사회보험에 해당하지 않는 것은?

① 산업재해보상보험   ② 국민기초생활보장

③ 고용보험   ④ 노인장기요양보험

2 사회복지에 대한 설명으로 옳지 않은 것은?

① 복지 다원주의(welfare pluralism)는 정부뿐만 아니라 민간부문의 조직들도 복지제공의 주체가 된다고 본다.

② 에스핑 안데르센(Esping-Andersen)은 복지국가의 유형을 분류하는데 있어 탈상품화 정도가 높을수록 복지선진국을 의미한다고 보았다.

③ 윌렌스키와 르보(Wilensky & Lebeaux)는 사회복지의 개념을 '잔여적 개념'과 '제도적 개념'으로 구분하였다.

④ 조지와 윌딩(George & Wilding)이 제시한 '신우파'는 소극적 집합주의 성향을 가지며 자유보다 평등과 우애를 옹호한다.

3 사회복지 대상의 선정기준에 대한 설명으로 옳지 않은 것은?

① 보편주의(universalism)는 복지 수혜 자격과 기준을 균등화하여 낙인감을 감소시킨다.

② 선별주의(selectivism)는 자산조사 등을 통해 사회복지 대상자들을 선정한다.

③ 선별주의는 기여자와 수혜자를 구별하지 않아 사회통합에 더 효과적이다.

④ 보편주의는 사회복지 급여를 국민의 권리로 생각한다.

4 우리나라가 국가적인 경제위기를 경험한 1997년 이후 제정한 법률에 해당하지 않는 것은?

① 「국민기초생활 보장법」

② 「최저임금법」

③ 「장애인차별금지 및 권리구제 등에 관한 법률」

④ 「국민건강보험법」

5 19세기 자선조직협회(Charity Organization Society)에 대한 설명으로 옳은 것만을 모두 고른 것은?

> ㉠ 빈곤문제의 책임이 사회구조보다는 개인에게 있다고 보았다.
> ㉡ 빈민보호를 위한 조직화와 입법활동 등을 통하여 사회 개혁에 힘썼다.
> ㉢ 자선의 중복과 낭비를 막기 위해 자선단체들을 등록하여 그들의 활동을 조정하였다.

① ㉠, ㉡

② ㉠, ㉢

③ ㉡, ㉢

④ ㉠, ㉡, ㉢

6 영국의 빈민정책에 대한 설명으로 옳은 것은?

① 엘리자베스 구빈법(1601년)은 노동능력과 상관 없이 모든 빈민에게 동일한 구호를 제공하였다.

② 정주법(1662년)은 빈민들의 이동을 금지하여 빈곤문제를 교구 단위로 해결하고자 하였다.

③ 스핀햄랜드법(1795년)은 최저생계를 보장하여 결과적으로 근로동기를 강화시켰다.

④ 신구빈법(1834년)은 노동능력이 있는 자에 대해 원외구제를 지속하고, 노동능력이 없는 자에게는 원내구제를 제공하였다.

7 빈곤에 대한 설명으로 옳은 것만을 모두 고른 것은?

> ㉠ 절대적 빈곤은 최소한의 생활수준에 미치지 못하는 것을 의미한다.
> ㉡ 빈곤갭(poverty gap)은 자력으로 일을 해서 가난으로부터 벗어나려 하기보다 사회복지급여에 의존하여 생계를 해결하려는 의존심이 생기는 현상을 의미한다.
> ㉢ 상대적 빈곤은 한 사회의 평균적인 생활수준과 비교하여 빈곤을 규정하는 것이다.
> ㉣ 전물량방식과 반물량방식은 상대적 빈곤 산정방식이다.

① ㉠, ㉢
② ㉡, ㉢
③ ㉡, ㉣
④ ㉠, ㉢, ㉣

8 우리나라 '사회복지사 윤리강령'에 명시된 윤리기준으로 옳지 않은 것은?

① 사회복지사는 긴급한 사정으로 인해 동료의 클라이언트를 맡게 된 경우, 동료의 전문적 관계를 훼손하지 않기 위해 최소한의 서비스를 제공한다.

② 사회복지사는 전문가로서 성실하고 공정하게 업무를 수행하며 이 과정에서 어떠한 부당한 압력에도 타협하지 않는다.

③ 사회복지사는 한국사회복지사협회 등이 실시하는 제반교육에 적극 참여하여야 한다.

④ 사회복지사는 필요한 경우에 제공된 서비스에 대해 공정하고 합리적으로 이용료를 책정해야 한다.

9 사회복지의 기본 가치 중 평등에 대한 설명으로 옳은 것은?

① 비례적 평등은 개인의 욕구 등에 따라 사회적 자원을 상이하게 배분하는 것으로, 형평(equity)을 평등의 개념으로 본다.

② 조건의 평등은 개인의 능력이나 장애와 상관 없이 기회를 모든 사람에게 균등하게 제공하고, 동일한 업적에 대해 동일한 보상을 제공한다.

③ 수량적 평등은 개인의 기여도와 상관 없이 사회적 자원을 똑같이 분배하는 것을 강조하며, 어느 사회에서나 현실적으로 실현가능하다.

④ 기회의 평등은 참여와 시작 단계에서부터 평등을 강조하기 때문에 가장 적극적인 평등개념이라 할 수 있다.

10 다음의 사례관리(case management)에 대한 설명으로 옳은 것만을 모두 고른 것은?

> ㉠ 사례관리는 장기적인 보호를 필요로 하는 클라이언트를 시설에서 비용 – 효율적으로 관리하기 위해 고안된 실천방법이다.
> ㉡ 사례관리는 클라이언트의 욕구를 개별화하고, 그들의 참여와 자기결정을 중요시한다.
> ㉢ 사례관리의 목표는 클라이언트의 무의식을 분석하여 자신의 문제를 깨닫도록 돕는 것이다.
> ㉣ 사례관리는 포괄적인 서비스를 제공하고, 서비스의 조정과 점검을 실시한다.

① ㉠, ㉢   ② ㉠, ㉣
③ ㉡, ㉢   ④ ㉡, ㉣

11 우리나라 장애인복지법령의 내용으로 옳은 것은?

① 발달 장애는 신체적 장애에 포함된다.

② 장애인 거주시설이란 장애인을 입원 또는 통원하게 하여 상담, 진단 · 판정, 치료 등 의료재활서비스를 제공하는 시설을 말한다.

③ 국가와 지방자치단체는 학생, 공무원, 근로자, 그 밖의 일반국민 등을 대상으로 장애인에 대한 인식 개선을 위한 교육 및 공익광고 등 홍보사업을 실시하여야 한다.

④ 보건복지부장관은 장애인 복지정책의 수립에 필요한 기초 자료로 활용하기 위하여 5년마다 장애실태조사를 실시하여야 한다.

12 아동학대 피해아동의 가족에게 아동보호전문기관을 소개해 주는 사회복지사의 역할은?

① 교육자(educator)

② 중재자(mediator)

③ 중개자(broker)

④ 옹호자(advocate)

13 다음 내용에 해당하는 사회복지 면담기술은?

> 클라이언트의 억압된 감정, 특히 부정적 감정인 분노, 슬픔, 죄의식 등이 문제 해결을 방해하거나 그러한 감정 자체가 문제가 되는 경우, 이를 표출하도록 함으로써 감정의 강도를 약화시키거나 해소시킨다.

① 환기(ventilation)

② 직면(confrontation)

③ 재보증(reassurance)

④ 일반화(universalization)

14 「국민기초생활 보장법」상 국민기초생활보장에 대한 설명으로 옳은 것만을 모두 고른 것은?

> ㉠ 수급자 및 차상위자는 상호 협력하여 자활기업을 설립·운영할 수 있다.
> ㉡ 국가 또는 시·도가 직접 수행하는 보장업무에 드는 비용은 국가 또는 해당 시·도가 부담한다.
> ㉢ 부양의무자란 수급권자를 부양할 책임이 있는 사람으로서 수급권자의 1촌의 직계혈족 및 그 형제자매를 말한다.
> ㉣ 급여의 종류에는 생계급여, 주거급여, 의료급여, 교육급여, 해산급여, 장제급여, 자활급여가 있다.

① ㉠, ㉣

② ㉠, ㉡, ㉢

③ ㉠, ㉡, ㉣

④ ㉡, ㉢, ㉣

15 「아동학대범죄의 처벌 등에 관한 특례법」상 아동학대의 신고의무자만을 모두 고른 것은?

> ㉠ 「성매매방지 및 피해자보호 등에 관한 법률」에 따른 성매매피해상담소의 장
> ㉡ 가정위탁지원센터의 장
> ㉢ 「학원의 설립·운영 및 과외교습에 관한 법률」에 따른 학원 강사
> ㉣ 「아이돌봄 지원법」에 따른 아이돌보미

① ㉠, ㉢

② ㉠, ㉣

③ ㉡, ㉢, ㉣

④ ㉠, ㉡, ㉢, ㉣

7 다음의 비스텍(Biesteck)이 제시한 사회복지사와 클라이언트 사이의 관계 형성의 원칙 중 하나를 설명한 것이다. 〈보기〉 내용에 가장 부합하는 원칙은?

〈보기〉

사회복지사는 클라이언트를 인간으로서의 존엄성과 가치를 지니는 독특한 개체로 인식해야 한다. 모든 인간은 독특한 자질과 특성을 가지고 있으며 개별적 욕구를 가지고 있으므로, 사회복지사는 각 클라이언트의 특수성을 이해하고, 다양한 원리와 방법을 활용해야 한다.

① 자기결정
② 비심판적 태도
③ 개별화
④ 수용

8 스핀햄랜드법(Speenhamland Act)에 관한 다음의 설명 중 옳은 것을 모두 고른 것은?

ㄱ 빈민의 독립심과 노동능률을 저하시킨 법이다.
ㄴ 오늘날의 가족수당 또는 최저생활보장의 기반이 된 법이다.
ㄷ 스핀햄랜드법 제정에 따라 구빈세 부담이 줄어들고 노동자의 임금이 상승하였다.
ㄹ 스핀햄랜드법의 핵심 내용이 개정구빈법(Poor Laws Reform of 1834)에 의해 폐지되었다.

① ㄱ, ㄹ
② ㄱ, ㄴ, ㄹ
③ ㄴ, ㄷ, ㄹ
④ ㄱ, ㄴ, ㄷ, ㄹ

9 산업화 이전과 산업화 이후의 사회복지 대상에 대한 인식과 범위의 변화를 설명한 것으로 옳지 않은 것은?

① 자선에서 시민의 권리로 변화되어 왔다.
② 최저수준에서 최적수준의 급여로 변화되어 왔다.
③ 보편성에서 특수성으로 변화되어 왔다.
④ 개인의 변화에서 사회개혁으로 변화되어 왔다.

10 사회복지조직의 일반환경 중 사회인구학적 조건에 해당하지 않는 것은?

① 사회계층

② 노동윤리

③ 인구구조

④ 소득수준

11 지역사회복지실천에서 활용될 수 있는 기술로서 옹호에 대한 설명으로 옳지 않은 것은?

① 옹호란 클라이언트나 시민의 이익 또는 권리를 위해 싸우거나, 대변하거나, 방어하는 활동이다.

② 거시적 실천기술로서 옹호는 개별적 문제를 공공의 쟁점으로 또는 개인적 문제를 사회적 쟁점으로 전환시킨다.

③ 시민권 확보를 위한 입법운동, 장애인 등을 포함한 위험에 처한 인구집단의 권리를 위한 투쟁 등은 대의옹호(cause advocacy)의 대표적 예이다.

④ 옹호활동은 개별 사례나 클라이언트 개인의 문제를 다루는 미시적 실천에서는 활용되기 어려우며 주로 지역사회 옹호나 정책옹호를 통해 이루어진다.

12 핀커스(Allen Pincus)와 미나한(Anne Minahan)의 사회복지실천의 4체계와 아래 상황이 바르게 연결된 것은?

> A가정의 남편은 자상하고 가정적이었지만 술을 마시기만 하면 늘 아내를 폭행하였다. 남편의 문제를 해결하기 위해 아내는 B복지관의 사회복지사를 찾아가 남편의 행동을 변화시켜 줄 것을 요청하였다. 이에 사회복지사는 A가정의 아내와 계약을 맺고, 남편의 폭행을 근절시키기 위해 가족치료전문가의 도움을 받아 어제부터 개입하기 시작하였다.

① 변화매개체계 – 남편   클라이언트체계 – 아내

② 클라이언트체계 – 아내   표적체계 – 남편

③ 표적체계 – 남편   행동체계 – 사회복지사

④ 행동체계 – 가족치료전문가   클라이언트체계 – 남편

13 다음 중에서 「한부모가족지원법」에 의한 국가와 지방자치단체의 한부모가족에 대한 복지 조치에 해당하지 않는 것은?

① 영양·건강에 대한 교육, 건강검진 등의 의료서비스를 지원할 수 있다.

② 아동교육비, 의료비, 주택자금 등의 복지자금을 대여할 수 있다.

③ 청소년 한부모가 학업을 할 수 있도록 교육비 등을 지원할 수 있다.

④ 공공시설에 매점을 허가할 경우 한부모가족에게 우선적으로 허가할 수 있다.

14 사회복지서비스 전달체계 구축의 주요 원칙 중 하나는 '접근용이성'의 원칙이다. 다음 중에서 서비스 접근의 장애요인에 해당되지 않는 것은?

① 서비스에 관한 정보 부족 또는 결여

② 소외의식이나 사회복지사와의 거리감 등 심리적 장애

③ 서비스 수혜 절차의 까다로움이나 긴 시간 소요 등 선정 절차 장애

④ 유사한 서비스 제공 기관들의 난립에 따른 선택 장애

15 다음 설명에서 설명하고 있는 척도는?

> 다수의 항목으로 인간의 태도 및 속성을 측정하여 응답한 각 항목의 점수를 합산하여 전체적인 특성을 측정하는 방법으로 총화평정척도라고도 한다. 한 문항보다 여러 문항을 하나의 척도로 사용해야 한다는 논리로 사회과학에서 많이 사용된다.

① 거트만 척도(Guttman scale)

② 보가더스 척도(Bogardus scale)

③ 서스톤 척도(Thurstone scale)

④ 리커트 척도(Likert scale)

16 사례관리(case management)에 대한 설명으로 옳은 것은?

① 서비스 전달체계의 단편성 및 서비스의 연속성 결여의 문제를 해결하기 위하여 서비스에 대하여 통합적으로 접근한다.

② 사례관리자는 대상자의 문제해결을 위해서 클라이언트 개인을 변화시키기 위한 직접적 서비스 제공에 초점을 두고 활동한다.

③ 시설보호에 초점을 두고, 시설에서 생활하는 클라이언트의 복합적인 욕구를 해결하기 위한 포괄적인 서비스 제공 체계를 구축하기 위해 시작되었다.

④ 클라이언트의 심리치료나 상담 등에 초점을 두고 개인적 변화를 달성하기 위한 것으로 환경보다는 개인을 강조하는 실천방법이다.

17 사회보험제도의 도입 역사에 대한 다음 서술 중 옳은 것은?

① 세계 최초의 사회보험제도는 독일의 산업재해보험(1883년)이다.

② 영국 국민보험법(1911년)은 질병보험과 노령연금으로 구성되었다.

③ 미국 사회보장법(1935년)은 노령연금과 실업보험을 도입하였다.

④ 베버리지보고서(1942년)는 사회보험 6대 원칙 중 하나로 소득에 비례한 기여를 제안하였다.

18 로스만(Rothman)의 지역사회복지 실천모델에 대한 설명으로 옳은 것은?

① 지역사회개발모델은 자조에 기반하며, 과업목표 지향적이다.

② 사회계획모델에서는 변화전략으로 주로 클라이언트의 임파워먼트(empowerment)가 사용된다.

③ 사회행동모델은 세 모델 중 전문가의 역할이 가장 중요하며, 이의제기, 데모 등 대항전략을 많이 사용한다.

④ 사회계획모델은 클라이언트의 역할이 가장 최소화된 모델이다.

19 국제노동기구(ILO)는 「사회보장 최저기준에 관한 조약」(1952년)을 통해 국가가 현대 산업사회에서 나타나는 사회적 위험으로부터 시민들을 보호하기 위해 사회보장 급여를 제공할 것을 권고하였다. 다음 중 이 조약에서 열거한 사회적 위험에 해당하지 않는 것은?

① 빈곤(poverty)

② 질병(sickness)

③ 실업(unemployment)

④ 임신 및 출산(maternity)

20 우리나라 사회복지 역사의 다음 사건들을 먼저 일어난 것부터 순서대로 바르게 나열한 것은?

> ㉠ 국민기초생활보장제도 시행
> ㉡ 최저임금제도 도입
> ㉢ 4대 사회보험체제 완비
> ㉣ 저출산 · 고령사회기본계획 수립

① ㉠→㉡→㉣→㉢

② ㉡→㉢→㉠→㉣

③ ㉢→㉣→㉡→㉠

④ ㉣→㉡→㉠→㉢

14 「국민기초생활 보장법」의 내용으로 옳지 않은 것은?

① 이 법은 생활이 어려운 사람에게 필요한 급여를 실시하여 이들의 최저생활을 보장하고 자활을 돕는 것을 목적으로 한다.

② 생계급여 최저보장수준은 생계급여와 소득인정액을 포함하여 생계급여 선정기준 이상이 되도록 하여야 한다.

③ 보장기관은 대통령령으로 정하는 바에 따라 근로능력이 있는 수급자에게 자활에 필요한 사업에 참가할 것을 조건으로 하여 생계급여를 실시할 수 있고 이 경우 자활지원계획을 고려하여 조건을 제시하여야 한다.

④ 이 법에 따른 급여는 부양의무자의 부양과 다른 법령에 따른 보호에 우선하여 행하여지는 것으로 한다.

15 길버트(Gilbert)와 테렐(Terrell)이 제시한 사회복지정책 분석틀을 구성하는 주요 선택의 차원에 대한 설명으로 옳지 않은 것은?

① 할당, 급여, 전달, 재정으로 구성되어 있다.

② 할당은 수급자를 누구로 할 것인가에 관한 것이다.

③ 급여는 재정마련의 방법에 관한 것으로 공공, 민간, 혼합 형태가 있다.

④ 전달은 서비스 전달 방식과 주체에 관한 것이다.

16 사회복지조사에서 내적 타당도(internal validity)의 저해요인이 아닌 것은?

① 통계적 회귀(statistical regression)

② 도구 효과(instrumentation effect)

③ 외부 사건(history)

④ 무작위 오류(random error)

17 사회복지 정책결정모형에 대한 설명으로 옳은 것은?

① 쓰레기통모형은 정책결정자가 높은 합리성을 가지고 주어진 상황에서 최선의 정책 대안을 찾아낼 수 있다고 본다.

② 혼합모형은 합리적 요소와 함께 직관, 판단, 통찰력과 같은 초합리적 요소를 바탕으로 정책결정을 한다고 본다.

③ 최적모형은 과거의 정책결정을 기초로 하여 약간의 변화를 추구하면서 새로운 정책대안을 검토하고 점증적으로 수정하는 과정을 거친다고 본다.

④ 만족모형은 정책결정 과정에서 모든 정책대안이 다 고려되지 않고 고려될 수도 없다고 본다.

18 로마니쉰(Romanyshyn)이 제시한 사회변화에 따른 사회복지 개념의 변화로 옳은 것만을 모두 고른 것은?

> ㉠ 최적생활 보장에서 최저생활 보장으로 변화
> ㉡ 자선에서 시민의 권리로 변화
> ㉢ 특수성에서 보편성의 성향으로 변화
> ㉣ 공공지원에서 민간지원으로 변화
> ㉤ 개인의 변화에서 사회의 개혁으로 변화

① ㉠, ㉡, ㉣

② ㉠, ㉢, ㉣

③ ㉡, ㉢, ㉤

④ ㉢, ㉣, ㉤

19 다음은 「사회보장기본법」상 사회보장의 정의에 대한 설명이다. ㉠～㉢에 들어갈 용어를 바르게 연결한 것은?

> 사회보장이란 (㉠), (㉡), (㉢), 노령, 장애, 질병, 빈곤 및 사망 등의 사회적 위험으로부터 모든 국민을 보호하고 국민 삶의 질을 향상시키는 데 필요한 소득·서비스를 보장하는 사회보험, 공공부조, 사회서비스를 말한다.

	㉠	㉡	㉢
①	재해	자립	고용
②	출산	재해	실업
③	양육	고용	자립
④	출산	양육	실업

20 집단사회복지실천의 주요 개념에 대한 설명으로 옳지 않은 것은?

① 집단규범은 집단 성원 모두가 집단에서 적절한 행동방식이라고 믿고 있는 신념이나 기대를 의미한다.

② 집단응집력은 '우리'라는 강한 일체감 또는 소속감을 의미한다.

③ 집단문화는 특정 성원이 집단 내에서 수행해야 할 구체적인 과업이나 기능과 관련된 행동을 의미한다.

④ 집단역동성은 집단 내에서 작용하는 사회적인 힘과 상호작용을 의미한다.

1 자조집단을 만드는 동기는?

① 경쟁

② 자선

③ 상부상조

④ 기업의 사회적 책임감

2 다음 사회복지시설 중 이용시설은?

① 노인여가복지시설

② 아동양육시설

③ 장애인거주시설

④ 모자가족복지시설

3 사회복지급여 수급권에 대한 설명으로 옳지 않은 것은?

① 사회복지급여 수급권은 정당한 이유 없이 불이익하게 변경될 수 없다.

② 사회복지급여 수급권은 상속될 수 없다.

③ 사회복지급여 수급권을 행사하는 자는 수급 절차 및 과정에서 각종 보고와 자료제출 등의 의무를 이행해야 한다.

④ 사회복지급여 수급권은 행정기관의 재량행위에 의해 인정된다.

4 〈보기 1〉의 급여형태와 〈보기 2〉의 예시를 바르게 연결한 것은?

> 〈보기 1〉
> ㉠ 현금급여   ㉡ 현물급여
> ㉢ 증서   ㉣ 기회

> 〈보기 2〉
> A. 「장애인고용촉진 및 직업재활법」의 장애인의무고용
> B. 보건복지부의 사회서비스 전자바우처
> C. 「노인장기요양보험법」의 방문목욕
> D. 「국민연금법」의 노령연금

① ㉠ – D   ② ㉡ – B
③ ㉢ – A   ④ ㉣ – C

5 소득재분배에 대한 설명으로 옳지 않은 것은?

① 사회보장제도에서 보호하는 위험의 종류와 적용대상 범위는 소득재분배의 효과에 영향을 미친다.

② 자녀가 없는 계층으로부터 자녀가 있는 계층으로 소득이 재분배되는 형태는 수평적 재분배에 해당한다.

③ 공적연금제도의 재정조달방식에서 적립방식은 부과방식보다 세대 간 재분배 효과가 더 뚜렷하게 나타난다.

④ 누진세를 재원으로 하는 공공부조제도는 기여금을 재원으로 하는 사회보험제도보다 수직적 소득재분배 효과가 더 크다.

6 사회복지실천모델의 기본 가정과 주요 개입 기술을 모두 바르게 연결한 것은?

	사회복지실천모델	기본 가정	주요 개입 기술
①	심리사회모델	인간은 개인적·환경적·인지적 영향력 사이에서 끊임없이 상호작용하면서 행동하는 존재다.	인지 재구조화
②	해결중심모델	인간은 누구나 문제해결능력을 가지고 있으며, 변화는 불가피하다.	예외 질문
③	인지행동모델	인간의 현재 행동을 이해하기 위해서는 과거 경험에 대한 탐색이 중요하다.	발달적 고찰
④	위기개입모델	인간은 감당하기 어려운 상황에 직면하게 되면 균형 상태가 깨져 혼란 상태에 놓인다.	관계성 질문

7 다음 그림에서 임계경로(critical path)로 옳은 것은?

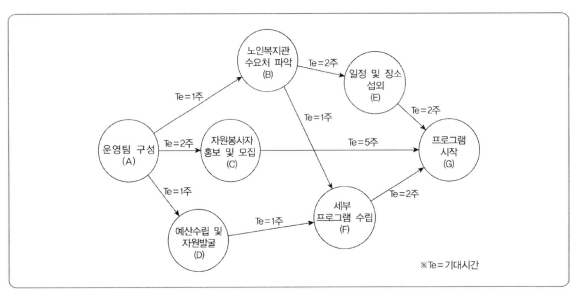

① A→B→E→G

② A→B→F→G

③ A→C→G

④ A→D→F→G

8 테일러-구비(Taylor-Gooby)가 주장하는 신사회적 위험의 발생 원인으로 옳지 않은 것은?

① 저출산에 따른 생산가능인구의 감소로 인한 국가 경쟁력 하락

② 여성의 경제활동참여 증가에 따른 일-가정 양립의 어려움

③ 미숙련 생산직의 비중 하락을 가져온 생산기술의 변동으로 인한 저학력자들의 사회적 배제

④ 고령화에 따른 노인돌봄을 위해 가족구성원의 경제활동 포기로 인한 소득 감소

9 리더십이론에 대한 설명으로 옳은 것은?

① 리더십 특성이론은 리더가 가진 특성이나 자질을 강조하면서, 그러한 특성과 자질을 학습하면 누구나 리더가 될 수 있다고 주장한다.

② 허시와 블랜차드(Hersey & Blanchard)의 상황이론에서는 리더십 유형의 유효성을 높일 수 있는 상황조절변수로 리더의 성숙도를 들고 있다.

③ 피들러(Fiedler)의 상황이론에서는 상황의 주요 구성요소로 리더와 부하의 관계, 과업이 구조화되어 있는 정도, 관리자의 지위권력 정도를 제시한다.

④ 블레이크와 머튼(Blake & Mouton)이 제시하는 관리격자이론에서는 중도(middle-of-the-road)형 리더십을 가장 이상적인 리더십으로 간주한다.

10 〈보기 1〉의 ㉠~㉣에 들어갈 말을 〈보기 2〉의 ⓐ~ⓗ에서 바르게 연결한 것은?

〈보기 1〉
- (㉠)는(은) 어머니를 미워하는 것이 자아에 수용될 수 없으므로 나 자신이 미운 것으로 대치시키는 것으로서 우울증을 야기하는 중요한 기제로도 여겨진다.
- (㉡)는(은) 보상과 속죄의 행위를 통해 죄책감을 일으키는 충동이나 행동을 중화 또는 무효화하는 것이다.
- (㉢)는(은) 실패가능성이 있거나 심한 좌절, 불안감을 느낄 때 초기의 발달단계나 행동양식으로 후퇴하는 것이다.
- (㉣)는(은) 받아들일 수 없는 욕망, 기억, 사고 따위를 의식 수준에서 몰아내어 무의식으로 추방하는 것이다.

〈보기 2〉

ⓐ 반동형성 ⓑ 퇴행
ⓒ 취소 ⓓ 전환
ⓔ 합리화 ⓕ 투사
ⓖ 투입 ⓗ 억압

㉠	㉡	㉢	㉣		㉠	㉡	㉢	㉣
① ⓓ	ⓒ	ⓐ	ⓗ		② ⓖ	ⓒ	ⓑ	ⓗ
③ ⓓ	ⓔ	ⓐ	ⓕ		④ ⓖ	ⓔ	ⓑ	ⓕ

11 최근 우리나라의 가족생활주기 변화현상에 대한 설명으로 옳지 않은 것은?

① 초혼 연령이 높아지면서 가족생활주기가 시작되기 전까지의 기간이 길어지고 있다.

② 첫 자녀결혼 시작에서 막내 자녀결혼 완료까지의 기간은 출산 자녀 수의 감소로 짧아지고 있다.

③ 평균수명 증가, 자녀 수 감소 등으로 인해 가족생활주기가 변화되고 있다.

④ 새로운 가족유형이 나타나면서 가족생활주기별 구분이 보다 더 뚜렷해지고 있다.

12 다음 설명에 해당하는 의사결정기법은?

> • 어떤 주제에 대해 전문가들의 합의를 얻으려고 할 때 적용될 수 있다.
> • 전문가들에게 우편으로 의견이나 정보를 수집한 후, 분석한 결과를 다시 응답자들에게 보내 의견을 묻는 방식이다.
> • 전문가가 자유로운 시간에 의견을 제시할 수 있는 장점이 있지만, 시간이 많이 걸리고 반복하는 동안 응답자의 수가 줄어드는 문제가 있다.

① 의사결정나무분석기법　　　　　　② 브레인스토밍
③ 명목집단기법　　　　　　　　　　④ 델파이기법

13 마셜(Marshall)이 제시한 시민권에 대한 설명으로 옳지 않은 것은?

① 시민권은 사회권, 참정권, 공민권의 순서로 발달하였다.
② 공민권이란 법 앞에서의 평등, 신체의 자유, 언론의 자유 등과 같은 권리를 의미한다.
③ 사회권을 보장하기 위한 대표적인 장치로 교육과 사회복지제도를 제시하였다.
④ 투표할 수 있는 권리와 정치과정에 참여할 수 있는 권리는 참정권에 해당한다.

14 클라이언트의 고지된 동의(informed consent)에 대한 설명으로 옳지 않은 것은?

① 사회복지사는 클라이언트가 받는 서비스의 범위와 내용에 대해 정확하고 충분한 정보를 제공하고 클라이언트의 동의를 얻어야 한다.
② 고지된 동의는 클라이언트의 자기결정의 가치를 실현하기 위한 윤리원칙이다.
③ 원칙적으로 고지된 동의가 이루어지기 위해서는 클라이언트가 충분한 정보를 제공받아서 지식을 갖추고 있고, 자발적으로 동의를 해야 하며, 동의를 할 수 있는 능력을 갖추고 있어야 한다.
④ 클라이언트를 대상으로 연구하는 사회복지사는 클라이언트로부터 고지된 동의를 얻을 필요가 없다.

15 로렌츠 곡선에 대한 설명으로 옳지 않은 것은?

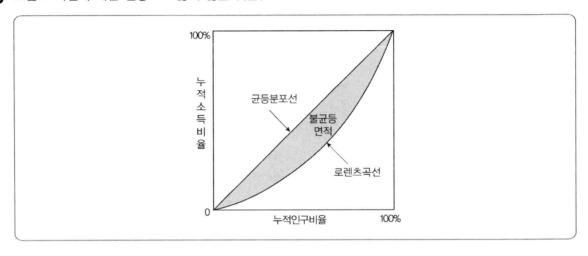

① 균등분포선과 로렌츠 곡선이 이루는 면적(빗금 친 부분)이 클수록 소득불평등도는 커진다.

② 로렌츠 곡선과 균등분포선이 일치하는 사회에서는 누적인구비율 20%의 누적소득비율은 20%가 된다.

③ 로렌츠 곡선은 전체적인 소득불평등 상태를 알아보는 데 유용하다.

④ 한 사회의 모든 구성원의 소득이 같다면 지니계수는 1이 된다.

16 다음 사례에서 컴튼(Compton)과 갤러웨이(Galaway)가 분류한 사회복지실천체계를 바르게 연결한 것은?

알코올중독자인 남편 甲은 술만 먹으면 배우자인 乙에게 폭력을 행사한다. 이를 견디다 못한 乙은 사회복지사 丙을 찾아가 甲의 알코올중독에 따른 가정폭력 문제를 호소하였다. 丙은 乙의 문제를 함께 해결해 가기 위해 계약을 맺고, 甲의 가정폭력을 해결할 수 있는 방안을 찾기로 했다.
한편, 甲과 乙의 고등학생 아들인 丁은 비행을 저질러 법원(戊)으로부터 보호관찰처분에 따른 부가처분으로 상담을 명받아 丙을 찾아왔다.

① 甲 : 클라이언트체계, 丙 : 변화매개체계

② 甲 : 표적체계, 乙 : 클라이언트체계

③ 乙 : 클라이언트체계, 丙 : 행동체계

④ 丁 : 의뢰체계, 戊 : 변화매개체계

17 다음 사례에서 甲에게 적용되는 사회보험 급여는?

> 甲은 4대 사회보험(국민건강보험, 산업재해보상보험, 고용보험, 국민연금)이 적용되는 제조업체에서 일하는 30대 정규직 근로자이다. 甲은 휴일에 중학교 동창 친구들과 나들이를 갔다가 손목을 다쳤다. 장애 판정을 받을 만큼 심각하지 않았기 때문에, 퇴근 후 거주지 부근 정형외과를 다니며 치료를 받았다. 업무를 수행할 때 약간 불편하지만, 일을 그만둘 정도는 아니므로 현재 정상적으로 근무하는 중이다.

① 국민건강보험에 의한 요양급여
② 국민연금에 의한 노령연금
③ 산업재해보상보험에 의한 장해급여
④ 고용보험에 의한 조기재취업수당

18 단일사례조사에 대한 설명으로 옳지 않은 것은?

① 사회복지실천에서 단일사례조사는 개입 전과 후를 비교하여 그 효과를 증명하는 데 활용된다.
② 단일사례조사 결과 분석 방법 가운데 경향선 접근은 기초선이 안정적일 때 사용한다.
③ 시각적 분석은 기초선단계와 개입단계에 그려진 그래프를 보면서 개입변화 여부를 확인하는 방식이다.
④ 단일사례조사에서 표적행동은 개입에 따라 변화가 기대되는 대상으로서 종속변수가 된다.

19 사회복지조직이론에 대한 설명으로 옳은 것은?

① 과학적 관리론(scientific management theory)에 따르면 조직은 갈등과 불화가 존재하는 체계이며, 조직의 목표가 분명치 않아 조직관리자가 우선순위를 정하기 어렵다.
② 사회복지서비스의 질은 객관성 있게 측정될 수 있기 때문에 총체적품질관리(TQM : Total Quality Management)는 사회복지조직에 적용하기에 적합한 관리기법이다.
③ 제도이론(institutional theory)은 폐쇄체계적 관점에서 조직 자체의 규범이나 규칙 등과 같은 제도에 의해 조직 성격이 규정되고 조직생존이 결정된다고 주장한다.
④ 조직군생태학이론(population-ecology theory)은 조직을 개방체계로 인식하면서 조직의 생존은 결국 환경이 결정한다는 결정론적 입장을 취한다.

20 다음 법을 먼저 제정된 순서대로 바르게 나열한 것은?

> ㉠ 「사회보장급여의 이용 · 제공 및 수급권자 발굴에 관한 법률」
> ㉡ 「장애인차별금지 및 권리구제 등에 관한 법률」
> ㉢ 「청소년복지지원법」
> ㉣ 「학교 밖 청소년 지원에 관한 법률」

① ㉠ → ㉡ → ㉢ → ㉣

② ㉡ → ㉢ → ㉠ → ㉣

③ ㉢ → ㉡ → ㉣ → ㉠

④ ㉢ → ㉣ → ㉡ → ㉠

1 사회복지관 사업의 3대 기능분야가 아닌 것은?

① 사례관리기능

② 지역조직화기능

③ 서비스제공기능

④ 역량강화기능

2 질적 연구에 대한 설명으로 옳은 것은?

① 과학적 실증주의(positivism)를 기반으로 한다.

② 인과관계의 법칙과 작용을 밝혀내며 가치중립적이다.

③ 귀납적 논리방법이 대부분 사용된다.

④ 주로 이론을 바탕으로 가설을 도출한 다음에 가설을 검증한다.

3 현재 시행되고 있는 복지제도에 대한 설명으로 옳은 것은?

① 국민기초생활보장제도는 수급권자 본인이 신청하지 않으면 수급권이 주어지지 않는다.

② 국민연금의 노령연금 수급연령은 90세까지이다.

③ 노인장기요양보험은 65세 미만이어도 요양등급을 받으면 혜택을 받을 수 있다.

④ 고용보험은 실업 사유와 상관없이 모든 실업자는 실업급여를 받을 수 있다.

4 사회복지실천의 사정(assessment) 도구에 대한 설명을 바르게 연결한 것은?

> ㈎ 가족과 환경체계의 관계를 다양한 선으로 표현함으로써 가족과 환경체계 간의 상호작용 양상을 파악할 수 있다.
>
> ㈏ 가족의 2~3세대 이상에 대한 정보를 제공해 주며, 가족 내에서 반복되는 정서적·행동적 패턴을 이해할 수 있다.

	㈎	㈏
①	가계도	생태도
②	생태도	소시오그램
③	소시오그램	가계도
④	생태도	가계도

5 다음 사례관리실천에서 사용된 사례관리자의 관점은?

> • 힘든 역경 속에서도 지금까지 어떻게 그렇게 버티어 올 수 있었나요?
> • 살아오면서 지금보다 조금 나았을 때는 언제였나요?
> • 어려운 상황에서도 나에게 조금이라도 도움이 되어준 것은 무엇이었나요?

① 생태체계적 관점　　　　　　　② 강점 관점

③ 옹호 관점　　　　　　　　　　④ 네트워크 관점

6 자선조직협회(COS)에 대한 설명으로 옳은 것만을 모두 고르면?

> ㉠ 개별사회사업(casework) 발전에 기여
> ㉡ 과학적 자선(scientific charity)에의 기여
> ㉢ 지역사회복지(community welfare)의 기본적인 모형 제공
> ㉣ 사회조사(social survey) 기술의 발전 도모

① ㉠, ㉡　　　　　　　　　② ㉠, ㉡, ㉣

③ ㉠, ㉢, ㉣　　　　　　　④ ㉠, ㉡, ㉢, ㉣

7 길버트와 테렐(Gilbert & Terrell)이 분류한 할당의 원리와 관련하여 할당의 세부원칙, 원칙의 결정기준, 사례를 연결한 것으로 옳지 않은 것은?

	할당의 세부원칙	원칙의 결정기준	사례
①	귀속적 욕구	욕구에 대한 경제적 기준에 근거한 집단지향적 할당	도시재개발에 의해 피해를 입은 사람
②	보상	욕구에 대한 규범적 기준에 근거한 집단지향적 할당	사회보험 가입자
③	진단적 구분	욕구의 기술적·진단적 기준에 근거한 개인별 할당	「장애인복지법」상의 수급자
④	자산조사에 의한 욕구	욕구에 대한 경제적 기준에 근거한 개인별 할당	「국민기초생활 보장법」상 수급자

8 로스만(Rothman)의 지역사회복지실천 모델에 대한 설명으로 옳지 않은 것은?

① 지역사회개발모델은 주민의 참여를 바탕으로 지역사회 내 문제를 주민들 스스로 해결할 수 있도록 하여 긍정적인 환경을 만드는 것이다. 따라서 역량강화기술이 강조된다.

② 사회계획모델은 지역사회 내 권력과 자원의 재분배, 사회적 약자에 대한 의사결정의 접근성을 강화함으로써 지역사회의 변화에 초점을 두고 있다. 따라서 갈등, 대결, 직접적 행동, 협상 등의 전술을 사용한다.

③ 사회행동모델은 소수인종집단, 학생운동, 여성해방 혹은 여권신장운동, 복지권운동, 소비자보호운동 등에서 주로 사용된다.

④ 지역사회개발모델에서 지역복지실천가는 조력자, 조정자, 안내자, 문제해결기술 훈련자의 역할을 담당한다.

9 아동복지 대상과 서비스 분류에 대한 설명으로 옳지 않은 것만을 모두 고르면?

> ㉠ 지지적 서비스는 가정을 이탈한 아동이 다른 체계에 의해 보호를 받는 동안 부모를 지원하여 가족 기능을 강화하도록 하는 상담서비스이다.
>
> ㉡ 선별주의 원칙에 따라 보호 필요한 아동으로, 보편주의 원칙에 따라 일반 아동으로 구분한다.
>
> ㉢ 일하는 어머니를 도와주는 보육서비스는 보완적(보충적) 서비스에 해당된다.
>
> ㉣ 아동에 대한 가정 외 서비스에는 시설보호, 위탁가정, 일시보호소, 쉼터 서비스 등이 포함된다.
>
> ㉤ 가장 예방적인 접근인 대리적 서비스는 재가서비스 형태로 이루어진다.

① ㉠, ㉢

② ㉠, ㉤

③ ㉡, ㉢

④ ㉡, ㉣

10 에스핑–앤더슨(Esping-Andersen)의 복지국가 유형화 논의에 대한 설명으로 옳지 않은 것은?

① 자유주의 복지체제에서는 탈상품화 정도가 낮다.

② 보수주의 복지체제에서는 사회보험이 발달되어 탈상품화 효과는 제한적이다.

③ 사회민주주의 복지체제에서는 선별주의와 자조의 원칙에 따라 탈상품화 효과가 크다.

④ 탈상품화와 계층화 등의 개념으로 복지국가체제를 유형화하였다.

11 선별적 사회복지의 특징으로 옳은 것만을 모두 고르면?

> ㉠ 예외주의 이념에 기반을 두고 있다.
>
> ㉡ 사회복지의 대상을 사회적 약자나 요보호대상자로 한정한다.
>
> ㉢ 서비스를 받는 것에 대한 낙인이 없다.
>
> ㉣ 사회복지를 국민의 권리로 간주한다.
>
> ㉤ 사회문제는 사회체계의 불완전성과 불공평성에서 기인한다고 본다.

① ㉠, ㉡

② ㉡, ㉢

③ ㉠, ㉡, ㉣

④ ㉡, ㉢, ㉤

12 우리나라의 노후 소득보장정책에 대한 설명으로 옳은 것은?

① 국민기초생활보장제도는 공공부조 프로그램으로 선별주의 제도이다.

② 노후 소득보장정책은 기초연금제도와 기초노령연금제도로 이원화되어 있다.

③ 국민연금 가입대상에서 제외되는 직군은 공무원과 군인뿐이다.

④ 2018년 현재 노인수당인 경로연금제도를 운영하고 있다.

13 사회복지사가 청소년과의 면담에서 사용한 기법 ㉠, ㉡을 바르게 연결한 것은?

> 청소년 : 우리 부모님은 폭군이에요. 항상 자기들 마음대로 해요. 나를 미워하고 내가 불행해지기를 바라는 것 같아요. 가출하고 싶을 때가 한두 번이 아니에요.
>
> 사회복지사 : 부모님 때문에 숨이 막힐 것처럼 느끼는구나.(㉠)
>
> 　　　　　　내가 보기에는 부모님이 과격하게 사랑을 표현한 것 같아.(㉡)
>
> 　　　　　　힘들었을 텐데 지금까지 잘 견뎌왔구나.

	㉠	㉡
①	해석	직면
②	공감	직면
③	공감	재명명
④	명료화	재보증

14 정보화에 따른 사회복지부문의 통합 전산 정보시스템 구축에 대한 설명으로 적절하지 않은 것은?

① 2000년대 이후 보편적 사회서비스의 확대로 인해 정부부처들과 지방자치단체 및 민간부문의 정보들이 연결될 필요성이 높아졌다.

② 사회보장정보시스템(행복e음)은 지방자치단체에서 수행하는 복지사업을 지원하기 위한 통합 정보시스템이다.

③ 사회복지시설정보시스템은 민간부문의 사회복지서비스기관들이 생산하는 자료들을 직접 수집하지 않는다.

④ 통합 정보를 통한 트래킹 시스템(tracking system, 이력관리 시스템)은 생애주기별 사례관리에 긴요하지만, 클라이언트 비밀 보장이나 개인정보 보호에 취약성을 가질 수 있다.

1 길버트(Gilbert)와 스펙트(Specht)가 제시한 모든 사회가 공통적으로 수행해야 하는 다섯 가지 주요 기능에 대한 설명으로 가장 옳지 않은 것은?

① 사회구성원들이 일상생활을 영위하는 데 필요로 하는 재화와 서비스를 생산, 분배, 소비하는 과정과 관련된 기능은 주로 경제제도에 의해 수행된다.

② 사회가 향유하고 있는 지식, 사회적 가치 그리고 행동양태를 사회구성원에게 전달하는 사회화의 기능은 가장 일차적으로 가족제도에 의해 수행된다.

③ 공공부조를 시행하면서 자활사업의 참여를 강제하는 조건부 수급은 사회구성원들이 사회의 규범을 순응하게 만드는 사회통합의 기능을 수행한다.

④ 현대 산업사회에서 주요 사회제도에 의해 자신들의 욕구를 충족할 수 없는 경우 필요한 상부상조의 기능은 정부, 민간사회복지단체, 종교단체, 경제단체, 자조집단 등에 의해 수행된다.

2 사회복지실천의 가치에 대한 설명으로 가장 옳지 않은 것은?

① 사회복지사는 클라이언트가 사회적으로 용납할 수 없는 특별한 행동을 하거나 신념을 지녔더라도 인간으로서의 존엄성을 인정해야 한다.

② 사회복지사는 고정관념이나 편견에서 벗어나기 위해서 클라이언트 개인의 독특성(uniqueness)을 존중해야 한다.

③ 클라이언트의 자기결정권은 다른 사람들의 권리를 침해하거나 법률을 위반할 위험이 있는 경우 제한된다.

④ 원조를 목적으로 하는 모든 경우에 클라이언트에 대한 정보는 전문가들 사이에서 공유될 수 있다.

3 사회복지행정 모델에 대한 설명으로 가장 옳지 않은 것은?

① 과학적 관리모형은 조직의 생산성을 높이기 위해서는 분업화, 개개인의 기본동작과 형태와 소요시간의 표준화, 수행과정과 보상의 연결 등을 통한 관리를 요구한다.

② 인간관계모형은 물리적 환경보다 노동자의 사회, 심리적 요소가 조직의 개별 생산성에 더 많은 영향을 미친다고 가정한다.

③ 관료제모형은 조직 내부의 개별 구성원의 행동과 조직 외부의 환경에 대한 이해가 중요하다고 가정한다.

④ 정치경제이론은 조직의 생존과 서비스의 생산에 필요한 정치적 자원과 경제적 자원을 확보하는 것이 중요하다고 강조한다.

4 신자유주의에 기반한 복지국가의 변화 경향에 대한 설명으로 가장 옳지 않은 것은?

① 복지비용을 삭감하고 지출구조를 변화시킨다.

② 공공부문의 민영화, 기업규제를 통해 정부의 역할을 축소하였다.

③ 빈곤층에 대한 복지제공의 조건으로 근로를 요구하는 근로연계복지를 강화하였다.

④ 만성적 불안정 고용층, 저숙련 노동자 등에 대한 복지제도의 축소는 사회적 양극화 문제를 초래하였다.

5 사회복지실천과정에서 수행되는 사회복지사의 역할에 대한 설명을 옳게 짝지은 것은?

① 옹호자(advocate) – 클라이언트의 정당한 권리를 대변하고 정책적 변화를 추구하는 활동을 한다.

② 교사(teacher) – 클라이언트에게 적합한 서비스를 연결하고 그러한 서비스를 활용하도록 조정한다.

③ 중개자(broker) – 클라이언트에게 부정적 영향을 주는 프로그램이나 정책을 변화시키기 위한 운동을 지지한다.

④ 계획가(planner) – 전문적 사회복지실천 이론의 발전과 프로그램의 향상을 꾀한다.

6 고용보험에 대한 설명으로 옳은 것은?

① 근로자를 사용하지 않거나 50명 미만의 근로자를 사용하는 사업주도 고용보험의 의무가입대상이다.

② 근로자와 사업주는 실업급여사업과 고용안정사업 및 직업능력개발사업의 보험료를 절반씩 부담한다.

③ 고용보험료 고지, 수납 및 체납관리는 국민건강보험공단에서 한다.

④ 구직급여는 연령과 상관없이 가입기간에 따라 90일~240일 동안 받을 수 있다.

7 최근 노동중심적 복지국가의 한계가 부각되면서, 실현 가능한 대안 중 하나로 논의되고 있는 '기본소득(Basic Income)'의 개념적 특성이 아닌 것은?

① 보편성(universality)

② 재정적 지속가능성(financial sustainability)

③ 무조건성(unconditionality)

④ 개별성(individual base)

8 마셜(Marshall)의 「시민권론」에 대한 비판의 내용에 해당하지 않는 것은?

① 남성 백인에게만 유효한 권리 범주에 불과하며, 여성과 흑인 등 다른 집단의 권리는 보장하지 못했다.

② 영국의 사례에 국한된 측면이 있다.

③ 시민권의 발전을 자연적인 진화의 과정으로 간주하여, 투쟁을 통해 실질적으로 획득될 수 있다는 것을 간과하고 있다.

④ 관찰 시점에 따라 상이한 유형으로 구분될 수 있으며, 명확한 구분이 어려운 애매한 사례도 존재한다.

9 롤스(Rawls)의 「정의론」에서 제시하는 정의의 원칙으로 옳지 않은 것은?

① 평등한 기본적 자유의 원칙

② 차등의 원칙

③ 공정한 기회균등의 원칙

④ 부정의의 시정 원칙

10 「사회복지사업법」상 용어에 대한 설명으로 옳지 않은 것은?

① 사회복지사업이란 도움을 필요로 하는 모든 국민에게 사회복지사업을 통한 서비스를 제공하여 삶의 질이 향상되도록 제도적으로 지원하는 것을 말한다.

② 지역사회복지란 주민의 복지증진과 삶의 질 향상을 위하여 지역사회 차원에서 전개하는 사회복지를 말한다.

③ 사회복지시설이란 사회복지사업을 할 목적으로 설치된 시설을 말한다.

④ 보건의료서비스란 국민의 건강을 보호·증진하기 위하여 보건의료인이 하는 모든 활동을 말한다.

11 한국 사회복지행정의 대표적인 변화 가운데 시기적으로 가장 빠른 것은?

① 사회복지통합관리망 행복e음 구축

② 노인장기요양보험제도 실시

③ 지역복지계획수립 의무화

④ 사회복지시설 및 기관평가제도 도입

12 사회복지기관에서 사용하는 예산양식 중 품목예산(Line-Item Budget)에 대한 설명으로 가장 옳지 않은 것은?

① 전체 예상 지출항목을 열거하고 지출비용을 계산하는 방식으로 이루어진다.

② 상대적으로 단순하고 사용하기에 간편하다.

③ 기관의 투입(input)요소에 주의를 집중하는 예산양식이다.

④ 기관이 성취하고자 하는 성과나 목표를 제시한다.

13 「사회복지사 윤리강령」상 사회복지사의 윤리기준으로 가장 옳지 않은 것은?

① 적법하고도 적절한 논의 없이 동료 혹은 다른 기관의 클라이언트와 전문적 관계를 맺어도 된다.

② 클라이언트의 지불능력에 상관없이 서비스를 제공해야 한다.

③ 전문가단체 활동에 적극 참여하여 사회복지사의 권익 옹호를 위해 노력하여야 한다.

④ 기관의 부당한 정책이나 요구에 대해 즉시 사회복지윤리위원회에 보고해야 한다.

14 「사회보장기본법」에서 사회보장수급권에 대해 금지하고 있는 행위로 가장 옳지 않은 것은?

① 사회보장수급권은 타인에게 양도할 수 없다.

② 사회보장수급권은 포기할 수 없다.

③ 사회보장수급권은 담보로 제공할 수 없다.

④ 사회보장수급권은 압류할 수 없다.

15 사례관리(case management)의 과정을 순서대로 바르게 나열한 것은?

① 기획 → 사정 → 개입 → 점검 → 평가

② 사정 → 기획 → 점검 → 개입 → 평가

③ 사정 → 기획 → 개입 → 점검 → 평가

④ 기획 → 사정 → 점검 → 개입 → 평가

16 〈보기〉에서 설명한 오류는?

〈보기〉

　자료분석은 자료가 수집된 이후에 수집된 자료를 분석하고 해석하는 일인데, 이는 이론 또는 실제적 목적과 관련해서 수집된 자료를 일반적으로 통계적 방법을 사용하여 분석하고 분석결과의 의미를 해석하는 과정이다. 이때, 분석단위의 적용상 오류가 발생할 수 있다. 집단 또는 집합체에서 발견된 내용을 개인에게 적용할 때, 즉 특정지역의 노령화비율이 높고 그 지역에 특정 정당 지지율도 높다고 해서 해당 지역의 노인이 그 정당을 더 지지한다고 잘못된 결론을 내리는 것을 말한다.

① 퇴행적 오류　　　　　　　　　② 인과관계적 오류

③ 생태학적 오류　　　　　　　　④ 환원주의적 오류

17 엘리자베스 구빈법(The Elizabeth Poor Law, 1601)에 대한 설명으로 가장 옳은 것은?

① 근로능력이 있는 건강한 빈민(The able-bodied poor)이 교정원 또는 열악한 수준의 작업장에서 강제노역을 하도록 하였다.

② 공동작업장을 설치하여 임금지불과 직업보도 등을 처음 시작하게 되었다.

③ 빈민의 도시 유입을 막기 위해 농촌 노동력의 이동을 통제하는 제도이다.

④ 저임금 노동자의 생활비를 위해서 임금을 보충해 주는 빈민의 처우 개선 제도이다.

18 「사회복지사업법 시행규칙」상 사회복지관의 사업 중 지역조직화 기능으로 옳지 않은 것은?

① 서비스연계사업
② 주민조직화사업
③ 자원개발 및 관리사업
④ 복지네트워크 구축사업

19 길버트(Gilbert)와 테렐(Terrell)이 제시한 사회복지정책 분석틀의 네 가지 구성요소로 옳지 않은 것은?

① 할당(allocation)의 기반
② 사회적 위험(social risks)의 포괄 범주
③ 전달체계(delivery)의 전략
④ 급여(social provision)의 형태

20 〈보기〉와 같은 실천 개입기술에 해당하는 것은?

> 〈보기〉
> ㉠ 클라이언트의 말, 행동, 생각 간에 모순을 지적하는 것
> ㉡ 클라이언트가 특정 행동이나 경험 혹은 생각에서 벗어나도록 하거나 그런 쪽으로 행동을 취할 수 있도록 도움을 제공하는 것

	㉠	㉡
①	재보증(reassurance)	재명명(reframing)
②	직면(confrontation)	격려(encouragement)
③	중재(mediation)	격려(encouragement)
④	조언	정보제공

1 사회복지 분야 자원봉사활동의 위험관리 대책에 대한 설명으로 옳지 않은 것은?

① 위험관리 대상은 자원봉사자와 직원에 한정한다.

② 아동·청소년은 부모의 동의서를 받는다.

③ 자원봉사자들을 자원봉사 상해보험에 가입시킨다.

④ 위험관리 담당자를 지정하고 위험관리위원회를 구성하는 등 위험관리시스템을 구축한다.

2 사회복지 실천과정을 순서대로 바르게 나열한 것은?

① 접수→자료수집 및 사정→개입→목표설정 및 계약→평가 및 종결

② 접수→목표설정 및 계약→개입→자료수집 및 사정→평가 및 종결

③ 접수→목표설정 및 계약→자료수집 및 사정→개입→평가 및 종결

④ 접수→자료수집 및 사정→목표설정 및 계약→개입→평가 및 종결

3 「정신건강증진 및 정신질환자 복지서비스 지원에 관한 법률」상 정신건강전문요원에 해당하지 않는 것은?

① 정신건강의학과 전문의

② 정신건강임상심리사

③ 정신건강간호사

④ 정신건강사회복지사

4 사회복지적 관점에서 볼 때 일반적으로 시장에서 재화들이 효율적으로 배분되기 위한 조건이 아닌 것은?

① 재화의 거래에서 외부효과가 발생하지 말아야 한다.

② 위험의 발생이 상호 의존적이어야 한다.

③ 역의 선택 현상이 나타나지 말아야 한다.

④ 재화에 대해 수요자와 공급자가 충분한 정보가 있어야 한다.

5 다음 괄호 안에 들어갈 사회복지프로그램 평가유형을 순서대로 바르게 나열한 것은?

(㉠): 프로그램 진행 중에 원활하고 성공적으로 프로그램이 수행되도록 문제점을 찾아내고 수정 보완할 목적으로 실시된다.

(㉡): 프로그램 종결 후 연역적 객관적 방법으로 프로그램이 달성하고자 했던 목표를 얼마나 잘 성취했는가의 여부를 평가한다.

(㉢): 프로그램 평가를 차후에 종합적으로 검토해 보는 평가를 말하며, 평가에 대한 평가로 표현되기도 한다.

	㉠	㉡	㉢
①	형성평가	메타평가	총괄평가
②	메타평가	형성평가	총괄평가
③	총괄평가	메타평가	형성평가
④	형성평가	총괄평가	메타평가

6 에스핑 – 안데르센(Esping-Andersen)의 복지국가 유형에 대한 설명으로 옳지 않은 것은?

① 사회민주적(social democratic) 복지국가 유형에서는 보편주의 원칙과 사회권을 통한 탈상품화 효과가 가장 크다.

② 자유주의적(liberal) 복지국가 유형에서는 복지와 재분배적 기능을 강조하며 시장의 영향력을 최소화하려 노력한다.

③ 조합(보수)주의적(conservative corporatist) 복지국가 유형에서는 사회적 지위의 차이 유지를 목표로 한다.

④ 복지국가 유형은 탈상품화 정도와 사회계층화, 그리고 국가 – 시장 – 가족의 역할분담의 차이로 분류된다.

7 점심시간 때 학교 운동장에서 선후배 간 폭력이 발생하여 사상자가 발생하였다. 이에 대해 위기개입모델을 적용하고자 할 때, 학교사회복지사의 역할에 대한 설명으로 옳지 않은 것은?

① 피해학생을 위험으로부터 안전하게 보호하며 심리적 안정을 취할 수 있는 제반 서비스를 실시한다.

② 피해학생이 위기로 인한 분노, 좌절감, 불안, 두려움 등을 적절한 수준에서 표출, 완화할 수 있도록 돕는다.

③ 폭력사건 위기와 관련된 다양한 대상에 대한 다각적인 사정을 통해 클라이언트의 성격 변화에 초점을 둔다.

④ 위기개입팀의 일원으로 학생들에게 위기사건과 관련된 정확한 사실을 설명하고 긴장을 완화하는 디브리핑(debriefing)을 한다.

8 사회복지서비스 기관들이 관료제 환경에서 나타내기 쉬운 병폐 중 다음에서 설명하는 것은?

> 서비스 기관들이 성과관리 평가제 등의 영향을 과도하게 받게 되면서 나타내기 쉬운 현상들 중 하나이다. 기관들은 서비스 접근성 메커니즘을 조정해서 가급적이면 유순하고 저비용−고성과 클라이언트를 선호하는 반면, 비협조적이고 고비용−저성과 클라이언트들을 배척하려는 경향을 보인다. 문제는 배척하려는 클라이언트들이 보다 절실하게 사회적 도움을 필요로 하는 사람들이기 쉽다는 점이다.

① 크리밍(creaming)

② 아웃리치(outreach)

③ 후광효과(halo effect)

④ 점증주의(incrementalism)

9 「국민기초생활보장법」상 제공하는 급여가 아닌 것은?

① 주거급여

② 해산급여

③ 의료급여

④ 장애급여

10 다음은 고소공포증이 있는 클라이언트에게 적용한 치료기법으로 이에 대한 모델과 기법을 바르게 연결한 것은?

> 맨 아래에 있는 가장 덜 위협적인 장면에서부터 더 큰 불안을 야기하는 장면인 위쪽으로 점차 나아가면서 단계별로 상상하거나 경험하도록 한다.
> - 63빌딩 꼭대기에서 아래를 내려다보기
> - 63빌딩 꼭대기 층에서 걸어보기
> - 12층 건물에서 창문 밖을 내려다보기
> - 4층 건물의 발코니 난간에서 아래를 내려다보기
> - 4층 건물에서 창문 밖을 내려다보기
> - 초고층 빌딩의 건설에 대한 기사 읽기

① 정신역동모델 - 반동형성
② 인지행동모델 - 시연
③ 인지행동모델 - 체계적 둔감화
④ 정신역동모델 - 투사

11 최근 한국 가족 변화의 특징에 대한 설명으로 옳은 것은?

① 부부와 미혼자녀로 구성된 전형적인 핵가족형태의 가구 비율이 꾸준히 증가하고 있다.

② 가족주기의 변화로 자녀출산 완료 이후 자녀의 결혼이 시작되기 전까지의 확대완료기가 길어지고 있다.

③ 초혼 연령과 조혼인율이 지속적으로 내려가 저출산 문제가 심각해지고 있다.

④ 가족가치관의 경우 부부간 의사결정방식에 있어 남편주도형이 주를 이루고 있으며, 부부공동형과 아내주도형은 감소하고 있다.

12 사회복지조사에서 측정의 신뢰도를 높이는 방법으로 옳지 않은 것은?

① 표준화된 측정도구를 사용한다.

② 응답자가 무관심하거나 잘 모르는 내용은 측정하지 않는 것이 좋다.

③ 측정항목(하위변수) 수를 줄이고 항목의 선택범위(값)는 좁히는 것이 좋다.

④ 측정항목의 모호성을 줄이고 되도록 구체화하여 일관된 측정이 가능케 한다.

13 사회복지 재원의 특징에 대한 설명으로 옳지 않은 것은?

① 일반조세를 재원으로 하는 사회복지정책은 안정성과 지속성을 갖는다.

② 모금은 「사회복지공동모금회법」을 근거로 공동모금제도를 실시하고 있다.

③ 사회보험료는 피보험자의 강제가입에 의해 납부되는 것이 원칙이다.

④ 수익자 부담은 저소득층의 자기존중감을 높여 서비스가 남용된다.

14 장애인의 자립생활에 대한 설명으로 옳지 않은 것은?

① 자기결정권은 자립생활운동의 핵심가치이다.

② 자립생활은 미국에서 체계화되고 발달된 개념으로서 장애인의 권리를 인식의 토대로 하고 있다.

③ 자립생활은 장애인이 지역에서 자유롭게 독립적으로 살아가는 것을 말하며, 장애가 중증화되어 가면 지역이 아닌 거주시설에서 안전하게 생활해야 한다고 주장한다.

④ 자립생활은 사회복지서비스를 제공하는 데 장애인의 주도적 참여를 보장해야 한다는 이념이자 실천 전략이다.

15 다음 사례관리 활동에 대한 설명으로 옳은 것만을 모두 고르면?

> ㉠ 사례관리는 복합적이고 장기적인 욕구를 갖고 있는 사람에 대한 지원활동이다.
> ㉡ 사례관리는 지역사회의 다양한 서비스 기관들을 연계하여 종합적인 서비스를 제공하는 활동이다.
> ㉢ 사례관리자는 서비스를 연계하고 점검하는 간접적 실천활동과 함께 교육, 상담 등 직접 실천활동을 수행한다.
> ㉣ 사례관리 과정에 새로운 욕구가 발견되면 재사정을 통해 서비스를 계속적으로 지원한다.

① ㉠, ㉡

② ㉠, ㉢, ㉣

③ ㉡, ㉢, ㉣

④ ㉠, ㉡, ㉢, ㉣

16 안토니 기든스(A. Giddens)가 이론적으로 체계화한 소위 '제3의 길'이 추구하는 전략 개념에 해당하지 않는 것은?

① 직접 급여의 제공보다는 인적자원에 투자

② 복지다원주의의 추구

③ 국가에 대한 경제적 의존을 줄여 위험은 공동 부담하는 의식 전환의 강조

④ 중앙정부의 역할 강화

17 사회적 경제조직에 대한 설명으로 옳지 않은 것은?

① 사회적 경제조직은 사회문제를 해결한다는 사회적 측면과 자생력을 가져야 한다는 경제적 측면이 동시에 고려되어야 한다.

② 사회적 경제조직에는 사회적 기업, 협동조합 등이 있다.

③ 사회적 기업이란 정부, 지방자치단체가 출자한 조직이 사회적 기업 인증을 받아 운영하는 공기업이다.

④ 서구에서는 오래전부터 일을 통한 복지(workfare)라는 차원에서 관심이 증가하고 있다.

18 사회복지실천의 관계형성 기술에 대한 설명으로 옳은 것만을 모두 고르면?

> ㉠ 수용 – 클라이언트를 있는 그대로 받아들여 문제행동도 옳다고 인정하고 받아들이는 것을 의미한다.
> ㉡ 비밀보장 – 원조관계에서 알게 된 클라이언트에 대한 정보는 반드시 비밀을 보호해야 한다.
> ㉢ 통제된 정서적 관여 – 클라이언트에게 민감하게 반응함으로써 정서적으로 관여하되 그 반응은 원조의 목적에 적합하게 통제되어야 한다.
> ㉣ 개별화 – 클라이언트의 개인적 특성을 이해하고 개별 특성에 적합한 원조원칙과 방법을 사용해야 한다.

① ㉠, ㉡   ② ㉠, ㉢

③ ㉡, ㉣   ④ ㉢, ㉣

19 사회복지서비스 중 보편적 서비스에 해당하는 것은?

① 우울증 청소년에 대한 상담

② 학대 아동에 대한 미술 치료

③ 중학생을 대상으로 한 인터넷·약물중독 예방 교육

④ 시각장애인을 위한 직업재활서비스

20 일상생활을 혼자서 수행하기 어려운 노인과 관련한 사례를 접한 A 사회복지사가 현행 노인장기요양보험 제도의 급여와 관련하여 처리해야 할 사안 중 옳지 않은 것은?

① 연령이 65세 이상 또는 65세 미만으로서 치매 등 대통령령으로 정하는 노인성 질병여부를 확인한다.

② 재가노인요양보호가 집에서 24시간 재가급여를 제공하기 때문에 시설급여를 제공하는 장기요양기관 보다 주간보호센터 등 재가급여 기관을 우선 조사한다.

③ 도서·벽지 등 장기요양기관이 현저하게 부족한 지역은 보건복지부장관이 정하여 고시하는 경우 특별현금급여가 가능하므로 노인의 거주지를 파악한다.

④ 장기요양보험사업의 보험자는 국민건강보험공단이므로 관련 문의사항은 국민건강보험공단에 확인한다.

1 사회복지급여 제공에서 국가 개입이 필요한 이유가 아닌 것은?

① 사회복지급여의 외부효과

② 사회복지재화의 사유재적 성격

③ 대상자의 역의 선택

④ 대상자의 도덕적 해이

2 국민기초생활보장제도에 대한 설명으로 옳지 않은 것은?

① 수급자 선정 시 기준 중위소득을 활용한다.

② 소득인정액은 개별가구의 소득평가액과 재산의 소득환산액을 합산한 금액을 말한다.

③ 급여의 기준은 급여종류에 관계없이 동일한 선정기준이 적용된다.

④ 생계급여는 수급자가 희망하는 경우에 수급자를 보장시설이나 타인의 가정에 위탁하여 실시할 수 있다.

3 사례관리(Case Management)의 특성으로 옳지 않은 것은?

① 사례관리는 통합적 실천방법이자 체계적인 과정이다.

② 사례관리는 공식적, 비공식적, 개인적, 지역사회적 자원을 조정하는 것에 초점을 둔다.

③ 서비스의 직접적 제공, 연계, 의뢰, 구매 등 다양한 서비스 개입을 활용한다.

④ 시설보호를 통한 집중적인 관리를 강조한다.

4 사회복지 주요 개념에 대한 설명으로 옳지 않은 것은?

① 보편주의(Universalism)에서 사회복지급여는 모든 국민에게 사회적 권리로 인정된다.

② 적극적 조치(Affirmative Action)는 여성, 장애인, 소수인종집단, 유색인종, 농어촌지역주민 등 사회적으로 불리한 조건에 처한 집단에 대한 입학, 고용, 승진 등에서의 평등을 실현하고자 하는 정책을 말한다.

③ 노동의 탈상품화(Decommodification of Labor)는 자본주의 이전의 사회에서 사람들이 생존을 위해 임금형태의 소득에 전적으로 의존하지 않던 상태를 말한다.

④ 임파워먼트(Empowerment)는 치료를 통해서가 아니라 클라이언트의 강점을 강조함으로써 클라이언트가 처해 있는 어려움을 해결할 수 있도록 하는 사회복지실천기술이다.

5 사회복지서비스 전달체계에 대한 설명으로 옳은 것만을 모두 고르면?

> ㉠ 민간 전달체계는 이용자에게 폭넓은 서비스 선택권을 제공한다는 장점이 있다.
> ㉡ 사회복지법인은 비영리공익법인으로서 민법상 재단법인이나 사단법인에 비해 공공성이 강조되는 사회복지서비스 전달기관이다.
> ㉢ 중앙정부가 전달주체가 되면, 서비스의 접근성과 융통성이 커진다.
> ㉣ 공공기관이 제공하던 서비스를 민간기관에 이양 또는 위탁하는 민영화 추세가 강화되고 있다.

① ㉠, ㉡

② ㉠, ㉡, ㉣

③ ㉠, ㉢, ㉣

④ ㉡, ㉢, ㉣

6 에스핑 앤더슨(Gøsta Esping-Andersen)의 복지국가 유형에 따른 특징을 옳게 짝 지은 것은?

		자유주의적 복지국가	조합주의적 복지국가	사회민주주의적 복지국가
①	탈상품화 정도 :	매우 높음	높음	매우 낮음
②	계층화 정도 :	계층 간 통합 강화	계층 간 차이 유지	계층 간 대립 심화
③	국가의 역할 :	중심적	보조적	주변적
④	전형적 국가 :	미국	프랑스	스웨덴

18 〈보기〉의 ㉠, ㉡에 들어갈 단어를 순서대로 바르게 짝지은 것은?

〈보기〉

사회복지의 효율성을 논할 때 (㉠) 효율과 (㉡) 효율이 있다. 전자는 더 이상 어떠한 개선이 불가능한 최적의 자원배분 상태를 의미하며, 후자는 특정한 목표를 달성하는 데 가능한 한 적은 자원을 투입하여 최대한의 산출을 얻는 것을 의미한다.

	㉠	㉡
①	자원적	수단적
②	파레토	비용적
③	목표적	자원적
④	파레토	수단적

19 「아동권리에 관한 국제협약」에서 규정한 아동의 기본적인 4대 권리로 가장 적절하지 않은 것은?

① 자유권 ② 보호권
③ 발달권 ④ 참여권

20 우리나라 「장애인복지법」에 규정된 내용으로 가장 옳지 않은 것은?

① 매년 장애인의 날부터 1주간을 장애인 주간으로 한다.
② 기본이념은 장애인의 완전한 사회 참여와 평등을 통하여 사회통합을 이루는 데에 있다.
③ 장애인 복지정책 수립에 필요한 기초자료로 활용하기 위하여 장애실태조사는 3년마다 실시하여야 한다.
④ 장애인의 권익과 복지증진을 위하여 3년마다 장애인 정책종합계획을 수립·시행하여야 한다.

1 윌렌스키(Wilensky)와 르보(Lebeaux)의 제도적 개념에 대한 설명으로 옳은 것은?

① 제도적 개념에서는 가족 또는 시장 같은 다른 사회제도의 기능이 원활하게 수행되지 못할 때 사회복지 제도를 활용하는 것으로 본다.

② 제도적 개념에서의 사회복지는 보충적, 일시적, 대체적 성격을 지닌다.

③ 제도적 개념에서는 사회복지가 그 사회의 필수적이고 정상적인 제일선(first line)의 기능을 수행하는 것으로 이해한다.

④ 제도적 개념에서의 사회복지는 대상범위를 기준으로 볼 때 선별적 사회복지와 연결되어있다.

2 우리나라 사회보장제도 가운데 주요 재원조달방식이 다른 것은?

① 국민기초생활보장제도

② 국민연금제도

③ 건강보험제도

④ 고용보험제도

3 사회복지실천 방법 중 직접실천에 해당하는 것은?

① 독거어르신 도시락 배달 연계

② 요보호아동 지원 프로그램 개발

③ 정신장애인 취업적응 훈련 실시

④ 장애인 편의시설 확보를 위한 시민공청회

4 19세기 인보관운동(settlement house movement)에 대한 설명으로 옳은 것만을 모두 고르면?

> ㉠ 문제의 원인을 개인에게서 찾고자 하였다.
> ㉡ 집단사회사업과 지역사회복지 발전의 기초가 되었다.
> ㉢ 문제의 원인을 사회적 환경에서 찾고자 하였다.
> ㉣ 원조의 중복을 막기 위해 빈민의 생활상태를 조사하였다.

① ㉠, ㉢   ② ㉠, ㉣
③ ㉡, ㉢   ④ ㉡, ㉣

5 소득재분배에 대한 설명으로 옳지 않은 것은?

① 수직적 소득재분배는 고소득층에서 저소득층으로 소득이 이전되는 것을 의미한다.
② 수평적 소득재분배는 동일 계층 내에서 소득이 이전되는 것을 의미한다.
③ 세대 간의 소득재분배는 서로 다른 세대 간에 소득이 이전되는 것을 의미한다.
④ 시간적 소득재분배는 자녀세대의 소비를 위해서 자신의 미래 소비를 포기하고 소득을 이전하는 것을 의미한다.

6 「국민기초생활 보장법」상 사회복지시설에 해당하는 것은?

① 사회복지관
② 지역자활센터
③ 노숙인종합지원센터
④ 아동일시보호시설

7 이용권(바우처)의 장점이 아닌 것은?

① 서비스 공급자 간 경쟁을 촉발하여 서비스의 질을 높이는 효과를 거둘 수 있다.

② 현물급여에 비해 서비스 수요자의 '소비자 선택권'을 보장할 수 있다.

③ 사회 내의 불이익집단 또는 특별히 사회에 공헌한 사람들에게 더 많은 기회를 제공할 수 있다.

④ 서비스 사용 용도를 명시하고 있어 현금급여에 비해 정책 목표를 달성하는 데 용이하다.

8 사회복지실천에서 성인지 관점(gender-sensitive perspective)에 대한 설명으로 옳지 않은 것은?

① 가족 내 성역할 분업을 강조하는 관점이다.

② 성차별로 인한 문제를 분석하거나 개입할 때 사용할 수 있는 관점이다.

③ 여성과 남성은 생물학적 · 사회문화적 경험의 차이로 서로 다른 이해나 요구를 가진다고 보는 관점이다.

④ 정책이나 개입이 여성과 남성에게 미치는 효과를 평가하고 그것을 반영하도록 하는 관점이다.

9 사례관리(case management)에 대한 설명으로 옳지 않은 것은?

① 다양하고 복잡한 욕구를 가진 클라이언트가 주요 대상이다.

② 클라이언트의 욕구충족을 위해 지역사회 자원을 연계시킨다.

③ 사례관리자는 사정자, 조정자, 중개자, 평가자, 옹호자 등 복합적 기능을 수행할 수 있다.

④ 사례개입의 목표달성을 위해서라면 언제든 클라이언트의 자기결정을 제한하는 것이 정당하다.

10 「장애인고용촉진 및 직업재활법」상 사업주의 장애인 고용 의무를 상시 '몇 명' 이상의 근로자를 고용하는 사업주로 규정하고 있는가?

① 10명

② 30명

③ 50명

④ 100명

11 지적장애인에게 일상생활기술훈련을 실시하는 사회복지사의 역할은?

① 교육자(educator)

② 중재자(mediator)

③ 중개자(broker)

④ 옹호자(advocate)

12 지역사회에서 이루어지는 활동과 워렌(Warren)이 제시한 지역사회의 기능을 바르게 연결한 것은?

① 지역주민이 자원봉사 활동을 하는 것 : 사회통제 기능

② 아동을 가정과 학교에서 교육시키는 것 : 사회화 기능

③ 이웃 간의 상호작용이나 유대감으로 자신의 행동을 자제하는 것 : 사회통합 기능

④ 지역주민이 지역에서 상품을 생산·소비하는 것 : 상부상조 기능

13 강점관점(strength perspective)에 대한 설명으로 옳지 않은 것은?

① 개인을 진단에 따른 증상을 가진 자로 규정한다.

② 클라이언트의 문제는 그에게 도전과 기회의 원천이 될 수 있다.

③ 변화를 위한 자원은 클라이언트 체계의 장점, 능력, 적응기술이다.

④ 클라이언트의 잠재역량을 인정하여 자신의 삶을 통제할 수 있도록 힘을 부여하는 것이 중요하다.

14 빈곤과 관련된 개념에 대한 설명으로 옳지 않은 것은?

① 주관적 빈곤선은 적절한 생활수준을 유지하는 데 필요한 소득수준에 대한 개인들의 평가에 근거하여 결정된다.

② 빈곤율(poverty rate)은 빈곤개인이 전체인구에서 차지하는 비율로 정의된다.

③ 빈곤갭(poverty gap)은 모든 빈곤층의 소득을 빈곤선 수준으로 끌어올리는 데 필요한 총소득이다.

④ 상대빈곤은 최저생계비를 기준으로 결정된다.

15 복지국가 발전 이론에 대한 설명으로 옳지 않은 것은?

① 산업화이론 : 산업화과정에서 발생한 새로운 욕구를 산업화를 통해 확보한 자원으로 해결하는 과정에서 복지국가가 생성되었다.

② 독점자본이론 : 거대자본과 국가가 융합하여 자본주의체제의 영속화를 도모하는 과정에서 국가가 임금문제나 실업문제에 개입하면서 복지국가가 등장하게 되었다.

③ 사회민주주의이론 : 사회적 분배를 둘러싼 다양한 이익집단들의 경쟁에서 정치적 힘이 강해진 집단의 요구를 정치인들이 수용하면서 복지국가가 등장하게 되었다.

④ 국가중심이론 : 중앙집권적이거나 조합주의적인 국가구조의 형태와 정치인의 개혁성 등이 사회복지의 수요를 증대시켜서 복지국가가 발전하게 되었다.

16 국내 노인 대상 복지 서비스 및 제도에 대한 설명으로 옳은 것은?

① 노인돌봄종합서비스와 응급안전서비스는 독거노인만을 대상으로 제공된다.

②「노인복지법」에 근거하여 매년 10월을 경로의 달로 규정하고 있다.

③ 노인장기요양보험제도는 만 65세 이상 노인에게만 적용된다.

④ 치매국가책임제는「치매관리법」이 제정되기 이전부터 시행되어 왔다.

17 다음 대화에서 사회복지사가 사용한 상담기술은?

> 클라이언트 : 내가 매일 주민센터 가서 아무리 얘기해도 듣는 건지, 안 듣는 건지…공무원들한테는 얘기
> 해도 소용없어.
>
> 사회복지사 : 여러 번 주민센터에 가서 얘기하셨는데, 그곳의 공무원들이 잘 들어주지 않는다는 말씀이
> 신가요?

① 직면기술

② 해석기술

③ 재보증기술

④ 명료화기술

18 브래드쇼(Bradshaw)의 욕구개념에 대한 설명으로 옳은 것은?

① 감지적 욕구(felt need) : 실제의 욕구충족을 위한 구체적인 행위 혹은 서비스 수요로 파악되는 욕구를 의미한다.

② 표현적 욕구(expressed need) : 특정 집단 구성원의 욕구와 유사한 다른 집단 구성원들의 욕구를 비교할 때 나타나는 욕구를 의미한다.

③ 비교적 욕구(comparative need) : 욕구상태에 있는 당사자의 느낌에 의해 인식되는 욕구를 의미한다.

④ 규범적 욕구(normative need) : 전문가가 규정해 놓은 바람직한 욕구 수준에 미치지 못할 때 그 차이로 규정되는 욕구를 의미한다.

19 우리나라 사회복지사 윤리강령의 내용으로 옳지 않은 것은?

① 클라이언트를 대상으로 연구하는 사회복지사는 저들의 권리를 보장하기 위해, 자발적이고 고지된 동의를 얻어야 한다.

② 사회복지사는 한국사회복지사협회의 윤리적 권고와 결정을 존중하여야 한다.

③ 사회복지사는 슈퍼바이저의 전문적 지도와 조언을 존중해야 하며, 슈퍼바이저는 사회복지사의 전문적 업무수행을 도와야 한다.

④ 사회복지사는 동료 혹은, 다른 기관의 클라이언트라 하여도 저들의 이익을 위해 최상의 서비스를 제공하여야 한다.

20 다음 설명에 해당하는 제도를 실시한 조선 시대의 구제기관은?

> 풍년이 들어 곡물 가격이 떨어지면 국가는 곡식을 사들여 저장하고, 흉년이 들어 곡물 가격이 오르면 국가는 저장한 곡물을 방출하여 곡물 가격을 떨어뜨렸다. 이 제도는 곡물 가격의 변동에 따라 생활을 위협받는 일반 농민을 보호하고 물가를 안정시키기 위한 정책이었다.

① 사창

② 의창

③ 흑창

④ 상평창

1 사회복지(social welfare)에서 '사회적(social)'이 의미하는 것으로 적절하지 않은 것은?

① 개인, 집단, 사회 전체 간의 사회 내적인 관계를 의미한다.

② 영리적인 요소보다는 비영리적인 속성을 갖는다는 의미이다.

③ 공동체적 삶의 요소를 중시하는 의미이다.

④ 이타적 속성이 제거된 개인적 삶의 요소를 중시함을 의미한다.

2 다음에서 설명하는 사회복지제도는?

> 일정 수준 이하의 소득계층에 대해 신청주의원칙에 입각하여 자산조사를 실시한 후 조세를 재원으로 하여 최저생활 이상의 삶을 보장하는 제도이다.

① 공공부조   ② 공적연금
③ 사회서비스   ④ 사회보험

3 사회보험에 대한 설명으로 옳은 것만을 모두 고르면?

> ㉠ 기여에 근거해 급여가 제공되기 때문에 권리성이 강하다.
> ㉡ 자산조사를 통해 급여를 제공한다.
> ㉢ 미래에 닥칠 위험에 대응하기 위한 예방적 성격을 갖는다.
> ㉣ 누구나 일정한 인구학적 요건만 갖추면 급여를 지급한다.

① ㉠, ㉡   ② ㉠, ㉢

③ ㉡, ㉣   ④ ㉡, ㉢, ㉣

4 1980년대 대처리즘과 레이거노믹스의 복지정책 기조가 아닌 것은?

① 복지비용의 삭감 및 지출 구성의 변화

② 공공서비스를 포함한 공공부문의 국가책임 확대

③ 지방정부의 역할 축소

④ 기업에 대한 규제 완화

5 서구 사회복지의 발달과정에 대한 설명으로 옳지 않은 것은?

① 중세시대 사회복지는 교회나 수도원을 중심으로 한 자선의 형태로 수행되었다.

② 엘리자베스 구빈법은 빈민구제에 대한 국가의 책임을 인정한 법이다.

③ 영국의 자선조직협회는 우애방문원을 통해 가정방문 및 조사, 지원활동을 실시하였다.

④ 국가주도 사회보험제도는 20세기 초 영국에서 최초로 도입되었다.

6 우리나라 「사회복지사 윤리강령」에 대한 설명으로 옳지 않은 것은?

① 윤리강령은 전문과 윤리기준으로 구성되어 있다.

② 윤리기준은 기본적 윤리기준 이외에 클라이언트, 동료, 협회, 국가에 대한 윤리기준을 각각 제시하고 있다.

③ 기본적 윤리기준에는 전문가로서의 자세, 전문성 개발을 위한 노력 등의 내용으로 구성되어 있다.

④ 사회복지윤리위원회의 구성과 운영에 관한 내용도 포함되어 있다.

7 사례와 방어기제의 연결이 옳지 않은 것은?

① 다 엄마 때문에 실패했잖아-투사

② 대소변을 잘 가리던 아이가 동생이 태어나자 어머니의 관심을 끌기 위해 다시 대소변을 가리지 못하게 되었다-퇴행

③ 당신이 잘못해 놓고 더 화를 내면 어떡해?-부정

④ 저 남편은 부인을 때리고 나서는 꼭 퇴근 시간에 꽃을 사오더라-취소

8 사회복지 실천과정에서 사회복지사의 과업에 대한 설명으로 옳은 것은?

① 접수단계-클라이언트와 긍정적 관계조성 및 상호신뢰 확보

② 사정단계-개입을 통해 획득한 효과의 유지와 강화

③ 개입단계-가계도 및 생태도 등을 활용한 클라이언트의 객관적 정보파악

④ 종결단계-클라이언트의 문제해결을 위해 상담, 자원연계, 교육 등 다양한 실천기술 활용

9 사회복지 조사연구의 과정을 순서대로 바르게 나열한 것은?

> ㉠ 조사설계
> ㉡ 문제설정
> ㉢ 자료처리 및 분석
> ㉣ 자료수집
> ㉤ 결과해석 및 보고서 작성

① ㉠→㉡→㉢→㉣→㉤
② ㉠→㉡→㉣→㉢→㉤
③ ㉡→㉠→㉣→㉢→㉤
④ ㉡→㉠→㉢→㉣→㉤

10 노후소득보장제도에 대한 설명으로 옳지 않은 것은?

① 「기초노령연금법」이 폐지되고 「기초연금법」이 시행되고 있다.

② 기초연금 수급권자 선정기준은 65세 이상 전체 노인 중 소득과 재산이 적은 하위 80%이다.

③ 국민연금의 가입대상은 국내에 거주하는 국민으로 18세 이상 60세 미만인 자이다. 다만, 별정우체국 직원 등 특수직역연금 대상자는 제외한다.

④ 국민연금은 노령, 장애, 사망에 대하여 연금급여가 지급되므로 은퇴뿐만 아니라 다양한 사회적 위험에 대비하여 국민생활안정에 기여하는 목적을 갖는다.

11 에스핑 엔더슨(Esping-Andersen)의 복지국가 유형 중 자유주의 복지국가에 대한 설명으로 옳은 것은?

① 탈상품화의 정도가 매우 높다.

② 민간부문의 역할은 미미하고, 공공부분의 역할을 강조한다.

③ 공공부조 프로그램을 상대적으로 중시한다.

④ 보편주의적 원칙을 강조한다.

12 사례관리의 등장 배경이 아닌 것은?

① 시설중심의 서비스 제공

② 복잡하고 분산된 서비스 체계

③ 클라이언트와 그 가족의 과도한 책임

④ 다양한 문제와 욕구를 가진 클라이언트의 증가

13 학생 A의 폭력 문제를 안고 있는 가정을 대상으로 사례관리를 실시하려고 한다. 사례관리 과정을 순서대로 바르게 나열한 것은?

> ㉠ 문제와 관련된 전문가들이 모여 필요한 서비스를 확인하고 서비스의 우선순위를 정한다.
> ㉡ 학생 A의 폭력 정도와 이유에 대해 학생 A 및 가족들과 인터뷰한다.
> ㉢ 서비스를 제공하면서 학생 A의 폭력성 변화 여부를 점검한다.
> ㉣ 가족구성원에게 사례관리에 대해 어떻게 느꼈는지 조사한다.

① ㉠→㉡→㉢→㉣

③ ㉣→㉠→㉡→㉢

② ㉡→㉠→㉢→㉣

④ ㉣→㉡→㉠→㉢

14 노인장기요양보험제도에 대한 설명으로 옳은 것만을 모두 고르면?

> ㉠ 장기요양급여 운영, 장기요양제도의 특성을 살릴 수 있도록 「국민건강보험법」과는 별도로 「노인장기요양보험법」을 제정하였다.
> ㉡ 관리운영기관은 「국민건강보험법」에 의하여 설립된 국민건강보험공단이다.
> ㉢ 수급대상자는 65세 이상의 노인 또는 65세 미만 자로 노인성질병이 없는 장애인이다.
> ㉣ 「노인장기요양보험법」상 서비스는 소득에 비례해서 차등되게 제공된다.
> ㉤ 장기요양기관을 통해 신체활동 또는 가사지원 등의 서비스를 제공한다.

① ㉠, ㉡, ㉤

③ ㉡, ㉢, ㉣

② ㉠, ㉢, ㉣

④ ㉡, ㉣, ㉤

15 가족복지정책에 대한 설명으로 옳지 않은 것은?

① 육아휴직제도는 만 8세 이하 또는 초등학교 2학년 이하의 자녀를 가진 근로자에게 1년 이내의 휴직을 허용하는 것이다.

② 출산전후휴가란 산모와 태아의 건강보호를 위해 임신 중인 근로자가 출산전후에 유급출산휴가를 사용하는 것을 말한다.

③ 양육수당은 어린이집을 이용할 경우 소득을 고려하여 '아이행복카드'를 통해 보육료를 차등 지원하는 제도이다.

④ 아이돌봄 서비스는 맞벌이 가정, 다문화가족 등 양육 부담 가정에 아이돌보미가 돌봄을 제공하는 서비스이다.

16 다양화 · 전문화되는 사회복지 욕구에 능동적으로 대응할 수 있도록 최근 「사회복지사업법」을 개정하여 전문사회복지사제도를 도입하고, 2020년 12월 시행을 앞두고 있다. 이에 따른 전문사회복지사가 아닌 것은?

① 의료사회복지사

② 학교사회복지사

③ 정신건강사회복지사

④ 교정사회복지사

17 국민기초생활보장제도에 대한 설명으로 옳지 않은 것은?

① 소득인정액은 개별가구의 소득평가액과 재산의 소득환산액을 합한 금액이다.

② 부양의무자는 수급권자를 부양할 책임이 있는 사람으로서 수급권자의 1촌 직계혈족 및 그 배우자가 된다.

③ 기준 중위소득은 보건복지부장관이 고시하는 국민 가구소득의 중위값을 말한다.

④ 의료급여와 생계급여는 부양의무자 기준을 적용하지 않는다.

18 장애인복지 이념에 대한 설명으로 옳지 않은 것은?

① 인권존중–인간은 누구나 인간으로서 존엄하고, 인간으로서의 평등한 가치를 지닌다는 인식을 기반으로 하는 것을 의미한다.

② 정상화–장애인이 주거, 일과, 여가 등 가능한 한 보편에 가까운 생활을 하는 것으로서 장애인에게 사회적으로 가치 있는 일을 부여하고 지원하는 과정을 의미한다.

③ 자립생활–장애인이 자기결정권을 가지고 자신이 바라는 생활목표나 생활양식을 선택하여 살아가는 것을 의미한다.

④ 사회통합–장애인을 사회적으로 기여할 수 없는 무가치한 존재로 인식하여 비장애인 중심의 일반 사회에서 격리 보호하는 것이 타당하다는 의미이다.

19 측정수준과 그에 대한 예시를 옳게 짝 지은 것은?

① 명목척도–학점, 몸무게

② 서열척도–결혼 여부, 성별

③ 등간척도–토익(TOEIC) 점수, 지능지수(IQ)

④ 비율척도–학년, 온도

20 시장실패에 따른 국가개입의 필요성을 주장하는 논거 중 정보의 비대칭성과 관련 있는 것만을 모두 고르면?

> ㉠ 공공재
> ㉡ 외부효과
> ㉢ 중고차 매매시장
> ㉣ 역의 선택

① ㉠, ㉡

② ㉡, ㉢

③ ㉢, ㉣

④ ㉡, ㉢, ㉣

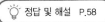

1 로스만(J. Rothman)이 제시한 지역사회복지 실천모델에 대한 설명으로 옳은 것만을 모두 고르면?

> ㉠ 사회계획 모델에서는 교육을 통해 주민 지도자를 양성하고 협력적인 지역분위기를 조성하는 데 주력한다.
> ㉡ 지역사회개발 모델에서는 주민의 자조정신이 강조되며 주민의 문제해결 능력 강화에 초점을 둔다.
> ㉢ 사회행동 모델에서는 사회복지사의 중개자, 옹호자로서의 역할이 강조된다.

① ㉠, ㉡   ② ㉠, ㉢

③ ㉡, ㉢   ④ ㉠, ㉡, ㉢

2 공적연금 재정의 운영방식에 대한 설명으로 옳지 않은 것은?

① 부과방식은 현재의 근로세대가 현재의 퇴직세대의 연금급여 지출에 필요한 재원을 부담하는 방식이다.

② 부과방식은 적립방식에 비해 세대 간 소득재분배 효과가 낮다.

③ 적립방식은 가입자로부터 징수한 보험료를 기금으로 적립하였다가 추후 지급하는 방식이다.

④ 적립방식은 적립된 기금의 운용이 가능하며, 기금 투자로 인한 원금 손실의 위험이 존재한다.

3 사회복지제도에서 현금급여를 현물급여보다 선호하는 이유로 옳지 않은 것은?

① 수급자의 선택권 강화

② 행정 비용의 감소

③ 정책 목표의 특정화에 용이

④ 수급자 효용의 극대화

4 다음 법률 중 2000년 이후 제정된 것만을 모두 고르면?

> ㉠ 「노인장기요양보험법」
> ㉡ 「사회서비스 이용 및 이용권 관리에 관한 법률」
> ㉢ 「저출산·고령사회기본법」
> ㉣ 「사회보장기본법」

① ㉠, ㉡, ㉢   ② ㉠, ㉡, ㉣

③ ㉠, ㉢, ㉣   ④ ㉡, ㉢, ㉣

5 사회복지(social welfare)와 사회사업(social work)의 개념에 대한 설명으로 옳은 것은?

① 우리나라는 1961년 제정된 「생활보호법」의 목적으로 '사회복지'의 향상을 명시했다.

② 사회복지는 사회사업에 비해 개인이나 가족, 집단에 대한 문제해결에서 치료 접근을 강조한 개념이다.

③ 미국에서 사회사업은 19세기 전반부터 전문직화되는 경향을 보였다.

④ 우리나라 「사회복지사업법」에서는 '사회복지'와 '사회사업'의 용어를 각각 정의하고 있다.

6 영국에서 다음의 변화를 가져온 입법은?

> • 빈민의 수용 구호를 원칙으로 하는 기존 작업장 제도를 완화했다.
> • 노동력을 가진 빈민에 대해 원외구호(outdoor relief)를 허용했다.
> • 구빈에 대한 새로운 인도주의적 접근이라는 평가를 받았다.

① 엘리자베스 구빈법(1601년)

② 작업장법(1722년)

③ 길버트법(1782년)

④ 신구빈법(1834년)

19 소득보장정책에 대한 설명으로 옳은 것은?

① 사회보험은 급여액이 수급자가 낸 사회보험료에 비례하므로 재분배기능이 없다.

② 국민기초생활보장제도는 수급자 특성에 따라 맞춤형급여를 제공하므로 재분배기능이 약하다.

③ 아동수당은 비기여−비자산조사 프로그램에 해당한다.

④ 국민연금은 비기여−비자산조사 프로그램에 해당한다.

20 모성보호와 자녀 돌봄 지원에 대한 내용으로 옳지 않은 것은?

① 어린이집 또는 유치원을 이용하지 않는 만 60개월 아동은 양육수당 지원 대상이 된다.

② 임신 중인 여성 근로자가 90일의 출산전후휴가를 부여받은 경우, 휴가 기간은 출산 후 45일 이상 확보되어야 한다.

③ 만 8세 이하의 자녀를 양육하기 위해 사업주로부터 육아휴직을 허용 받은 근로자는 자녀 1명당 최대 1년간 휴직할 수 있다.

④ 소득에 관계없이 만 8세 이하의 아동을 둔 가정은 아동수당을 지급받는다.

PART

02

정답 및 해설

2012. 4. 7.
행정안전부 시행

1　③

① 권한부여모델 : 다른 말로 강점관점모델이라고 한다. 문제와 병리보다 자원, 강점 또는 환경에 중점을 둔다. 클라이언트의 강점과 잠재력을 강조하고 현재중심이며 자기결정 및 협력적 관계를 중시한다.

② 인지행동모델 : 개인과 환경 모두 중점을 두며 문제에 접근하는 이론적 틀을 제시한다. 즉, 인지행동이론은 개인과 환경사이의 상호적 영향이 대개 정보의 교환을 통해 발생한다고 보고 있다.

④ 인간중심모델 : 클라이언트와 사회복지사와의 인간적인 관계를 중시하며 클라이언트의 자기성장을 향한 잠재력이 발현될 수 있는 분위기를 조성하는 데 목적을 두고 있다. 현재의 인성적 특징이 형성된 원인을 보다 인성을 변화시키는 방법을 탐색하는데 더 많은 관심을 가진다.

2　②

① 전문상담교사사업 : 교내 학교폭력방지를 위해 전문상담교사를 전국 각 학교에 배치하는 사업

③ 아동발달지원계좌사업 : 요보호아동이 후원자의 지원을 받아 일정금액(월3만 원 이내)저축 시 국가(지자체)에서 같은 금액을 적립해줌으로써 아동이 만18세 이후 그 자립금을 이용하여 준비된 사회인으로 성장할 수 있도록 돕는 아동자립프로젝트

④ 드림스타트사업 : 0-12세 저소득 아동 및 가족을 대상으로 집중사례관리하고 보건, 복지에서 보육에까지 이르는 통합서비스를 지역자원과 연계하여 지원하는 사업

3　②

② 중개자(broker) : 클라이언트와 지원 및 서비스를 연결하는 역할로 사례관리의 핵심적 기능을 수행하고 클라이언트에게 법률적 도움이나 다른 필요한 자원을 얻도록 돕고 지역사회의 다양한 부분들이 교류하여 상호이익을 증진하도록 돕는다.

① 옹호자(advocate) : 클라이언트가 적절한 서비스를 받을 수 있는 권리를 확보 유지하도록 기관 내 프로그램이나 정책을 변화시키기 위해 정보를 끌어내고 지도력과 자원을 제공하는 등의 적극적인 역할을 수행한다.

③ 행동가(activist) : 갈등의 상황에서 중립적이거나 수동적인 자세를 거부하고 직접적인 행동을 선택한다.

④ 집단촉진자(group facilitator) : 사회복지사가 관여하는 집단들은 치료집단, 교육집단, 감성집단, 자조집단, 가족치료집단 등이며, 이러한 집단에서 사회복지사는 집단경험의 리더로서 받아들여진다.

4　④

④ 사례관리는 복합적인 문제를 가진 개인·가족과 함께 일하면서 그들과 자원제공자들의 기능을 향상시켜 환경 속에서 자신들에게 필요한 서비스와 자원을 이용하여 사회적 기능을 원활히 수행할 수 있도록 돕는 체계적이고 통합적인 접근방법이다.

※ **사례관리의 기능** … 클라이언트와 필요한 서비스의 연결기능, 공식적 체계와 비공식적 체계의 동시 활용기능, 비공식자원 체계와 클라이언트의 상호작용 촉진기능, 사례관리기관 상호간의 조정기능, 상담기능, 문제해결기능, 옹호기능

5　④

④ 델파이기법 : 익명성을 보장하고 표본의 개인들 (대부분의 경우 전문가)들을 대상으로 설문지를 통하여 반복적인 피드백을 하여 전문가들의 의견을 모으는 방법이다.

① 내용분석 방법 : 간접적 자료수집방법으로 이차 자료를 수집하여 어떤 변수를 측정할 목적으로 의사전달의 내용을 객관적·체계적·계량적으로 기술하고 추론하는 방법이다.

② 이차적 자료 분석 : 지역주민 및 전문가들로부터 직접 자료를 수집하는 방법이 아니고 지역사회 내의 사회복지기관의 서비스 수혜자에 관련된 기록을 검토하여 욕구를 파악하는 방법이다.

③ 서베이조사 : 전체를 대표할 수 있는 표본을 선정하여 이들로부터 설문지 또는 면접을 통하여 자료를 수집하는 방법으로서 개인들로부터 주로 느껴진 요구를 중심으로 직접적인 자료를 얻는다.

6 ④

④ 사회적 배제란 개인이 사회에 참여하는 길이 모두 막혀 있는 것을 말한다. 단순히 경제적, 재정적 분야 뿐 아니라 사회적 심리적인 분야에 이르기까지 널리 사용된다.

7 ①②

① 우리나라는 1990년 아동의 권리에 관한 협약에 서명하고, 1991년 비준하여 조약당사국이 되었다.

② 아동의 생존권, 발달권, 보호권, 참여권이 규정되어 있다.

※ 유엔의 아동권리 협약의 4대 기본권

　　㉠ 생존권 : 건강 의료보장의 권리, 생활수준보장의 권리

　　㉡ 발달권 : 교육의 권리, 문화·예술적 생활에 참여할 권리

　　㉢ 보호권 : 부모의 학대·방임으로부터 보호받을 권리, 경제적 착취·유해노동으로부터 보호받을 권리

　　㉣ 참여권 : 의견 표명 권리, 표현의 자유, 사상·양심 및 종교의 자유

8 ②

② 「장애인활동 지원에 관한 법률」 2011.1.4 제정

① 「노인장기요양보험법」 2007.4.27 제정

③ 「저출산·고령사회기본법」 2005.5.18 제정

④ 「긴급복지지원법」 2005.12.23 제정

9 ①

② 헤일리의 전략적 가족치료모델 : 가족에 대한 체계 지향적인 관점을 지니고 행동의 정신적 원인보다 증상행동의 대인관계적인 의미에 초점을 맞춘다. 문제행동을 변화시키기 위한 방법으로 역설적 개입(지시), 시련, 순환적 질문, 재정의 전략, 가정기법 등을 제시하였다.

③ 보웬의 다세대 가족치료모델 : 다른 가족치료에 비해 포괄적인 관점과 이론을 강조하였다. 자기분화, 삼각관계, 핵가족의 정서형성과정, 가족투사과정, 다세대 전수과정, 출생순위, 정서적 단절, 사회적 정서전달과정이라는 여덟 가지 개념을 제시하였다.

④ 미누친의 구조적 가족치료모델 : 가족의 구조를 재구조화함으로써 가족이 적절한 기능을 수행할 수 있도록 돕는 방법이다. 구조적모델은 특히 청소년 비행, 거식증, 약물남용 가족원이 있는 가족이나 사회경제수준이 낮은 가족에 성공적으로 적용되어왔다.

10 ①

① 제3의 길 : 신자유주의의 길 및 전후 복지국가의 길과는 다른 제3의 길을 주창하면서 사회투자의 개념을 강조하였다. 소득의 재분배보다 기회의 재분배에 더 중점을 두었다.

② 신자유주의 : 케인즈 이론을 도입한 수정자본주의를 지적하고 국가권력의 시장개입을 비판한다. 자유시장과 규제 완화, 재산권을 중시하며 자유방임경제를 지향한다.

③ 케인즈주의 : 정부의 시장 개입을 조건부 인정하여 시장실패를 보충하는 수단으로의 복지국가를 추구하였다.

④ 페이비언주의 : 노동자의 참여를 강조하고 자원의 재분배와 사회통합증진 비복지 요소에 대한 공평한 분담과 이타주의를 증진하자고 주장하였다. 평등, 적극적 자유, 우애 강조, 정부개입 적극 인정하며 복지국가를 적극 찬성 하였다.

11 ①

① COS는 빈곤문제에서 궁극적인 책임은 개인에게 있다고 생각했기 때문에 공공의 구빈정책에 대해서는 반대하였다.

12 ③

③ 잔여적 사회복지에서는 혜택을 받는 선별된 사람들을 비정상적 병리적이고 적응을 하지 못 하는 사람으로 간주하고 있으며 사회복지는 그 기능을 임시로 보충하는 역할만 한다고 생각한다. 제도적 사회복지에서는 혜택의 범위를 사회전체로 넓히고 사회복지는 각 개인의 자아완성을 돕기 위해 타당하고 정당한 기능을 수행하는 것으로 받아들여진다.

13 ③

① 서비스구매계약(POSC) : 민간계약기관이 서비스를 제공하고 그 비용은 정부가 부담하는 방식

② 현금급여(cash) : 현금으로 주는 급여

④ 시설보조금(subsidy) : 정부에서 특정 시설에 보조금을 지원해 주는 것

④ 일정 수의 가입자가 특정 의료공급자에게 등록을 하고 의료공급자는 진료비를 등록자당 일정금액을 지불받는 방식으로 이는 등록자가 실제 진료를 받았는지 여부에 상관없이 진료비를 지급하게 되는 것이 원칙이다.

13 ④

④ 자유주의는 빈곤 등 사회적 위험 등을 사회적 책임보다는 개인의 나태나 게으름과 같이 개인적 책임으로 간주함으로써 국가의 시장개입을 반대하는 이념이다.

14 ④

④ 사례관리 : 다양하고 복합적인 욕구를 가진 클라이언트에게 공식적, 비공식적인 지원망을 창조하고 조정하는 실천모델로써 보기에 나와 있는 옹호, 아웃리치를 포함하는 광범위한 개념이라 할 수 있다.
① 옹호 : 기존 제도로부터 클라이언트가 불이익을 받을 때 클라이언트를 위해 정보를 수집하고 요구사항을 분명히 함으로써 기존 제도에 도전토록 지도력을 발휘하는 적극적이고 직접적인 역할을 말한다.
② 아웃리치 : 표적인구에서 개별 클라이언트를 확인하고 서비스를 따로 찾지 않는 잠재적 클라이언트를 직접 찾아 나서는 것이다.
③ 중재 : 양자 간 논쟁에 개입하여 중립을 지키며 타협이나 차이점, 조정 및 상호 만족스러운 합의점에 도달하도록 이끄는 역할이다.

15 ④

사회복지 서비스 전달체계 구축의 주요원칙 … 전문성의 원칙, 적절성의 원칙, 포괄성의 원칙, 지속성(연속성)의 원칙, 통합성의 원칙, 평등성의 원칙, 책임성의 원칙, 접근 용이성의 원칙 등

16 ③

ⓒ 제도 성숙기에 자원이 활용이 가능한 것은 적립방식의 장점으로 적립기금을 경제발전에 활용할 수 있다. 반면 부과방식은 적립기금이 없으므로 경제발전에 활용할 수 없다.

※ 국민연금 재정방식에서의 적립방식과 부과방식의 특징 비교

적립방식	부과방식
• 퇴직기간 비율이 낮은 경우에 유리하다.	• 노령 부양률이 낮은 경우에 유리하다.
• 재정안정, 인구구조 변화(노령화)에 강하다.	• 재정 불안정, 인구구조 변화(노령화)에 취약하다.
• 초기에 높은 보험료-후기에 낮은 보험료를 낸다.	• 초기에 낮은 보험료-후기에 보험료의 부담이 증가한다.
• 재정의 장기적인 예측이 곤란하다.	• 연금수리 추계가 불필요하다.
• 이자율이 높은 경우에 유리하다.	• 근로자 실질임금 수준이 높은 경우에 유리하다.
• 물가 상승 시 실질가치 보호가 곤란하다.	• 물가 상승 시 실질가치 보호가 가능하다.
• 시행당시 노령 보호가 곤란(초기에 연금 수급이 곤란)하다.	• 시행 당시 노령보호가 가능(초기에 연금수급이 가능)하다.
• 경제성장 결과 배분이 곤란하다.	• 경제성장 결과 배분이 가능하다.
• 투자 위험이 존재한다.	• 세대 간 계약 파기 가능성이 있다.

17 ①

① 수급권자에 대한 설명이다.
※ 수급자 … 「국민기초생활보장법」에 따른 급여를 받는 사람

18 ①

사회복지 사업법에서 사회복지 서비스를 제공할 때 복지급여 형태는 크게 현물, 현금, 증서·이용권 이렇게 세 가지로 나눌 수 있다. 이 중 현물은 현금에 비해 목표효율성(목적 달성)이 높고, 현금은 현물에 비해 선택의 자유가 높다. 그리고 이 두 가지 장점을 살린 제 3의 급여형태가 증서(voucher) 또는 이용권이다.
※ 사회복지사업법 제5조의2(사회복지서비스 제공의 원칙)
① 보호대상자에 대한 서비스 제공은 현물(現物)로 제공하는 것을 원칙으로 한다.
② 시장·군수·구청장은 국가 또는 지방자치단체 외의 자로 하여금 제1항의 서비스 제공을 실시하게 하는 경우에는 보호대상자에게 사회복지서비스 이용권을 지급하여 국가 또는 지방자치단체 외의 자로부터 그 이용권으로 서비스 제공을 받게 할 수 있다.

19 ④

- ㉠ **델파이 기법** : 전문가의 경험적 지식을 통한 문제해결 및 미래예측을 위한 기법으로 의견수립, 중재, 타협의 방식으로 반복적인 피드백을 통한 하향식 의견 도출 방법으로 문제를 해결한다.
- ㉡ **유사실험 설계** : 실험적인 방법이 원인적 가설검증을 위해 분명히 우세함에도 많은 현실적 문제로 인해 적용상에 제약을 받는 경우에 선택하는 방식으로 처치, 결과 측정 그리고 실험적 상황을 갖고 있지만 처치상황에 대한 무작위 선정, 할당을 지니지 않은 실험 설계이다.
- ㉢ **종단적 조사 설계** : 하나의 분석대상을 장기간에 걸쳐 일정한 시간 간격을 두고 여러 차례 반복적으로 측정함으로써 자료를 수집하는 방법이다. 여기에는 패널조사, 경향조사, 동년배조사 등이 있다.
  - 패널조사 : 장기간에 걸쳐 동일한 주제를 가지고 동일한 응답자에게 반복해서 면접이나 관찰을 행하는 조사 방법이다.
  - 경향조사 : 장기간에 걸쳐 동일한 주제에 대해 반복해서 면접이나 관찰을 행하지만 패널조사와는 달리 응답자가 매 조사 때마다 바뀌어 이루어지는 조사 방법이다.
  - 동년배조사 : 5년이나 10년 이내의 좀 더 좁고 구체적인 범위 안에 속한 인구집단의 변화를 조사하기 위한 조사 방법이다.

20 ①

- ① 사회적협동조합은 기획재정부 장관에게 인가를 받아야 한다.
- ※ **협동조합기본법 제85조(설립인가 등)** … 사회적협동조합을 설립하고자 하는 때에는 5인 이상의 조합원 자격을 가진 자가 발기인이 되어 정관을 작성하고 창립총회의 의결을 거친 후 기획재정부 장관에게 인가를 받아야 한다.

---

1 ②

시장실패의 요인

- ㉠ **외부효과의 문제** : 외부효과가 존재하면 시장은 자원을 효율적으로 배분하는 역할을 하지 못하므로 국가의 개입이나 규제가 필요하다.
- ㉡ **공공재의 문제** : 공공재는 국가가 생산하여 불특정 다수인이 혜택을 보는 재화로서, 비배제성·비경합성·비시장성의 속성을 지니므로 그 충분한 공급을 위하여 국가가 개입하게 된다.
- ㉢ **불완전정보문제** : 거래에 참여하는 양쪽 중 한쪽만 정보를 가지고 있을 경우에는 정보의 편재로 시장이 효율적으로 작동할 수 없기 때문에 국가개입이 요구된다.
- ㉣ **불완전경쟁문제** : 소수생산주체에 의해 과점체제가 형성되는 경우 이들에 의하여 상품가격이 좌우되므로 이에 대한 규제의 필요성에 의해 국가개입이 요구된다.
- ㉤ **소득분배의 불공평성** : 시장메커니즘은 능률성을 추구하므로 소득분배를 보장할 수 없다. 그러므로 빈부 격차의 심화를 완화시키기 위해 국가는 규제를 통하여 경제적 약자의 생존권을 보호해야 한다.

2 ①

- ① 연구결과의 일반화의 정도인 외적 타당성은 조사반응성이 높으면 연구의 객관성이 떨어지게 되므로 외적 타당성이 낮아지게 된다.

3 ③

- ① 규범적 욕구 ② 감지된 욕구 ④ 비교적 욕구
- ※ **브래드쇼(Bradshow)의 사회적 욕구이론**
  - ㉠ **규범적 욕구** : 전문가, 행정가, 사회과학자들이 욕구의 상태를 규정하는 것으로, 미리 바람직한 욕구충족의 수준을 정해놓고 이 수준과 실제 상태와의 차이에 의하여 욕구의 정도를 규정하거나 최고의 욕구수준을 정해놓고 실제 상태와의 차이에 의하여 욕구의 정도를 규정하는 것이다.
  - ㉡ **감지된 욕구** : 욕구상태에 있는 당사자의 느낌에 의해 인식되는 것인데, 이것은 어떤 욕구상태에 있는지 또는 어떤 서비스를 필요로 하고 있는지 물어서 파악하는 욕구이다. (= 느낀 욕구, 느껴진 욕구, 감촉적 욕구)

ⓒ **표현적 욕구** : 감지된 욕구가 실제의 욕구충족 행위로 나타난 것이며, 수요라고도 할 수 있다.(= 표출된 욕구, 표현된 욕구)

ⓔ **비교적 욕구** : 어떤 서비스를 받고 있는 사람들과 비슷한 특성을 갖고 있으면서도 서비스를 받지 않고 있는 사람들을 욕구상태에 있는 것으로 규정하는 것을 말한다.(= 상대적 욕구)

4 ④

④ 권한부여모델은 장애인이 처해 있는 환경을 변화시키는 것이 아니라 장애인의 상황과 욕구 및 강점을 파악하여 문제의 해결책을 찾아내는 데에 역점을 둔다.

5 ③

① 심리사회모델의 주요한 이론적 배경은 정신역동이론이다.

② 클라이언트 스스로 문제를 인식하게 하고 클라이언트의 자기결정권을 강조하는 것은 과제중심모델에 해당한다.

④ 클라이언트의 행동변화를 위한 체계적인 개입을 강조하며 변화 목표를 명확하게 설정하고 개입과정을 모니터링·기록·평가하는 것을 중요시하는 것은 행동주의모델에 해당한다.

6 ②

㉠ 국민기초생활보장제도(2000)

㉡ 사회복지통합관리망(2010)

㉢ 긴급복지지원제도(2006)

㉣ 사회복지사 1급 국가시험(2003)

7 ④

아동학대범죄 신고의무와 절차〈아동학대범죄의 처벌 등에 관한 특례법 제10조 제2항〉

① 누구든지 아동학대범죄를 알게 된 경우나 그 의심이 있는 경우에는 특별시·광역시·특별자치시·도·특별자치도(이하 "시·도"라 한다), 시·군·구(자치구를 말한다. 이하 같다) 또는 수사기관에 신고할 수 있다.

② 다음 중 어느 하나에 해당하는 사람이 직무를 수행하면서 아동학대범죄를 알게 된 경우나 그 의심이 있는 경우에는 시·도, 시·군·구 또는 수사기관에 즉시 신고하여야 한다.

㉠ 「아동복지법」에 따른 아동권리보장원 및 가정위탁지원센터의 장과 그 종사자

㉡ 아동복지시설의 장과 그 종사자

㉢ 「아동복지법」에 따른 아동복지전담공무원

㉣ 「가정폭력방지 및 피해자보호 등에 관한 법률」에 따른 가정폭력 관련 상담소 및 가정폭력피해자 보호시설의 장과 그 종사자

㉤ 「건강가정기본법」에 따른 건강가정지원센터의 장과 그 종사자

㉥ 「다문화가족지원법」에 따른 다문화가족지원센터의 장과 그 종사자

㉦ 「사회보장급여의 이용·제공 및 수급권자 발굴에 관한 법률」에 따른 사회복지전담공무원 및 「사회복지사업법」에 따른 사회복지시설의 장과 그 종사자

㉧ 「성매매방지 및 피해자보호 등에 관한 법률」에 따른 지원시설 및 성매매피해상담소의 장과 그 종사자

㉨ 「성폭력방지 및 피해자보호 등에 관한 법률」에 따른 성폭력피해상담소, 같은 법 성폭력피해자보호시설의 장과 그 종사자 및 성폭력피해자통합지원센터의 장과 그 종사자

㉩ 「119구조·구급에 관한 법률」에 따른 119구급대의 대원

㉪ 「응급의료에 관한 법률」에 따른 응급의료기관 등에 종사하는 응급구조사

㉫ 「영유아보육법」에 따른 육아종합지원센터의 장과 그 종사자 및 어린이집의 원장 등 보육교직원

㉬ 「유아교육법」에 따른 유치원의 장과 그 종사자

㉭ 아동보호전문기관의 장과 그 종사자

ⓐ 「의료법」에 따른 의료기관의 장과 그 의료기관에 종사하는 의료인 및 의료기사

ⓑ 「장애인복지법」에 따른 장애인복지시설의 장과 그 종사자로서 시설에서 장애아동에 대한 상담·치료·훈련 또는 요양 업무를 수행하는 사람

ⓒ 「정신건강증진 및 정신질환자 복지서비스 지원에 관한 법률」에 따른 정신건강복지센터, 정신의료기관, 정신요양시설 및 정신재활시설의 장과 그 종사자

ⓓ 「청소년기본법」에 따른 청소년시설 및 청소년단체의 장과 그 종사자

ⓔ 「청소년 보호법」에 따른 청소년 보호·재활센터의 장과 그 종사자

ⓕ 「초·중등교육법」에 따른 학교의 장과 그 종사자

ⓖ 「한부모가족지원법」에 따른 한부모가족복지시설의 장과 그 종사자

ⓗ 「학원의 설립·운영 및 과외교습에 관한 법률」에 따른 학원의 운영자·강사·직원 및 교습소의 교습자·직원

ⓘ 「아이돌봄 지원법」에 따른 아이돌보미

ⓙ 「아동복지법」에 따른 취약계층 아동에 대한 통합서비스지원 수행인력

ⓚ 「입양특례법」에 따른 입양기관의 장과 그 종사자

8 ①

① 아들러는 인간의 발달은 5세경에 거의 형성되며 그 이후에는 근본적인 변화가 없다고 가정한다.

※ 아들러의 개인심리이론의 기본가정

 ㉠ 인간은 독특하고, 더 이상 분해할 수 없으며, 자아 일치적이고, 통합된 실체다.

 ㉡ 발달이란 완전한 것을 향상 능동적인 노력, 즉 성장을 위한 노력이다.

 ㉢ 유전, 문화적 압력이나 본능적 욕구는 발달에 영향을 미치는 요인이긴 하지만 대부분의 발달은 개인의 능동적 선택에 의하여 이루어진다.

 ㉣ 발달은 5세경에 거의 형성되며, 이후에는 근본적인 변화가 없다.

 ㉤ 개인은 환경을 주관적으로 파악하고, 이러한 주관적 신조나 믿음에 따라 행동한다.

 ㉥ 자아는 창조적 힘을 가지고 있으며, 열등에 대한 보상과 미완성을 극복하고 완성을 추구하고자 하는 성향을 지니고 있다.

 ㉦ 심리적 건강은 개인이 우월성을 추구하는 과정에서 환경적 방해를 어느 정도 극복하느냐와 사회적 관심 정도에 달려 있다.

 ㉧ 치료과정은 보다 지시적이며, 치료자는 능동적 참여자다.

9 ④

④ 정신보건사회복지사는 사회복지사 1급 자격증 소지자로서 정신보건분야에서 일정한 수련기간을 거친 전문사회복지사를 말하며 수련기간 및 경력에 따라 1급, 2급으로 구분된다.

10 ①

 ㉡ 서비스의 재원은 점차 다양화되고 있다.

 ㉢ 서비스 공급기관이 다양화되면서 공공부문이 차지하는 비중이 점차 줄어들고 있다.

 ㉣ 서비스 재정지원방식은 시설보조금 방식보다는 서비스 구매계약이나 바우처 방식이 확대되고 있다.

11 ②

① 입양기관이 아닌 경우에도 입양되는 경우가 있다. 국민 기초생활보장법상 보장시설에 의뢰된 아동도 입양이 가능하다.

③ 입양을 하게 되면 친부모는 법적으로 아동의 권리와 의무가 사라진다.

④ 「입양특례법」에 따르면 입양기관의 장은 입양이 성립된 후 1년 동안 사후서비스를 제공해야 한다.

12 ③

사회보장기본법 제4장 사회보장정책의 기본방향

 ㉠ 평생사회안전망의 구축·운영(제22조) : 국가와 지방자치단체는 모든 국민이 생애 동안 삶의 질을 유지·증진할 수 있도록 평생사회안전망을 구축하여야 한다. 또한 국가와 지방자치단체는 평생사회안전망을 구축·운영함에 있어 사회적 취약계층을 위한 공공부조를 마련하여 최저생활을 보장하여야 한다.

 ㉡ 사회서비스 보장(제23조) : 국가와 지방자치단체는 모든 국민의 인간다운 생활과 자립, 사회참여, 자아실현 등을 지원하여 삶의 질이 향상될 수 있도록 사회서비스에 관한 시책을 마련하여야 한다. 또한 국가와 지방자치단체는 사회서비스 보장과 제24조에 따른 소득보장이 효과적이고 균형적으로 연계되도록 하여야 한다.

 ㉢ 소득보장(제24조) : 국가와 지방자치단체는 다양한 사회적 위험 하에서도 모든 국민들이 인간다운 생활을 할 수 있도록 소득을 보장하는 제도를 마련하여야 한다. 또한 국가와 지방자치단체는 공공부문과 민간부문의 소득보장제도가 효과적으로 연계되도록 하여야 한다.

13 ①

②③ 페이비언주의에 대한 설명이다.

④ 마르크스주의에 대한 설명이다.

14 ③

③ 지방정부에 의한 전달체계는 중앙정부에 비해 프로그램의 지속성과 안정성이 떨어진다.

※ 지방정부에 의한 전달체계의 장단점

 ㉠ 장점

  • 지역주민의 욕구에 민감하고 신속하게 대처할 수 있다.

  • 지방의 특색에 맞는 프로그램 개발이 용이하다.

  • 사회복지 정책과 프로그램의 결정과정에 지역민들의 참여도가 높다.

  • 지방정부간의 경쟁으로 인하여 재화의 가격과 질적 측면에서 유리하다.

 ㉡ 단점

  • 서비스 제공을 위한 재원확보가 중앙정부보다 어려울 수 있다.

  • 프로그램의 지속성과 안정성이 떨어진다.

- 각 지방 간의 서비스 격차로 인하여 사회통합에 불리하고 불평등이 초래된다.
- 규모의 경제 효과가 중앙정부보다 낮으므로 효율성에서 떨어진다.

15 ①

② 영국의 자선조직협회는 시대적 상황을 극복하고 서비스의 효과적인 제공을 위해 찰머스(T. Chalmers), 데니슨(E. Denison), 힐(O. Hill), 로크(C. Loch) 등이 창설한 민간협회이다.

③ 1935년에 제정된 사회보장법은 사회보험 프로그램(연방 노령보험체계, 연방과 주가 함께 하는 실업보산상제도), 공공부조 프로그램(노령부조, 요보호맹인부조, 요보호아동부조 등을 위해 연방이 지원하는 제도), 보건 및 복지 서비스 프로그램(모자보건서비스, 장애아동을 위한 서비스, 아동복지서비스, 직업재활 및 공중보건 서비스 등)으로 구성되어있다.

④ 열등처우의 원칙은 구빈법으로 구제받는 빈민의 상태는 구제받지 않는 최하층 노동자보다 낮은 수준이어야 한다는 것이다.

16 ②

콤튼과 갤러웨이의 6가지 사회복지 실천체계 모델

㉠ 변화매개체계 : 사회복지사 및 사회복지사를 조직하는 기관 및 조직 등 사회복지실천 현장에 소속되어 원조 업무를 돕는 사람과 변화노력을 주도하는 사람 전체를 포함하여 이르는 개념

㉡ 클라이언트 체계 : 서비스나 도움을 필요로 하는 사람들, 변화매개인과 계약이 이루어 졌을 때 비로소 클라이언트가 됨

㉢ 표적체계 : 변화매개인이 목표로 한 것을 달성하기 위해 영향을 주거나 변화를 시키는 것이 필요한 사람들, 때로 클라이언트 체계와 중복되기도 함

㉣ 행동체계 : 변화매개자들이 변화노력을 달성하기 위해 서로 상호작용하는 사람들, 이웃, 가족, 전문가들이 해당됨

㉤ 전문체계 : 사회복지사들의 전문가 단체, 사회복지사를 준비시키는 교육체계, 전문적 실천의 가치와 재가

㉥ 의뢰-응답체계 : 서비스를 요청한 사람이 의뢰체계, 강요에 의해서 오거나 보내진 사람이 응답체계

17 ④

① 장기요양인정을 신청할 수 있는 자는 노인 등으로서 장기요양보험가입자 또는 그 피부양자 및 의료급여법에 따른 의료급여수급권자이다.

② 영리법인의 경우도 노인장기요양서비스를 제공할 수 있다.

③ 요양등급의 판정은 국민건강보험공단의 장기요양등급판정위원회에서 한다.

18 ③

사회복지사업이란 다음의 법률에 따른 보호 · 선도(善導) 또는 복지에 관한 사업과 사회복지상담, 직업지원, 무료 숙박, 지역사회복지, 의료복지, 재가복지(在家福祉), 사회복지관 운영, 정신질환자 및 한센병력자의 사회복귀에 관한 사업 등 각종 복지사업과 이와 관련된 자원봉사활동 및 복지시설의 운영 또는 지원을 목적으로 하는 사업을 말한다〈법 제2조〉.

㉠ 국민기초생활 보장법

㉡ 아동복지법

㉢ 노인복지법

㉣ 장애인복지법

㉤ 한부모가족지원법

㉥ 영유아보육법

㉦ 성매매방지 및 피해자보호 등에 관한 법률

㉧ 정신건강복지법

㉨ 성폭력방지 및 피해자보호 등에 관한 법률

㉩ 입양특례법

㉪ 일제하 일본군위안부 피해자에 대한 생활안정지원 및 기념사업 등에 관한 법률

ⓔ 사회복지공동모금회법

ⓧ 장애인 · 노인 · 임산부 등의 편의증진 보장에 관한 법률

ⓗ 가정폭력방지 및 피해자보호 등에 관한 법률

ⓐ 농어촌주민의 보건복지증진을 위한 특별법

ⓑ 식품등 기부 활성화에 관한 법률

ⓒ 의료급여법

ⓓ 기초연금법

ⓔ 긴급복지지원법

ⓕ 다문화가족지원법

ⓖ 장애인연금법

ⓗ 장애인활동 지원에 관한 법률

ⓘ 노숙인 등의 복지 및 자립지원에 관한 법률

ⓙ 보호관찰 등에 관한 법률

ⓚ 장애아동 복지지원법

ⓛ 발달장애인 권리보장 및 지원에 관한 법률

ⓜ 청소년복지 지원법

19 ②

㉠ 사회복지관은 정치 활동, 영리 활동, 특정 종교 활동 등에 이용되지 않게 중립성이 유지되어야 한다.

㉢ 지역사회연계사업, 지역욕구조사, 실습지도는 사회복지관의 지역조직화 기능 중 복지네트워크 구축에 해당한다.

20 ②

㉠ 국가 또는 지방자치단체 외의 자는 관할 시장·군수·구청장에게 신고하고 아동복지시설을 설치할 수 있다〈아동복지법 제50조 제2항〉.

㉣ 시·도지사, 시장·군수·구청장 또는 검사는 아동의 친권자가 그 친권을 남용하거나 현저한 비행이나 아동학대, 그 밖에 친권을 행사할 수 없는 중대한 사유가 있는 것을 발견한 경우 아동의 복지를 위하여 필요하다고 인정할 때에는 법원에 친권행사의 제한 또는 친권상실의 선고를 청구하여야 한다〈아동복지법 제18조 제1항〉.

2015. 3. 14.
사회복지직 시행

---

1 ③

노인장기요양보험법 상 장기요양급여의 종류(제23조 참조)로는 재가급여(방문요양, 방문목욕, 방문간호, 주·야간 보호, 단기보호, 기타재가급여), 시설급여, 특별현금급여(가족요양비, 특례요양비, 요양병원간병비)가 있다.

2 ①

② 설문조사 : 어떤 분야에 대하여 고객들의 만족도, 신뢰도, 개선할 사항 등을 조사하는 것으로 이를 통해 기업체 또는 회사 발전에 큰 도움을 줄 수 있다.

③ 횡단조사 : 특정한 시점을 기준으로 하여 한 번의 측정을 통해 집단 간의 차이를 연구하는 조사방법

④ 추이조사 : 시간의 흐름에 따른 집단이 변화를 관찰하기 위한 조사로 미래 예측을 위해 사용된다.

3 ②

② '직면'에 대한 설명이다.

※ 해석 … 클라이언트가 표현한 문제에 숨겨진 의미를 발견하고자 하는 것

4 ③

③ 베버리지 보고서에는 정액급여, 정액기여의 원칙을 제시하였다.

5 ④

④ 제도적 개념에 따른 사회복지의 특성이다.

6 ④

④ **확산이론** : 한 나라의 사회복지 정책이 다른 나라에 영향을 미친다는 데 초점을 맞춘 이론으로 긴밀한 관계에 있는 국가나 인접한 국가 간의 제도가 서로 닮아간다는 이론이다.

7 ③

③ 위에 제시된 특징은 바우처 제도에 대한 내용으로 현재 고용보험제도의 구직급여와 관련하여 우리나라에서는 바우처 제도를 시행하고 있지 않다.

8 ①

① "영유아"란 6세 미만의 취학 전 아동을 말한다.〈영유아보육법 제2조 제1호〉

9 ②

② 「생활보호법」의 제정(1961) → 사회복지법인에 대한 법적 근거 마련(1970) → 사회복지전문요원제도 시행(1987) → 정신보건전문요원으로서 정신보건사회복지사 자격제도의 도입(1995)

10 ③

㉢ 사회복지사는 적법하고도 적절한 논의 없이 동료 혹은 다른 기관의 클라이언트와 전문적 관계를 맺어서는 안 된다.

㉠ 사회복지사 윤리강령 전문에 나와 있다.

㉡ 사회복지사 윤리강령 중 전문가로서의 자세에 대한 내용 중 하나이다.

㉣ 사회복지사 윤리강령 중 사회복지사의 사회에 대한 윤리 기준의 내용 중 하나이다.

11 ②

① 복잡한 사람의 성격을 5가지 성향으로 구분하고 이를 수치화하여 그래프로 나타낸 것이다.

③ 가족과 그 가족의 생활공간 내에 있는 사람 및 환경 또는 자원과의 연계 등을 하나의 그림으로 그려 나타낸 것이다.

④ 2~3세대에 걸친 가족성원에 대한 정보와 그들 간의 관계를 도표로 작성하는 것이다.

12 ①

초점집단 인터뷰 … 보통 6~10명 정도의 사람들이 어떤 제품이나 서비스 또는 조직에 대해 훈련된 면접자와 1~2시간 동안 이야기하게 하는 정성조사방법의 하나로 여기서는 연구자의 역할이 중요하며 밀폐된 공간에서 자유토론방식으로 진행된다. 또한 참가자들은 해당 분야의 전문성을 갖추고 있어야 한다.

13 ④

길버트와 테렐의 사회복지정책 분석틀 … 크게 4가지 질문(누가 급여를 받는가?, 무엇을 받는가?, 어떻게 급여를 받는가?, 누가 급여를 지불하는가?)을 통해 사회복지정책 분석의 기본 틀을 제시하고 있다.

14 ③

사회복지의 필요성을 촉진시키는 현대 사회의 특성으로 저출산·고령화, 이혼 증가, 실업률 증가, 소득 양극화 등을 들 수 있다.

15 ③

③ 사회보장수급권은 정당한 권한이 있는 기관에 서면으로 통지하여 포기할 수 있으며 사회보장수급권의 포기는 취소할 수 있다. 〈사회보장기본법 제14조 제1항, 제2항〉

① 사회보장기본법 제9조

② 사회보장기본법 제10조 제2항, 제3항

④ 사회보장기본법 제12조

16 ①

① 목표관리기법(MBO)에 대한 설명이다.

17 ④

「영유아보육법」(1991) → 「사회보장기본법」(1995) → 「국민건강보험법」(1999) → 「노인장기요양보험법」(2007)

18 ②

② 각 급여에 따라 선정기준이 서로 다르다.

• 주거급여의 선정기준 : 기준 중위소득의 100분의 43 이상으로 한다. 〈국민기초생활 보장법 부칙−법률 제12933호, 2014. 12. 30 제7조 제3항〉

• 생계급여의 선정기준 : 기준 중위소득의 100분의 30 이상으로 한다. 〈국민기초생활 보장법 제8조 제2항〉

• 교육급여의 선정기준 : 기준 중위소득의 100분의 50 이상으로 한다. 〈국민기초생활 보장법 제12조 제3항〉

• 의료급여의 선정기준 : 기준 중위소득의 100분의 40 이상으로 한다. 〈국민기초생활 보장법 제12조의3 제2항〉

19 ③

①② 수급권자는 18세 이상의 중증장애인으로서 소득인정액이 그 중증장애인의 소득·재산·생활수준과 물가상승률 등을 고려하여 보건복지부장관이 정하여 고시하는 금액(이하 "선정기준액"이라 한다) 이하인 사람으로 한다. 〈장애인연금법 제4조 제1항〉

④ 부가급여는 연령에 따라 차등적으로 지급되지만(장애인연금법 시행령 제6조 별표1 참고) 기초급여는 연령에 따라 차등 지급되지 않는다. 다만 기초급여는 수급권자와 그 배우자가 모두 기초급여를 받는 경우(장애인연금법 제6조 제3항 참고)와 소득인정액과 기초급여액을 합한 금액이 선정기준액 이상이 되는 경우(장애인연금법 제6조 제4항 참고)에 일부 감액하여 지급할 수 있다.

20 ②

ⓔ 보험료 등의 고지 및 수납, 그리고 체납관리는 국민건강보험공단이 고용노동부장관으로부터 위탁을 받아 수행한다. 〈고용보험 및 산업재해보상보험의 보험료징수 등에 관한 법률 제4조〉

5 ③

③ **기회균등** : 사회는 개인에게 균등한 기회를 차별 없이 제공해야 한다.

6 ①

① 제시된 연구설계에서 도구효과가 발생할 가능성은 거의 없다.
※ **도구효과** … 사전검사와 사후검사에서 조사도구가 바뀌거나, 동일한 조사도구라도 신뢰도가 낮은 도구를 사용하면 사후검사 시 종속변수에 변화가 있더라도 이것이 독립변수 때문이라고 주장할 수 없어 내적 타당성을 저해하는 것을 말한다.

7 ③

바우처(voucher)는 일정한 용도 내에서 수급자로 하여금 원하는 재화나 서비스를 자유롭게 선택할 수 있게 하는 방법이다.
③ 현물급여와 현금급여 형태의 중간적 성격으로 인해 주요한 급여형태로 쓰이지 못한다.

8 ①

① 자활지원계획의 수립 조항은 2014년 12월 30일 개정 전에도 규정되어 있었다.

9 ④

④ 근로장려금의 크기는 소득구간이 높아질수록 비례하여 작아진다.

10 ①

② 「국민복지연금법」은 1973년에 제정되었다.
③ 분권교부세에 근거한 사회복지사업의 지방이양은 2000년대부터 이루어졌다.
④ 「영유아보육법」은 1991년에 제정되었다.

11 ②

로웬버그와 돌고프의 윤리원칙 적용 순서 … 생명보호의 원칙 → 평등과 불평등의 원칙 → 자율성과 자유의 원칙 → 최소한 손실의 원칙 → 삶의 질의 원칙 → 사생활 보호와 비밀보장의 원칙 → 진실성과 정보개방의 원칙

12 ④

④ 아동을 매매하는 행위를 한 자는 10년 이하의 징역에 처한다.

13 ④

④ 사회복지실천의 면접은 계약에 의한다.

14 ②

② 위기집단은 일반인구의 하위집단으로 위기에 노출될 위험에 있거나 욕구가 있는 집단이다. 실제 프로그램에 참여하는 집단은 클라이언트 집단이다.

15 ①

① 지역별 다양한 사회복지 서비스 욕구에 탄력적으로 대응하기 쉬운 것은 지방자치단체이다.

16 ②

② 클라이언트의 문제와 욕구들이 점차 복잡하고 다양해지면서 사회복지실천의 통합적 접근방법이 등장하였다.

17 ③

① 노인복지주택에 입소할 수 있는 자는 60세 이상의 노인으로 한다.
② 기초연금은 65세 이상인 사람으로서 소득인정액이 보건복지부장관이 정하여 고시하는 금액 이하인 사람에게 지급하는 급여이다.
④ 장기요양보험제도는 요양시설에 거주하지 않거나(재가급여), 경중의 노인성 치매 등과 같이 중증질환이 아닌 사람들도 대상으로 한다.

18 ②

C. **사회적 배제** : 빈곤을 포함한 다차원적 불리함, 즉 전반적인 사회문제를 나타내는 새로운 개념으로, 빈곤을 단순히 소득의 결핍이 아닌 빈곤의 다차원인 측면을 강조한다. → ㉠
A. **신빈곤** : 근로능력이 있어도 일자리가 없거나 경제활동에 참여하고 있어도 실질적인 소득이 낮아 빈곤한 경우이다. → ㉡

D. **정상화** : 장애인의 생활환경과 조건을 일반인의 생활표준에 최대한 가깝게 하여 장애인을 비정상이 아닌 정상적 사회구성원으로 인식하는 것이다. →ⓒ

E. **사회행동** : 불우계층에 처한 사람들이 사회정의와 민주주의에 입각해 지원의 확대와 처우의 향상을 요구하는 행동을 말한다. →ⓔ

19 ④

차별행위〈장애인차별금지 및 권리구제 등에 관한 법률 제4조 제1항〉… 이 법에서 금지하는 차별이라 함은 다음의 어느 하나에 해당하는 경우를 말한다.

㉠ 장애인을 장애를 사유로 정당한 사유 없이 제한·배제·분리·거부 등에 의하여 불리하게 대하는 경우

㉡ 장애인에 대하여 형식상으로는 제한·배제·분리·거부 등에 의하여 불리하게 대하지 아니하지만 정당한 사유 없이 장애를 고려하지 아니하는 기준을 적용함으로써 장애인에게 불리한 결과를 초래하는 경우

㉢ 정당한 사유 없이 장애인에 대하여 정당한 편의 제공을 거부하는 경우

㉣ 정당한 사유 없이 장애인에 대한 제한·배제·분리·거부 등 불리한 대우를 표시·조장하는 광고를 직접 행하거나 그러한 광고를 허용·조장하는 경우. 이 경우 광고는 통상적으로 불리한 대우를 조장하는 광고효과가 있는 것으로 인정되는 행위를 포함한다.

㉤ 장애인을 돕기 위한 목적에서 장애인을 대리·동행하는 자(장애아동의 보호자 또는 후견인 그 밖에 장애인을 돕기 위한 자임이 통상적으로 인정되는 자를 포함)에 대하여 ㉠부터 ㉣까지의 행위를 하는 경우. 이 경우 장애인 관련자의 장애인에 대한 행위 또한 이 법에서 금지하는 차별행위 여부의 판단대상이 된다.

㉥ 보조견 또는 장애인보조기구 등의 정당한 사용을 방해하거나 보조견 및 장애인보조기구 등을 대상으로 ㉣에 따라 금지된 행위를 하는 경우

20 ③

역전이(counter-transference) … 사회복지사가 과거에 다른 사람에게서 가졌던 감정을 현재의 클라이언트에게서 느끼고 반응하는 현상을 말한다. 역전이는 전이와 마찬가지로 강한 비현실적 감정이며 긍정적 변화를 방해하고 왜곡시킨다.

2017. 3. 18.
제1회 서울특별시 시행

---

1 ①
국가와 지방자치단체는 모든 국민이 <u>건강</u>하고 <u>문화</u>적인 생활을 유지할 수 있도록 사회보장급여의 수준 향상을 위하여 노력하여야 한다〈사회보장기본법 제10조(사회보장급여의 수준) 제1항〉.

2 ③
급여액의 산정은 연금액＝기본연금액 × 지급률＋부양가족연금액으로, 가입기간과 연금보험료 납부액에 따라 차이가 생긴다.
기본연금액＝소득대체율 비례상수(A＋B) × $(1+0.05n/12)$인데, A는 연금수급전 3년간 전체 가입자의 평균소득월액의 평균액을 의미하고, B값은 가입자 개인의 가입기간 중 기준소득월액의 평균액을 의미하며, n은 20년 초과 가입월수를 의미한다. 본인의 최종소득은 국민연금의 급여액 산정에 영향을 미치지 않는다.

3 ②
② 파생적 외부성은 정부실패의 원인 중 하나로, 정부가 시장에 개입함으로써 발생하는 잠재적·비의도적 확산효과나 부작용을 말한다.

4 ④
㉠ 방어기제는 무의식적으로 작동되는 심리기제이다.
㉢ 한 사람은 한 번에 한 가지 이상의 방어기제를 사용하기도 한다.

5 ④
① 「사회복지사업법」에 근거한다.
② 사회복지법인이 아니어도 사회복지시설을 운영할 수 있다. 국가 또는 지방자치단체 외의 자가 사회복지시설을 설치·운영하려는 경우에는 보건복지부령으로 정하는 바에 따라 시장·군수·구청장에게 신고하여야 한다.
③ 사회복지법인을 설립하려면 시·도지사의 허가를 받아야 한다.

③ **6**

③ 단기개입, 구조화된 접근, 클라이언트의 자기결정권에 대한 존중, 클라이언트의 환경에 대한 개입, 개입의 책임성 등을 강조하는 것은 과제중심모델의 특징이다. 행동주의모델은 관찰가능한 행동과 환경에 초점을 두고 이를 분석하고 변화시킴으로써 클라이언트의 욕구를 충족시키고자 한다.

7 **③**

제시된 내용은 개별화 원칙에 부합한다.
※ 비스텍(Biestek)의 7가지 원칙
　　㉠ 개별화
　　㉡ 의도된 감정표현
　　㉢ 통제된 정서적 관여
　　㉣ 수용
　　㉤ 비심판적 태도
　　㉥ 자기결정
　　㉦ 비밀보장

8 **②**

㉢ 스핀햄랜드법은 노동자의 임금 및 생활 개선에는 도움을 주지 못한 채, 고용주들의 임금 인하와 노동자들의 근로의욕 저하 등을 초래하였고 그로 인해 구빈세 지출이 급증했다.

9 **③**

③ 특수성에서 보편성으로 변화되어 왔다. 산업화 이전의 사회복지 대상이 빈민에 한정되었다면, 산업화 이후의 사회복지 대상은 전 국민으로 인식과 범위의 변화가 있었다.

10 **②**

사회인구학적 조건에는 인구구조, 사회계층, 소득수준, 가구형태 등이 있다.
※ 사회복지조직의 일반환경
　　㉠ 경제적 조건 : 자원공급의 절대량과 서비스 수요에 영향
　　㉡ 사회인구학적 조건 : 장기적인 서비스의 수요 변동과 예측에 영향
　　㉢ 문화적 조건 : 사회의 가치와 규범. 사회복지조직의 목표와 기술에 영향
　　㉣ 정치적 · 법적 조건 : 자원의 흐름에 대한 통제에 영향
　　㉤ 기술적 조건 : 사회의 기술적 진보 혹은 변화가 초래하는 영향

11 **④**

④ 자기옹호, 개인옹호 등 옹호활동은 개별 사례나 클라이언트 개인의 문제를 다루는 미시적 실천에서도 활용될 수 있다.

12 **②**

사회복지사를 찾아가 도움을 요청하고 계약을 맺은 아내는 클라이언트체계, 변화의 대상이 되는 남편은 표적체계에 해당한다.

13 **①**

「한부모가족지원법」 제2장 복지의 내용과 실시에는 국가와 지방자치단체의 한부모가족에 대한 복지 조치로 지원대상자 조사, 복지급여의 신청, 복지급여수급계좌, 복지 자금의 대여, 고용의 촉진, 고용지원 연계, 공공시설에 매점 및 시설 설치, 시설 우선이용, 가족지원서비스, 청소년 한부모에 대한 교육 지원, 자녀양육비 이행지원, 청소년 한부모의 자립 지원, 아동 · 청소년 보육 · 교육, 국민주택의 분양 및 임대 등이 규정되어 있다.

14 **④**

④는 클라이언트의 개인적 특성으로 보는 것이 적절하다.
※ 사회복지서비스 접근의 장애요인
　　㉠ 서비스에 대한 정보의 결여 또는 부족
　　㉡ 지리적 · 시간적 장애
　　㉢ 심리적 장애
　　㉣ 선정절차상의 장애
　　㉤ 자원의 부족

15 **④**

리커트 척도 … 특정 대상에 대한 개인의 생각, 태도 등을 측정하는 데 사용되는 척도의 한 유형이다. 응답자는 측정대상에 대한 태도를 측정하는 것으로 간주되는 일련의 문항들에 대해 강한 찬성, 찬성, 보통, 반대, 강한 반대 등의 다섯 가지 중 하나를 선택하게 하고, 이 결과로 얻은 값을 모든 문항에 대해서 합친 총점 혹은 그것을 문항 수로 나누어 얻은 평균값을 특정 대상에 대한 개인의 태도 점수로 보는 것이다.

16 ①

② 사례관리자는 대상자의 문제해결을 위해서 클라이언트 개인을 변화시키기 위한 직·간접적인 서비스를 통합적으로 제공하는 것에 초점을 두고 활동한다.

③ 사례관리는 탈시설화를 배경으로 한다. 사례관리는 지역사회에서 생활하는 클라이언트의 복합적인 욕구를 해결하기 위한 포괄적 서비스 제공 체계를 구축하기 위해 시작되었다.

④ 클라이언트의 심리치료나 상담뿐만 아니라 서비스 연결, 공식적 자원과 비공식적 자원의 동시 활용, 사례관리기관 상호 간 조정 등 다양한 기능을 수행하며, 개인과 환경을 모두 중요시한다.

17 ③

① 세계 최초의 사회보험제도는 독일의 건강보험(1883년)이다.

② 영국 국민보험법(1911년)은 건강보험과 실업보험으로 구성되었다.

④ 베버리지보고서(1942년)는 사회보험 6대 원칙 중 하나로 균일기여를 제안하였다.

18 ④

① 지역사회개발모델은 자조에 기반하며, 과정목표 지향적이다.

② 사회계획모델에서는 변화전략으로 주로 문제에 대한 자료수집과 가장 합리적인 행동조치의 결정이 사용된다.

③ 세 모델 중 전문가의 역할이 가장 중요한 것은 사회계획모델이다.

19 ①

국제노동기구(ILO)가 제정한 「사회보장의 최저기준에 관한 조약」의 사회보장 급여에는 의료·질병·실업·노령·업무상 재해·가족·모성·폐질·유족 급여가 있다.

20 ②

ⓒ 최저임금제도 도입(1986년 최저임금법 제정, 1988년 적용) → ⓔ 4대 사회보험체제 완비(1995년) → ㉠ 국민기초생활보장제도 시행(2000년) → ㉡ 저출산·고령사회기본계획 수립(2005년 저출산·고령사회기본법 제정, 2006년 기본계획 및 시행계획)

1 ③

① 보편주의는 자산이나 욕구에 관계없이 특정 범주에 속한 모든 사람이 급여나 서비스를 받을 수 있음을 의미한다.

② 선별주의를 적용한 제도에는 빈곤층을 위한 공동주택, 공공부조 등이 있다.

④ 선별주의는 개인의 소득을 조사하는 데서 기인하는 비인간화 과정을 수반한다.

2 ②

② 가정위탁은 대리적 서비스에 해당한다.

※ **카두신의 아동복지서비스 유형**

ㄱ **지지적 서비스**: 부모와 아동의 능력을 지원하고 강화시켜 주는 서비스

ㄴ **보충적 서비스**: 가정 내 부모 역할의 일부를 보조·보충해 주는 서비스

ㄷ **대리적 서비스**: 정상적 가정을 유지하기 어려울 때, 부모 양육을 일시적 혹은 영구적으로 대리해 주는 서비스

3 ③

청소년이란 9세 이상 24세 이하인 사람을 말한다. 다만, 다른 법률에서 청소년에 대한 적용을 다르게 할 필요가 있는 경우에는 따로 정할 수 있다〈청소년 기본법 제3조 제1호〉.

4 ④

제시된 내용은 조력자로서의 사회복지사의 역할에 대한 설명이다. 사회복지사는 중개자, 조력자, 교육자, 중재자, 옹호자 등 다양한 역할을 수행한다.

5 ③

드림스타트는 취약계층 아동에게 맞춤형 통합서비스를 제공하여 아동의 건강한 성장과 발달을 도모하고 공평한 출발기회를 보장함으로써 건강하고 행복한 사회구성원으로 성장할 수 있도록 지원하는 사업이다.

ㄹ 아동의 사회진출 시 필요한 자립자금을 마련해 주는 것은 아니다.

6 ③

ⓔ 할당표집은 비확률표집방법이다.

※ **확률표집방법과 비확률표집방법의 예**

　ⓐ **확률표집방법**: 단순무작위표집, 체계적 표집, 집락표집, 층화표집 등

　ⓑ **비확률표집방법**: 할당표집, 편의표집, 유의표집, 눈덩이표집 등

7 ②

② 스웨덴 등 북유럽 복지국가 모델은 탈상품화의 정도가 가장 높은 것으로 평가된다.

※ **에스핑-앤더슨의 복지국가 유형화 특징**

　ⓐ 복지국가 유형화에 관한 가장 최근의 연구이다.

　ⓑ 탈상품화와 계층화를 기준으로 한다.

　ⓒ 탈상품화는 노동자가 자신의 노동력을 상품으로 시장에 내다 팔지 않고도 삶을 영위할 수 있는 정도이다.

　ⓓ 탈상품화 정도가 높을수록 복지선진국을 의미한다.

　ⓔ 자유주의적 복지국가<보수-조합주의적 복지국가<사회민주적 복지국가로 갈수록 탈상품화 수준이 높다.

8 ④

① 제도적 사회복지는 사회구성원 간의 상부상조를 주요기능으로 하고, 다른 사회제도의 기능과 구별되어 독립적으로 수행되는 제도이다.

② 잔여적 사회복지는 사회복지의 급여나 서비스를 국민에 대한 시혜로 간주한다.

③ 제도적 사회복지는 사회복지 대상자에 대한 낙인감을 수반하지 않는 것을 기본전제로 한다.

9 ①

① 개인의 기본적인 복지권은 타인의 자기결정권보다 우선한다.

※ **리머의 윤리적 결정지침** … 리머는 사회복지실천 현장에서 직면하는 윤리적 갈등의 유형을 분류하고 각각 사회복지사가 우선적으로 고려해야 하는 윤리적 가치와 그에 근거한 근무 및 행위를 제시하였다.

　ⓐ 인간활동에 필수적인 전제조건에 대한 위해와 관련된 규범들은 거짓정보 제공이나 비밀의 폭로, 오락, 교육, 부 등과 같은 부차적인 것들의 위해와 관련된 규범에 우선한다.

　ⓑ 어떤 개인이 가진 기본적인 안녕에 대한 권리는 타인이 가진 자기결정권에 우선한다.

　ⓒ 어떤 개인이 가지는 자기결정에 관한 권리는 자신의 기본적인 안녕에 대한 권리에 우선한다.

　ⓓ 자신이 자유로운 상태에서 스스로 동의한 법률, 규칙, 규정을 준수하는 것은 이러한 법률, 규칙, 규정과 상충되는 방식으로 자유롭게 행동할 수 있는 개인의 권리에 우선한다.

　ⓔ 개인이 가지는 안녕에 대한 권리가 자신이 자발적으로 참여한 단체의 법률, 규정, 협정 등과 충돌할 때에는 행복에 대한 권리가 우선한다.

　ⓕ 기아 등과 같은 기본적인 해악을 예방해야 된다는 의무와 주택, 교육, 공적부조 등과 같은 공공재를 제공해야 된다는 의무는 개인이 자신의 재산에 대해서 전적으로 가지는 처분권에 우선한다.

10 ③

③ 현물급여는 복지서비스를 현물의 형태로 제공하는 것으로 선택의 자유를 제한한다는 단점이 있다. 선택의 자유를 보장하는 것은 현금급여이다.

11 ④

④ 성과목표는 사회복지 프로그램을 통해 클라이언트가 변화된 결과를 나타내는 최종적인 목표이고 과정목표는 최종목표를 달성하기 이전에 사회 복지 프로그램의 수행과정별로 설정하는 과정상의 목표이다.

12 ④

과제중심모델은 리드와 엡스타인 등에 의해 소개된 것으로 클라이언트가 인식한 문제에 초점을 둔 단기 개입을 한다. 클라이언트가 자신에게 주어진 행동적 과업을 통해 스스로 문제를 해결할 수 있도록 돕는 실천방법이다.

13 ①

통제된 정서적 관여의 의미

　ⓐ 정서적 관여는 클라이언트의 감정에 대한 사회복지사의 민감성, 그의 감정이 의미하는 것에 대한 이해, 그의 감정에 대한 의도적이고 적절한 반응을 의미한다.

　ⓑ 클라이언트는 표현된 감정에 대한 공감적 반응을 얻고 싶어하고, 사회복지사의 적절한 정서적 관여는 클라이언트로 하여금 수용된다는 느낌을 가지게 하여 심리적 안정을 찾는다.

　ⓒ 관여는 통제되는 것으로, 상담의 총체적 목적과 클라이언트의 변화하는 욕구나 사회복지사의 진단적 사고에 따라 의도적이며 적절한 반응의 방향이 설정되어야 한다.

14 ①

논리모델 프로그램의 과정

- ㉠ **투입** : 프로그램에 투여되거나 프로그램에 의해 소비된 자원→㈐
- ㉡ **활동** : 임무를 수행하기 위해 프로그램에서 하는 활동→㈑
- ㉢ **산출** : 프로그램 활동의 직접적 결과물 및 실적 등→㈎
- ㉣ **성과** : 프로그램 활동 중 또는 활동 이후 참여자들이 얻은 이익 또는 혜택→㈏

15 ④

④ 사례관리는 서비스 비용 절감을 추구한다.

16 ④

④ 자선조직협회는 빈곤의 원인을 개인의 책임으로 인보관 운동은 사회구조적인 책임으로 보았다.

17 ②

② 위기개입모델은 초점화된 단기개입으로 클라이언트의 증상의 완화에 일차적인 목표를 둔다.

18 ①

- ① 사회복지사는 사회적·경제적 약자들의 편에 서서 사회정의와 평등·자유와 민주주의 가치를 실현하는 데 앞장선다.
- ② 사회복지사 윤리강령 전문에 포함된 내용이다.
- ③ 사회복지사의 기본적 윤리기준 중 전문가로서의 자세에 해당하는 내용이다.
- ④ 사회복지사의 기관에 대한 윤리기준에 포함된 내용이다.

19 ②

- ① 공공부조는 근로동기를 저해하는 단점이 있다.
- ③ 수급자가 낙인감을 크게 느낀다.
- ④ 공공부조를 위한 자산조사에 비용이 많이 든다.

※ 사회보험과 공공부조의 비교

구분	사회보험	공공부조
대상자	전국민	빈민층
자산조사	불필요	필요
욕구의 종류	예상되는 욕구	드러난 욕구
낙인감	없음	있음
재정 예측성	비교적 쉬움	예측이 어려움
재정충당 방식	보험료	일반조세

20 ①

- ㉡ 열등감은 아들러의 개인심리이론의 주요 개념이고, 조작적 조건화는 스키너의 행동주의이론의 주요 개념이다.
- ㉣ 성격의 지형학적 구조를 의식, 전의식, 무의식으로 나눈 것은 프로이트이다.

2017. 12. 16.
지방직 추가선발 시행

---

1 ①

① 클라이언트의 문제를 사정하고 해결하기 위해 과거를 중요하게 보는 것은 프로이트의 정신분석이론과 관련된 설명이다. 강점 관점(strength perspective)은 클라이언트의 강점을 중심으로 해결 중심 접근을 중요하게 본다.

2 ④

④ 구빈 수급자의 구제수준은 최하층 노동자의 생활수준보다 높지 않아야 한다는 열등처우의 원칙은 1834년 개정된 신빈민법에서 규정되었다.

※ **신빈민법의 구빈행정체제 원칙**
- ㉠ 전국 균일처우의 원칙
- ㉡ 열등처우의 원칙
- ㉢ 작업장 활용의 원칙

3 ③

③ 빈곤가정에 우애방문자를 파견함으로써 문제를 해결하고자 하였던 것은 자선조직협회이다.

4 ①

로스만(Rothman)이 제시한 지역사회복지 실천모델은 지역사회개발모델, 사회계획(및 정책)모델, 사회행동모델이다.

① 지역사회보호모델은 포플(Popple)이 제시한 지역사회복지 실천모델이다.

※ **포플(Popple)의 지역사회복지 실천모델**
- ㉠ 지역사회보호
- ㉡ 지역사회조직
- ㉢ 지역사회개발
- ㉣ 사회·지역계획

    ⓜ 지역사회교육
    ⓗ 지역사회행동
    ⓢ 여권주의적 지역사회사업
    ⓞ 인종차별철폐 지역사회사업

5 ②

② 변화노력을 달성하기 위해 상호작용하는 모든 체계들을 의미하는 것은 행동체계이다. 클라이언트체계는 클라이언트와 그 문제 해결에 잠재적 영향을 주는 환경에 있는 사람들을 의미한다.

6 ②

사회복지사 A는 동료사회복지사인 C와의 전문적 동료관계에 대한 윤리적 고민을 겪을 수 있다.
※ 사회복지실천의 전문적 윤리
    ㉠ 클라이언트의 자기결정권
    ㉡ 비밀보장
    ㉢ 제한된 자원의 공정한 분배
    ㉣ 진실성 고수와 알 권리
    ㉤ 상충되는 의무와 기대
    ㉥ 전문적 관계 유지
    ㉦ 클라이언트의 이익과 사회복지사의 이익
    ㉧ 전문적 동료관계
    ㉨ 규칙과 정책 준수

7 ②

로웬버그 & 돌고프의 윤리원칙 우선순위
• 1순위 : 생명보호의 원칙
• 2순위 : 평등과 불평등의 원칙
• 3순위 : 자율성과 자유의 원칙
• 4순위 : 최소 해악의 원칙
• 5순위 : 삶의 질의 원칙
• 6순위 : 사생활과 비밀보장의 원칙
• 7순위 : 진실성과 완전공개의 원칙

8 ④

노인복지시설의 종류〈노인복지법 제31조〉
    ㉠ 노인주거복지시설
    ㉡ 노인의료복지시설
    ㉢ 노인여가복지시설
    ㉣ 재가노인복지시설
    ㉤ 노인보호전문기관

    ⓗ 노인일자리지원기관
    ⓢ 학대피해노인 전용쉼터

9 ③

에릭슨의 심리사회적 발달 단계
    ㉠ 유아기 : 신뢰감 대 불신감
    ㉡ 초기아동기 : 자율성 대 수치 및 의심
    ㉢ 학령전기 : 주도성 대 죄책감
    ㉣ 학령기 : 근면성 대 열등감
    ㉤ 청소년기 : 자아정체감 대 역할혼미
    ㉥ 성인초기 : 친밀감 대 고립감
    ㉦ 성인기 : 생산성 대 침체
    ㉧ 노년기 : 자아통합 대 절망

10 ①

대표적인 4대 공적연금 중 가장 먼저 시행된 것은 1960년에 제정·시행된 공무원연금이다. 군인연금은 1963년에 제정·시행되었다.

11 ③

③ 자유연상은 프로이트의 정신분석이론과 관련 있다.

12 ④

④ 정상화는 일상적이고 정상적인 생활방식과 리듬을 강조하면서 장애인이 정상적인 발달경험을 할 수 있도록 탈시설보호 또는 지역사회보호를 추구한다.

13 ②

② 보충성 원칙에 입각하고 있는 것은 보충적 사회복지이다. 제도적 사회복지는 빈곤 등 사회문제가 사회적으로 구조화 되어 있어서 제도적으로 국민전체에 대한 복지를 이루어야 한다는 관점이다.

14 ④

④ 부양의무자의 부양과 다른 법령에 따른 보호는 이 법에 따른 급여에 우선하여 행하여지는 것으로 한다. 다만, 다른 법령에 따른 보호의 수준이 이 법에서 정하는 수준에 이르지 아니하는 경우에는 나머지 부분에 관하여 이 법에 따른 급여를 받을 권리를 잃지 아니한다〈국민기초생활 보장법 제3조(급여의 기본원칙) 제2항〉.

① 국민기초생활 보장법 제1조(목적)
② 국민기초생활 보장법 제8조(생계급여의 내용 등) 제3항
③ 국민기초생활 보장법 제9조(생계급여의 방법) 제5항

15 ③
③ 급여는 현금, 현물, 바우처, 기회 등의 형태가 있다. 재정은 재정마련의 방법에 관한 것으로 공공, 민간, 혼합 형태가 있다.

16 ④
내적 타당도를 저해하는 요인으로는 통계적 회귀, 도구 효과, 외부 사건, 성장 요인, 검사 요인, 상실 요인 등이 있다.
④ 무작위 오류는 측정 과정에서 조사 체계와 관계없이 발생하는 오류이다.

17 ④
① 합리모형은 정책결정자가 높은 합리성을 가지고 주어진 상황에서 최선의 정책 대안을 찾아낼 수 있다고 본다.
② 최적모형은 합리적 요소와 함께 직관, 판단, 통찰력과 같은 초합리적 요소를 바탕으로 정책결정을 한다고 본다.
③ 점증모형은 과거의 정책결정을 기초로 하여 약간의 변화를 추구하면서 새로운 정책대안을 검토하고 점증적으로 수정하는 과정을 거친다고 본다.

18 ③
로마니쉰(Romanyshyn)이 제시한 사회변화에 따른 사회복지개념 변화
㉠ 보완적인 것 → 제도적인 것
㉡ 자선을 베푼다는 입장 → 시민의 당연한 권리
㉢ 특수한 봉사 활동 → 보편적인 활동
㉣ 최저 조건의 조성 → 최적(最適) 조건의 조성
㉤ 개인적 차원 → 사회적 차원
㉥ 자발적인 것 → 공공적인 것
㉦ 빈민구제 → 복지사회의 건설

19 ④
"사회보장"이란 출산, 양육, 실업, 노령, 장애, 질병, 빈곤 및 사망 등의 사회적 위험으로부터 모든 국민을 보호하고 국민 삶의 질을 향상시키는 데 필요한 소득·서비스를 보장하는 사회보험, 공공부조, 사회서비스를 말한다〈사회보장기본법 제3조 제1호〉.

20 ③
③ 집단문화는 집단 구성원 사이에 존재하는 공통적인 가치나 신념, 전통 등을 의미한다.

2018. 4. 7.
인사혁신처 시행

---

1 ③
자조집단(self-help group) ⋯ 공통된 문제에 대해 이야기하고 격려하며 서로 도움을 주고받는 집단이다. 문제를 가진 당사자나 가족들이 자발적으로 참여하며 문제에 대한 공유를 통해 치유와 같은 공통된 목표를 추구한다.

2 ①
사회복지시설은 이용 방법에 따라 생활시설과 이용시설로 구분한다.
① 이용시설 ②③④ 생활시설

3 ④
④ 사회복지급여 수급권은 법률에 의해 인정된다.

4 ①
㉠ 현금급여 – D. 「국민연금법」의 노령연금
㉡ 현물급여 – C. 「노인장기요양보험법」의 방문목욕
㉢ 증서 – B. 보건복지부의 사회서비스 전자바우처
㉣ 기회 – A. 「장애인고용촉진 및 직업재활법」의 장애인의 무고용

5 ③
③ 부과방식은 당해 연도에 필요한 급여재원을 그 해의 연금 가입자에게 부과하는 세금이나 기여금 등으로 조달해서 지급하는 방식이다. 즉, 현 세대 노령층의 급여비용을 현 세대 근로계층이 부담하는 방식으로 적립방식보다 세대 간 재분배 효과가 더 뚜렷하게 나타난다.

6 ②

사회복지실천모델의 기본 가정과 주요 개입 기술

사회복지 실천모델	기본 가정	주요 개입 기술
심리사회 모델	인간의 현재 행동을 이해하기 위해 서는 과거 경험에 대한 탐색이 중 요하다.	발달적 고찰
해결중심 모델	인간은 누구나 문제해결능력을 가 지고 있으며, 변화는 불가피하다.	예외 질문, 관계성 질문
인지행동 모델	인간은 개인적·환경적·인지적 영 향력 사이에서 끊임없이 상호작용 하면서 행동하는 존재다.	인지 재구조화
위기개입 모델	인간은 감당하기 어려운 상황에 직 면하게 되면 균형상태가 깨져 혼란 상태에 놓인다.	-

7 ③

임계경로란, 여러 단계의 과정을 거치는 작업에서 그것을
완성하려면 여러 과정의 경로가 동시에 수행되어야 한다고
할 때, 그중 가장 긴 경로를 말한다. 따라서 보기 중 가장
긴 기대시간인 7주가 필요한 A→C→G가 임계경로이다.

8 ①

테일러-구비는 신사회위험을 '후기산업사회로의 이행과 연
관된 경제, 사회변동과 연관된 결과로서 사람들의 생애기간
에 직면하는 위험들'로 규정하면서 신사회위험의 발생 경로
를 네 측면에서 고찰하였다.
㉠ 맞벌이 부부의 증가와 여성교육의 향상으로 여성들의 노
   동시장 참여가 급증하면서 일과 가정을 양립하기 어려운
   저숙련 여성층에서 신사회위험이 나타난다.
㉡ 노인인구의 증가로 노인케어의 부담이 급증하고 있다. 노인
   케어는 상당부분 여성에게 주어져 있고 여성이 케어와 직장
   을 병행하기 어려워 노동시장에서 철수하면 홑벌이 부부가
   되기 때문에 빈곤의 가능성이 높아진다.
㉢ 무숙련 생산직의 비중을 줄여온 생산기술의 변동, 그리
   고 저임금의 비교우위를 이용한 국가간 경쟁의 격화로
   발생하는 노동시장구조의 변화는 교육수준이 낮은 사람
   들이 사회적으로 배제되는 위험을 발생시킨다. 즉, 교육
   수준이 낮을수록 실업에 빠질 확률과 장기빈곤에 빠질
   위험성이 높아진다.

㉣ 일부국가에서 민영화된 공적연금, 의료보험 등에서 소비
   자가 선택을 잘못할 경우 혹은 민영보험에 대한 규제가
   잘 이루어지지 않을 경우 새로운 위험이 발생할 수 있다.

9 ③

① 리더십 특성이론은 리더가 가진 특성이나 자질을 강조하
   였으나, 각 리더마다 독특한 리더십 특성을 갖고 있어
   리더와 추종자, 유능한 리더와 무능한 리더를 항상 차별
   화시킬 수 있는 특성 집합을 제시하지는 못했다는 비판
   을 받는다.
② 허시와 블랜차드의 상황이론에서는 리더십 유형의 유효
   성을 높일 수 있는 상황조절변수로 부하의 성숙도를 들
   고 있다.
④ 블레이크와 머튼이 제시하는 관리격자이론에서는 팀중심
   형(단합형) 리더십을 가장 이상적인 리더십으로 간주한다.

10 ②

ⓐ **반동형성** : 무의식 속에서 용납할 수 없는 충동을 반대의
   감정으로 대치시켜 표현하는 것
ⓑ **퇴행** : 심한 좌절 또는 스트레스를 받았을 때 유치한 수
   준(주로 고착 시기)으로 후퇴하는 현상
ⓒ **취소** : 자신의 욕구와 행동으로 인하여 타인에게 피해를 주었
   다고 느낄 때, 원상복구하려는 일종의 속죄 행위
ⓓ **전환** : 심리적 갈등이 신체 감각이나 수의근육계의 증상
   으로 표출되는 것
ⓔ **합리화** : 인식하지 못하고 있는 어떤 동기에서 나온 행동
   을 나름의 이론체계에 맞춰 이유를 들어 설명하는 것
ⓕ **투사** : 소망이나 충동을 타인이나 또는 그 문제에 관련된
   외부세계에 있는 어떤 대상에게 책임을 전가하는 것
ⓖ **투입** : 애증과 같은 강한 감정을 직접적으로 표현하는 것
   을 피하기 위해 다른 사람을 자기로 간주하여 합일화하
   는 것
ⓗ **억압** : 가장 많이 사용되는 방어기제로서, 의식에서 용납
   하기 힘든 생각, 욕망, 충동들을 무의식 속으로 눌러 넣
   어 버리는 것

11 ④

④ 이혼 및 재혼 가족, 한부모가족, 비혈연가족, 1인 가족
등 새로운 가족유형이 나타나면서 가족생활주기별 구분이
점차 모호해지고 있다.

12 ④

제시된 내용은 델파이기법에 대한 설명이다.
① 의사결정나무분석기법 : 의사결정 규칙(Decision Tree)을 도표화하여 관심대상이 되는 집단을 몇 개의 소집단으로 분류하거나 예측을 수행하는 계량적 분석방법
② 브레인스토밍 : 창의적이고 비구조화된 방법으로 다양한 아이디어를 생성하는 사고 기법
③ 명목집단기법 : 개별 아이디어를 서면으로 제출한 후, 제한적 토의를 거쳐 투표로 의사를 결정하는 기법

13 ①

① 시민권은 공민권(18세기), 참정권(19세기), 사회권(20세기 중반)의 순서로 발달하였다.

14 ④

④ 클라이언트를 대상으로 연구하는 사회복지사는 클라이언트로부터 고지된 동의를 얻어야 한다.

15 ④

④ 지니계수는 소득분배의 불평등도를 나타내는 수치로, 0에 가까울수록 소득분포가 평등하다고 보며 1에 가까울수록 불평등하다고 본다. 한 사회의 모든 구성원의 소득이 같다면 지니계수는 0이 된다.

16 ②

컴튼과 갤러웨이의 6체계이론
㉠ 변화매개체계 : 사회복지사와 그를 고용한 기관 및 조직
㉡ 클라이언트체계 : 서비스나 도움이 필요한 사람
㉢ 표적체계 : 변화매개체계가 목표를 성취하기 위하여 영향을 주거나 변화시킬 필요가 있는 사람
㉣ 행동체계 : 사회복지사가 변화 노력에서 과업을 완수하고 목표를 달성하기 위해 상호작용하는 사람들
㉤ 전문체계 : 전문가단체, 전문가를 육성하는 교육체계, 전문적 실천의 가치와 사회적 인가 등
㉥ 의뢰-응답체계 : 서비스를 요청한 사람

17 ①

퇴근 후 거주지 부근 정형외과를 다니며 치료→국민건강보험에 의한 요양급여

18 ②

② 단일사례조사 결과 분석 방법 가운데 경향선 접근은 기초선이 불안정하여 단순 평균 비교가 곤란할 때 사용한다.

19 ④

① 과학적 관리론은 조직의 갈등과 불화 등을 무시한다. 조직의 목표가 분명하고 표준화된 작업방법의 개발과 훈련을 중요시한다.
② 사회복지서비스의 질은 객관성 있게 측정할 수 없기 때문에 총체적품질관리를 적용하기에 적합하지 않다.
③ 제도이론은 개방체계적 관점에서 조직 자체의 규범이나 규칙 등과 같은 제도에 의해 조직 성격이 규정되고 조직 생존이 결정된다고 주장한다.

20 ③

㉢ 「청소년복지지원법」 2004. 2. 9 제정
㉡ 「장애인차별금지 및 권리구제 등에 관한 법률」 2007. 4. 10 제정
㉣ 「학교 밖 청소년 지원에 관한 법률」 2014. 5. 28 제정
㉠ 「사회보장급여의 이용ㆍ제공 및 수급권자 발굴에 관한 법률」 2014. 12. 30 제정

2018. 5. 19.
사회복지직 시행

---

1 ④

사회복지관의 사업〈사회복지사업법 시행규칙 별표 3〉

기능	사업분야
사례관리기능	사례발굴, 사례개입, 서비스연계
서비스제공기능	가족기능강화, 지역사회보호, 교육문화, 자활지원 등 기타
지역조직화기능	복지네트워크 구축, 주민조직화, 자원 개발 및 관리

2 ③

① 양적 연구에 대한 설명이다.
②④ 실증주의에 대한 설명이다.

3 ③

① 수급권자와 그 친족, 그 밖의 관계인은 관할 시장·군수·구청장에게 수급권자에 대한 급여를 신청할 수 있다〈국민기초생활 보장법 제21조(급여의 신청) 제1항〉.

② 가입기간이 10년 이상인 가입자 또는 가입자였던 자에 대하여는 60세(특수직종근로자는 55세)가 된 때부터 그가 생존하는 동안 노령연금을 지급한다〈국민연금법 제61조(노령연금 수급권자) 제1항〉.

④ 고용보험법에 따르면 실업의 사유 등에 따라 실업급여를 받지 못할 수 있다.

4 ④

(개) 생태도, (내) 가계도

※ 사정 도구

　　⊙ **가계도** : 혈연 또는 결혼관계를 나타낸 그림으로, 주로 의학이나 생물학에서 환자와 환자 가족 간의 관계를 나타내기 위해 사용한다.

　　ⓒ **생태도** : 가족 및 가족구성원과 환경간의 상호작용을 그림으로 나타낸 것이다.

　　ⓒ **소시오그램** : 사회 집단에서 개인 사이의 관계를 나타낸 도표로, 집단의 구성원이 서로 가지고 있는 감정이나 태도를 바탕으로 하여 구성원 상호 간의 선택, 거부, 무관심 따위의 관계를 나타낸다.

5 ②

제시된 사례관리실천에서 사용된 사례관리자의 관점은 강점관점이다. 강점 관점이란 클라이언트의 다양성을 인정하고 존중하면서 클라이언트의 결점보다는 강점에 초점을 두고 가능한 모든 자원을 활용하여 클라이언트의 역량을 실현해 나가도록 돕는 것이다.

6 ②

　　⊙ 자선조직협회는 개인변화를 주창하여 개별사회사업에 영향을 미쳤다.

　　ⓒ 자선조직협회는 단순한 구호 활동을 넘어 합리적이고 효율적인 자선, 즉 과학적 자선을 지향하였다.

　　ⓔ 자선조직협회는 방문조사, 환경조사 등을 실시하여 사회조사 기술의 발전을 도모하였다.

7 ①

① 귀속적 욕구는 기존의 제도에 의해서는 충족되지 않는 욕구를 가진 집단 모두를 대상자로 선정하는 규범적 판단에 의한 범주적 할당 원칙으로 국민건강보험제도, 기초노령연금, 아동수당 등이 그 사례이다.

8 ②

② 사회행동모델에 대한 설명이다. 사회계획모델은 사회문제를 해결하고자 하는 계획적 과정을 강조하며, 지역사회가 해결하고자 하는 문제에 대한 전문지식을 가지고 합리적이고 과학적인 대안을 제시하고 실행한다.

9 ②

　　⊙ 지지적 서비스는 기본적으로 가족관계를 유지하면서 부모와 아동이 각자의 역할을 효율적으로 수행할 수 있도록 지지하여 가족 기능을 강화하도록 하는 서비스이다. 가정을 이탈한 아동이 다른 체계에 의해 보호를 받는 것은 대리적 서비스이다.

　　ⓜ 가장 예방적인 접근으로 재가서비스 형태로 이루어지는 것은 지지적 서비스이다. 대리적 서비스는 대리가정이나 수용시설에서 부모의 양육을 대행하는 서비스로 가장 사후적인 접근이다.

10 ③

③ 자유주의 복지체제에 대한 설명으로 볼 수 있다. 자유주의 복지체제에서는 선별주의와 자조의 원칙에 따라 탈상품화 효과가 작다. 사회민주주의 복지체계에서는 보편주의와 평등의 원칙에 따라 탈상품화 효과가 크다.

11 ①

ⓒⓔⓜ은 보편적 사회복지의 특징이다.

12 ①

② 우리나라의 노후 소득보장정책은 기초연금제도, 국민연금제도, 국민기초생활보장제도, 국민연금 등으로 다원화되어 있다.

③ 국내에 거주하는 국민으로서 18세 이상 60세 미만인 자는 국민연금 가입 대상이 된다. 다만, 「공무원연금법」, 「군인연금법」, 「사립학교교직원 연금법」 및 「별정우체국법」을 적용받는 공무원, 군인, 교직원 및 별정우체국 직원, 그 밖에 대통령령으로 정하는 자는 제외한다〈국민연금법 제6조(가입 대상)〉.

④ 경로연금제도는 폐지되었고, 2018년 현재 기초연금제도를 운영하고 있다.

13 ③

주요 면접기법
㉠ 명료화 : 클라이언트가 진술한 내용의 실체를 요약해 주는 기법
㉡ 직면화 : 클라이언트가 가지고 있는 그릇된 감정이 기만적인 형태임을 인정하게 하는 것
㉢ 해석 : 산재해 있는 행동과 사고, 감정 등의 유형을 클라이언트에게 설명하는 것
㉣ 재보증 : 사회복지사가 신뢰를 표현함으로써 클라이언트의 자신감을 향상시키는 기법
㉤ 재명명 : 클라이언트가 부정적인 의미를 부여하는 것에 대해 새롭게 수정하여 긍정적인 의미로 변화시키는 기법
㉥ 공감 : 클라이언트의 입장에 감정을 이입하여 이해하고 이를 표현하는 능력

14 ③

③ 사회복지시설정보시스템은 사회복지시설 업무의 표준화 및 투명화와 사회복지업무의 전자화를 위한 사회복지시설 통합업무관리시스템이다. 사회복지시설정보시스템을 통해 국민, 업무종사자(민간), 공무원, 연계기관 등이 정보를 공유한다.
※ 사회복지시설정보시스템
㉠ 사회복지시설 업무의 표준화
• 아동시설, 노인시설, 장애인시설, 부랑인시설, 정신요양시설, 모·부자 시설의 내부 관리업무 분석 및 단일 표준화
• 시설의 종별에 관계없이 모든 생활시설 및 이용시설에서 공통으로 사용가능
㉡ 업무처리 간소화와 효율화
• 한 시설 내 수기문서 관리 및 복잡한 업무처리를 간소화함
• 시스템 내 모든 업무가 연결성을 갖고 처리되어 업무의 중복을 방지함
• 과거의 자료 조회의 간편성 제공, 필요한 통계자료 산출의 자동 수행함
㉢ 외부 제출자료 작성의 편의성
• 외부 제출자료 작성의 편의성 증진
• 기본적이고 다양한 감사자료 제공
• 사용자의 목적에 맞게 다양한 별지서식(세입세출명세·현금 및 예금명세서 등) 제공

㉣ 웹기반 시스템
• 처음 시스템 도입시 별도의 시스템 설치가 필요 없으며, 인터넷에 접속하여 시설 코드(발급에 2~3일 소요), 아이디, 비밀번호를 입력하여 사용함
• 100% 인터넷 기반으로서, 시설의 필요에 따라 사용자 아이디가 제한 없이 발급되며, 아이디별 권한이 시설에서 원하는 대로 엄격히 제한될 수 있음
• 출장지나 퇴근 후에도 시스템에 접근하여 사용 가능함
• 국가IDC의 철저한 보안체계 속에 2~3중의 백업시스템이 24시간 가동

15 ①

노인복지시설의 종류〈노인복지법 제31조 등 참조〉
㉠ 노인주거복지시설 : 양로시설, 노인공동생활가정, 노인복지주택
㉡ 노인의료복지시설 : 노인요양시설, 노인요양공동생활가정
㉢ 노인여가복지시설 : 노인복지관, 경로당, 노인교실
㉣ 재가노인복지시설 : 방문요양서비스, 주·야간보호서비스, 단기보호서비스, 방문목욕서비스
㉤ 노인보호전문기관
㉥ 노인일자리지원기관
㉦ 학대피해노인 전용쉼터

16 ④

④ 자기결정은 사회복지사는 실천과정에 클라이언트가 함께 참여하도록 하고, 모든 사항을 직접 결정할 수 있도록 원조해야 한다는 원칙이다. 단, 클라이언트의 정신적 능력에 한계가 있거나, 클라이언트가 원하는 것이 법률 또는 도덕에 위배되는 경우 등에는 자기결정이 제한될 수 있다.

17 ④

학교–지역사회–학생관계모델 ··· 학생들이 경험하는 문제를 사회적 상황의 특징으로 바라보는 관점으로 특정 학생집단과 그들이 속한 상황에 관심을 가진다. 기본적인 목표는 학생, 학교와 지역사회 간의 상호작용에 변화를 꾀함으로써 학교의 바람직하지 못한 제도적 관습 과정 정책을 수정하는 데 있다.

18 ①

㉢ 혼합모형에 대한 설명이다.
㉣ 최적모형에 대한 설명이다.

19 ②

임계경로란, 여러 단계의 과정을 거치는 작업에서 그것을 완성하려면 여러 과정의 경로가 동시에 수행되어야 한다고 할 때, 그중 가장 긴 경로를 말한다. 따라서 보기 중 가장 긴 소요 기간이 걸리는 ②가 임계경로이다.

선행 작업(A) → 작업(B) : 소요 기간 6일
선행 작업(B, C) → 작업(D) : 소요 시간 2일
선행 작업(D) → 작업(E) : 소요 기간 4일
선행 작업(E) → 작업(H) : 소요 기간 4일
선행 작업(G, H) → 작업(K) : 소요 기간 2일
선행 작업(I, K) → 작업(L) : 소요 기간 2일
선행 작업(J, L) → 작업(M) : 소요 기간 3일

20 ②

ⓒ 단편성, ⓛ 비접근성, ⓒ 무책임성
사회복지전달체계의 문제로 단편성, 비연속성, 무책임성, 몰접근성(inaccessibility) 등을 들 수 있다. 효율적인 서비스 전달체계가 되기 위해서는 서비스 전달자와 수혜자들 사이가 접근 가능해야 하고(접근가능성), 서비스가 통합되어 있어야 하며(통합성, 포괄성), 책임성이 있어야 하고(책임성), 서비스 전달체계 간에 의사소통이 원활해야 하며(지속성, 계속성) 원칙이 지켜져야 한다.

2018. 6. 23.
제2회 서울특별시 시행

---

1 ③

품목예산은 지출의 대상인 급여·시설비·방위비 등의 각 품목을 표시하여 편성하는 예산제도를 말한다.
ⓒ 통제보다는 기획에 초점을 두는 것은 기획예산이다.
ⓒ 구체적인 품목은 지출 용도에 따라 구분된다.

2 ③

〈보기〉는 「사회보장기본법」 제3조(정의) 제5호에서 규정하고 있는 '평생사회안전망'에 대한 정의이다.
※ 「사회보장기본법」 제3조(정의)
　ⓛ 사회보장 : 출산, 양육, 실업, 노령, 장애, 질병, 빈곤 및 사망 등의 사회적 위험으로부터 모든 국민을 보호하고 국민 삶의 질을 향상시키는 데 필요한 소득·서비스를 보장하는 사회보험, 공공부조, 사회서비스

ⓛ 사회보험 : 국민에게 발생하는 사회적 위험을 보험의 방식으로 대처함으로써 국민의 건강과 소득을 보장하는 제도
ⓒ 공공부조 : 국가와 지방자치단체의 책임 하에 생활 유지 능력이 없거나 생활이 어려운 국민의 최저생활을 보장하고 자립을 지원하는 제도
ⓒ 사회서비스 : 국가·지방자치단체 및 민간부문의 도움이 필요한 모든 국민에게 복지, 보건의료, 교육, 고용, 주거, 문화, 환경 등의 분야에서 인간다운 생활을 보장하고 상담, 재활, 돌봄, 정보의 제공, 관련 시설의 이용, 역량 개발, 사회참여 지원 등을 통하여 국민의 삶의 질이 향상되도록 지원하는 제도
ⓒ 평생사회안전망 : 생애주기에 걸쳐 보편적으로 충족되어야 하는 기본욕구와 특정한 사회위험에 의하여 발생하는 특수욕구를 동시에 고려하여 소득·서비스를 보장하는 맞춤형 사회보장제도
ⓒ 사회보장행정데이터 : 국가, 지방자치단체, 공공기관 및 법인이 법령에 따라 생성 또는 취득하여 관리하고 있는 자료 또는 정보로서 사회보장정책수행에 필요한 자료 또는 정보

3 ③

①③ 등급판정기준 등〈노인장기요양보험법 시행령 제7조〉
• 장기요양 1등급 : 심신의 기능상태 장애로 일상생활에서 전적으로 다른 사람의 도움이 필요한 자로서 장기요양인정 점수가 95점 이상인 자
• 장기요양 2등급 : 심신의 기능상태 장애로 일상생활에서 상당 부분 다른 사람의 도움이 필요한 자로서 장기요양인정 점수가 75점 이상 95점 미만인 자
• 장기요양 3등급 : 심신의 기능상태 장애로 일상생활에서 부분적으로 다른 사람의 도움이 필요한 자로서 장기요양인정 점수가 60점 이상 75점 미만인 자
• 장기요양 4등급 : 심신의 기능상태 장애로 일상생활에서 일정부분 다른 사람의 도움이 필요한 자로서 장기요양인정 점수가 51점 이상 60점 미만인 자
• 장기요양 5등급 : 치매(노인성 질병에 해당하는 치매로 한정)환자로서 장기요양인정 점수가 45점 이상 51점 미만인 자
• 장기요양 인지지원등급 : 치매(노인성 질병에 해당하는 치매로 한정)환자로서 장기요양인정 점수가 45점 미만인 자
② 장기요양보험료는 「국민건강보험법」에 따른 보험료(건강보험료)와 통합하여 징수한다. 이 경우 공단은 장기요양보험료와 건강보험료를 구분하여 고지하여야 한다〈노인장기요양보험법 제8조 제2항〉.

④ 국가는 매년 예산의 범위 안에서 당해 연도 장기요양보험료 예상수입액의 100분의 20에 상당하는 금액을 공단에 지원한다〈노인장기요양보험법 제58조 제1항〉.

4 ②

② 급여수준은 소득인정액 등을 고려하여 차등지급할 수 있다.

5 ③

㉠ 모든 국민은 인간다운 생활을 할 권리를 가진다〈헌법 제34조 제1항〉.

㉡ 국가는 사회보장·사회복지의 증진에 노력할 의무를 진다〈헌법 제34조 제2항〉.

㉢ 신체장애자 및 질병·노령 기타의 사유로 생활능력이 없는 국민은 법률이 정하는 바에 의하여 국가의 보호를 받는다〈헌법 제34조 제5항〉.

㉣ 사회보장이란 출산, 양육, 실업, 노령, 장애, 질병, 빈곤 및 사망 등의 사회적 위험으로부터 모든 국민을 보호하고 국민 삶의 질을 향상시키는 데 필요한 소득·서비스를 보장하는 사회보험, 공공부조, 사회서비스를 말한다〈사회보장기본법 제3조 제1호〉.

6 ③

로웬버그 & 돌고프의 윤리원칙

㉠ 윤리원칙1 : 생명보호의 원칙

㉡ 윤리원칙2 : 평등과 불평등의 원칙

㉢ 윤리원칙3 : 자율성과 자유의 원칙

㉣ 윤리원칙4 : 최소 해악의 원칙

㉤ 윤리원칙5 : 삶의 질의 원칙

㉥ 윤리원칙6 : 사생활과 비밀보장의 원칙

㉦ 윤리원칙7 : 진실성과 완전공개의 원칙(성실의 원칙)

7 ②

슈퍼비전(supervision) ··· 구체적인 케이스에 관해 사회복지사가 원조내용을 보고하면 슈퍼바이저는 설명된 자료를 토대로 클라이언트의 상황을 이해하고 면접 등 원조방법에 관해 조언을 해주는 방식의 교육훈련이다.

8 ②

제시된 내용은 관찰 조사법에 대한 설명이다. 관찰 조사법은 관찰대상에 의도적인 조작을 하지 않고 단지 행동 관찰을 통해 자료를 수집하는 방법이다.

9 ①

사회보장정보시스템(행복e음) ··· 각종 사회복지 급여 및 서비스 지원 대상자의 자격과 이력에 관한 정보를 통합 관리하고, 지자체의 복지업무 처리를 지원하기 위해 기존 시·군·구별 새올행정시스템의 업무 지원시스템 중 복지분야를 분리하여 개인별, 가구별 DB를 통합 구축한 정보시스템

① 보건복지상담센터의 희망의 전화 129에 대한 설명이다.

10 ③

③ 사회복지의 잔여적 개념에 대한 설명이다.

※ 잔여적 개념과 제도적 개념

구분	잔여적 개념	제도적 개념
급여 수준	미흡	적정
급여 범위	제한적	포괄적
수혜 범위	소수	대다수
프로그램 성격	선별적 (요보호자 대상)	보편적 (전 국민 대상)
재원 조달 방식	기여금/요금	조세
민간 조직의 역할	크다	작다
국가개입 수준	최소주의	개입주의

11 ①

① 구빈 수급자의 구제수준은 최하층 노동자의 생활수준보다 높지 않아야 한다는 열등처우의 원칙은 1834년 개정된 신빈민법에서 규정되었다.

※ 신빈민법의 구빈행정체제 원칙

㉠ 전국 균일처우의 원칙

㉡ 열등처우의 원칙

㉢ 작업장 활용의 원칙

12 ④

공공부조의 원리

㉠ 생존권 보장의 원리 : 국가가 모든 국민의 건강하고 문화적 최저한의 생활을 보호하여야 하며 국민은 생존권을 보호받을 수 있는 권리를 보장받는다.

㉡ 국가책임의 원리 : 공공부조를 통하여 생활이 어려운 국민의 생존권을 보장하는 것을 국가의 책임으로 규정하는 것으로 필요한 비용도 모두 국가가 부담하여야 한다.

㉢ 최저생활보장의 원리 : 공공부조의 보호수준은 최저한의 생활 즉, 최저한의 요구가 충족되는 정도여야 한다.

ⓔ **보충성의 원리** : 국가에 의한 최저생활을 보장한다고 하더라도 어디까지나 보충의 차원에서 제공하는 것을 원칙으로 한다.

ⓜ **자립조장의 원리** : 공공부조가 단순한 치료적 성격의 부조가 아니고, 궁극적으로는 보호대상자의 자립을 조성하는 데 목적이 있다.

ⓗ **무차별평등의 원리** : 공공부조를 받을 수 있는 자격은 빈곤하다는 사실만으로 충분한 것이며 보호내용에서 차별을 받지 않는다.

13 ④

사회보장이란 <u>출산</u>, 양육, 실업, 노령, 장애, 질병, 빈곤 및 <u>사망 등의 사회적 위험</u>으로부터 모든 국민을 보호하고 국민 삶의 질을 향상시키는 데 필요한 소득·서비스를 보장하는 사회보험, 공공부조, 사회서비스를 말한다〈사회보장기본법 제3조 제1호〉.

14 ②

ⓖ 실험설계는 복잡한 현상을 연구의 관심이 있는 변수만 선정해서 이들과의 관계를 관찰하고 분석하는 방법으로, 실험변인 외의 다른 변인들을 통제할 수 있기 때문에 타당성이 높다. 외적타당도는 연구결과를 다른 상황이나 다른 대상에 적용할 수 있는 정도로, 사전검사와 실험처치의 상호작용, 선택과 실험조치의 상호작용, 특수한 실험실 상황에 대한 반응, 복수실험처치의 간섭작용 등에 의해 저해되기도 한다.

ⓛ 유사실험설계는 통제집단을 사용함으로써 내적타당도 저해 요인을 크게 감소시킬 수 있으나 무작위할당이 이루어지지 않으므로 실험집단과 통제집단이 이질적일 가능성이 크다.

15 ④

사회복지서비스 전달체계의 원칙

ⓖ **전문성의 원칙** : 사회복지서비스는 자신의 전문적 업무에 대한 권위와 자율적 결정권 및 책임성을 지닌 전문가가 제공해야 함

ⓛ **통합성의 원칙** : 클라이언트의 문제는 복합적이고 상호 연관되어 있기 때문에 이러한 문제를 해결하기 위한 사회복지서비스도 통합적으로 제공해야 함

ⓒ **포괄성의 원칙** : 사회복지서비스는 수혜자의 다양한 욕구 또는 문제를 동시에 또는 순차적으로 해결하기 위하여 포괄적인 서비스 제공이 필요함

ⓔ **적절성의 원칙** : 사회복지서비스는 그 양과 질과 제공하는 기간이 클라이언트의 욕구충족과 서비스 목표 달성을 위해 충분해야 함

ⓜ **연속성의 원칙** : 한 개인이 필요로 하는 다양한 서비스를 조직 또는 지역사회 내에서 연속적이고 지속적으로 제공할 수 있어야 함

ⓗ **평등성의 원칙** : 선별적 서비스를 제외하고는 모든 국민에게 성별, 연령, 소득, 지역, 종교, 지위 등에 관계없이 사회복지서비스를 제공해야 함

ⓢ **책임성의 원칙** : 사회복지조직은 국가가 시민의 권리로 인정한 서비스 전달을 위임 받은 조직이므로 서비스 전달에 대한 책임을 져야 함

ⓞ **접근성의 원칙** : 사회복지서비스는 필요로 하는 사람이면 누구나 쉽게 받을 수 있도록 클라이언트가 접근하기에 용이하여야 함

16 ②

② 노인복지관은 사회서비스 제공이 주된 목적인 1차 기관이다.

17 ②

② 사회적 지지체계 개발은 클라이언트의 문제해결에 직접적으로 개입하지 않는 간접적 개입에 해당한다.

18 ④

사회복지실천과정의 순서
접수와 자료수집 → 사정 → 계획 → 개입 → 평가 → 종결

19 ①

제시된 내용은 '도식'에 대한 설명이다.
② **적응** : 자기 주변 환경의 조건들을 조정하는 능력으로 동화와 조절의 평형화 과정에 의해 발달
③ **평형** : 외부 세계에 대한 개인의 이해와 해석이 모순이 없는 상태를 유지하려는 경향성
④ **조직화** : 상이한 도식들을 자연스럽게 결합시키는 과정

ⓔ 참여의 권리(RIGHT TO PARTICIPATION) : 자신의 생활에 영향을 주는 일에 대해 의견을 말하고 존중받을 권리. 표현의 자유, 양심과 종교의 자유, 평화로운 방법으로 모임을 자유롭게 열 수 있는 권리, 사생활을 보호받을 권리, 유익한 정보를 얻을 권리 등

20 ④

장애인정책종합계획〈「장애인복지법」 제10조의2 제1항, 제2항〉
㉠ 보건복지부장관은 장애인의 권익과 복지증진을 위하여 관계 중앙행정기관의 장과 협의하여 5년마다 장애인정책종합계획을 수립 · 시행하여야 한다.
㉡ 종합계획에는 다음의 사항이 포함되어야 한다.
• 장애인의 복지에 관한 사항
• 장애인의 교육문화에 관한 사항
• 장애인의 경제활동에 관한 사항
• 장애인의 사회참여에 관한 사항
• 장애인의 안전관리에 관한 사항
• 그 밖에 장애인의 권익과 복지증진을 위하여 필요한 사항

2020. 6. 13.
지방직 / 서울특별시 시행

---

1 ③
③ 윌렌스키와 르보의 제도적 개념에서 사회복지는 1차적 기능이며, 제도적으로 국가가 적극 개입함으로써 개인이나 집단이 만족할 만한 수준의 복지가 구현될 수 있는 모델이다.
①, ②, ④는 잔여적 개념에 해당한다.
※ 윌렌스키와 르보의 사회복지의 기능
㉠ 잔여적 개념(보충적 개념, 보완적 개념)
ⓐ 가족이나 시장이 정상적인 기능을 수행하지 못할 때 이의 보완적 기능을 사회복지가 담당한다.
ⓑ 사회복지의 혜택을 받는 사람들은 비정상적 · 병리적인 사람이고 적응을 하지 못하는 사람으로 간주한다.
ⓒ 급격한 사회변화를 반영하지 못하고 있으며, 현대 사회복지활동의 다양한 측면들을 충분히 설명하지 못하고 있다.
ⓓ 사회복지는 그 기능을 임시로 보충할 뿐이며, 사회복지활동이 사회를 유지하고 발전시키는 데 필수적이라고 생각되지는 않는다.
ⓔ 초기산업사회 및 자유주의 국가에서 나타난다.

㉡ 제도적 개념
ⓐ 현대의 산업사회에 있어서 가족과 시장경제 제도는 제 기능을 발휘할 수 없기 때문에 사회복지가 사회유지에 필수적 기능을 해야 한다는 것이다.
ⓑ 사회복지서비스가 1차적 기능이며, 제도적으로 국가가 적극 개입함으로써 개인이나 집단이 만족할 만한 수준의 복지가 구현될 수 있는 모델이다.
ⓒ 어떤 긴급함이나 비정상적인 문제들에 국한되지 않는 광범위한 제도나 정책을 수립함으로써 사회복지문제에 예방적 · 조직적 · 계획적으로 대처하려는 것이다.
ⓓ 사회복지는 현대의 산업사회에서 각 개인의 자아완성을 돕기 위해 타당하고 정당한 기능을 수행하는 것으로 받아들여진다.
ⓔ 후기산업사회의 복지국가에서 많이 나타난다.

2 ①
① 국민기초생활보장제도는 공공부조로서 공적 재원인 조세로 조달된다.
②③④ 사회보험으로서 가입자의 보험료로 조달됨이 원칙이다.

3 ③
※ 직접실천과 간접실천
㉠ 직접실천 : 클라이언트를 직접 변화시킴으로써 클라이언트의 문제를 해결하는 실천방식이다. 주로 개인, 집단, 가족을 대상으로 클라이언트를 직접 대면하여 개입, 정보제공, 기술교육 제공, 상담 등을 실행한다.
• 의사소통기술 : 클라이언트의 정서적 안정과 인지구조의 변화, 클라이언트 자신과 문제 상황, 자원 등에 대한 상황인식 능력의 향상 등
• 행동변화기술 : 강화, 처벌, 소거, 모델링, 체계적 탈감법
㉡ 간접실천 : 클라이언트를 돕기 위해 클라이언트 이외의 개인, 소집단, 조직 또는 지역사회에 주의를 기울이는 활동들이다.
사회복지 정책, 행정 등으로 사회복지에 필요한 환경을 조성하는 실천유형으로, 비록 클라이언트를 직접 만나는 실천 유형은 아니지만 사회복지의 지속성을 확보하고 효율성을 향상시키는 데 결정적 영향을 미치게 되는 실천방법으로, 서비스 연계, 공청회 개최, 홍보활동, 프로그램 개발, 예산확보 운동, 캠페인 등이 있다.
• 지원서비스 : 재정지원, 의료 서비스 연결, 보육서비스 연결 등
• 서비스 조정에 관련된 활동
• 프로그램 계획과 개발을 위한 활동 등

4 ③

㉠, ㉣ 자선조직협회(COS)는 빈곤을 개인의 도덕적 책임으로만 돌리고 빈곤발생의 사회적 기반에 대해서는 등한시하였다. 또한 자선기관 간 중복과 재원낭비를 방지하고자 우애방문원에 의한 빈민 가정 방문, 조사, 등록을 하였다.

※ 자선조직협화와 인보관운동

	자선조직협회	인보관운동
주체	• 신흥자본가, 상류층 (기득권층)	• 젊은 대학생과 중류층 중심
빈곤관	• 빈곤은 개인의 책임 • 자유주의 사회개량운동 • 자조윤리를 강조한 빈민개량운동	• 빈곤은 사회구조적 원인 • 실직하게 되는 것은 개인의 무지나 게으름과 같은 도덕적인 문제가 아니라 산업화의 착취의 결과라 주장
이데올로기	• 사회진화론, 보수주의 • 인도주의적 기능과 사회통제적 기능을 동시에 담당 • 정부가 제공하는 원조에 대한 수혜 자격을 평가 : 조사와 등급제를 통한 빈민통제(사회통제적 기능)	• 진보주의, 급진주의 • 빈곤의 원인이 사회 환경에 있음 • 계층별 도덕성 강조
서비스	• 서비스조정에 초점 • 원조의 중복제공 방지	• 서비스 자체 • 사회개혁시도
주요 내용	• 개별사회사업을 탄생시킴. 개별원조기술 최초로 발전시킴. 사회복지의 과학성을 높임 • 기관등록 : 기관끼리 협력해서 중복 구제를 막음. 사회복지 구제의 효율성 높임. • 공공의 구빈정책에는 반대 • 부자와 빈자의 불평등 인정	• 3R운동 Residence(거주), Research(조사), Reform(개혁) • 연구조사를 통해 사회제도를 개혁해야 한다는 기본개념 • 바네트 목사에 의하여 주도 • 박애보다는 법규 중시(입법에 영향)
영향	• 현대 개별사회사업가의 시초 • 기능론적 시각	• 집단사회사업 발달의 효시 • 원인론적 시각

5 ④

④ 시간적 소득재분배…한 개인이 일생의 소득을 전 생애기간으로 재분배하는 것으로, 소득이 높았던 시기의 소득을 노후 등 소득이 낮은 시기로 이전함으로써 전 생애동안 안정적인 소비활동을 위한 것이다.

※ 시간적 소득재분배
　㉠ 단기적 재분배 : 사회적 욕구의 충족을 위해 현재의 자원을 사용하여 소득재분배(공공부조)
　㉡ 장기적 재분배 : 생애에 걸쳐, 세대에 걸쳐 이루어지는 소득재분배(국민연금, 적립방식의 연금)

6 ②

② 지역자활센터 : 보장기관은 수급자 및 차상위자의 자활 촉진에 필요한 다음의 사업을 수행하게 하기 위하여 사회복지법인, 사회적협동조합 등 비영리법인과 단체를 법인 등의 신청을 받아 지역자활센터로 지정할 수 있다. 이 경우 보장기관은 법인 등의 지역사회복지사업 및 자활지원사업 수행능력·경험 등을 고려하여야 한다. 〈국민기초생활 보장법, 제16조〉
① 사회복지관 : 사회복지사업법에 근거를 두고 있다.
③ 노숙인종합지원센터 : 노숙인 등의 복지 및 자립지원에 관한 법률에 근거를 두고 있다.
④ 아동일시보호시설 : 아동복지법에 근거를 두고 있다.

7 ③

길버트와 스펙트(테렐)의 급여체계 중 '기회'에 해당하는 내용이다. 기회로 제공되는 경우 기회는 무형의 급여로, 어떤 개인이나 집단에 대해 이전에는 부정되었던 급여에 대해서 접근을 가능하게 만든다. 대부분 고용과 교육에서의 기회를 중요시하며 노동 시장의 경쟁에서 불리함을 제거하는 특징이 있다.

8 ①

① 성인지 관점은 가부장주의 사회에서 당연시되던 남녀의 고정된 역할분담이나 불평등과 같은 기존의 질서와 구조에 의문을 제기하면서 나타났다.

※ 성인지 관점…성인지적 관점이란 남성과 여성이 처한 현실에 따라 그 효과가 다를 수 있다는 문제의식에서 출발해 여성과 남성의 삶을 비교하고, 여성 특유의 경험을 반영하며, 특정 개념이 특정 성에게 유리하거나 불리하지 않은지, 성 역할 고정관념이 개입되어 있는지 아닌지에 대하여 각종 제도나 정책을 검토하는 관점을 말한다.

9 ④

④ 사례관리의 개입원칙 중 클라이언트의 자율성 극대화 원칙은 클라이언트의 선택에 대한 자유를 최대화하고 지나친 보호를 하지 않는 것을 의미한다. 이는 클라이언트의 자기결정권을 가능한 보장하고자 하는 것이다.

10 ③

③ 장애인고용촉진 및 직업재활법 제28조(사업주의 장애인 고용 의무)1항 : 상시 50명 이상의 근로자를 고용하는 사업주(건설업에서 근로자 수를 확인하기 곤란한 경우에는 공사 실적액이 고용노동부장관이 정하여 고시하는 금액 이상인 사업주)는 그 근로자의 총수(건설업에서 근로자 수를 확인하기 곤란한 경우에는 대통령령으로 정하는 바에 따라 공사 실적액을 근로자의 총수로 환산한다)의 100분의 5의 범위에서 대통령령으로 정하는 비율이상에 해당(그 수에서 소수점 이하는 버린다)하는 장애인을 고용하여야 한다.

11 ①

① 교육자는 사회복지사는 정보를 제공하고 행동과 기술을 지도하는 등 클라이언트가 자신의 능력을 강화시킬 수 있도록 가르치는 역할을 한다.
② 중재자 : 사회복지사는 클라이언트와 상대방 등이 서로 간에 갈등을 해결하도록 설득 및 화해의 절차들을 통해 공동의 기반을 발견하도록 조력한다.
③ 중개자 : 사회복지사는 도움을 필요로 하는 개인이나 집단을 지역사회의 자원 및 서비스와 연결하는 역할을 한다.
④ 옹호자 : 사회복지사는 클라이언트를 대신해서 계약된 목적을 달성하기 위해 클라이언트 개인이나 가족의 권리를 주장하고 옹호하며 정책적 변화를 모색하기 위한 활동을 한다.

12 ②

① 사회통합 기능
③ 사회통제 기능
④ 생산·분배·소비의 기능
※ 워렌(Warren)이 제시한 지역사회의 기능
　㉠ 생산·분배·소비 기능(경제제도)
　　• 일상생활에 필요한 재화와 서비스를 지역주민 간에 교환하는 경제적 기능을 담당한다. 즉, 경제제도와 일상생활을 영위하는데 필요로 하는 재화와 서비스를 생산, 분배, 소비하는 기능을 한다.

　㉡ 사회화 기능(가족제도)
　　• 개인들이 사회와 이를 구성하는 사회적 단위들의 지식, 기본적인 가치, 행동유형 등을 터득하는 과정을 말한다.
　　• 가족, 집단, 조직 등 모든 사회적 단위는 그 구성원들이 살아가는 데 필요한 정보를 직접·간접적으로 전달하는 기능을 수행한다.
　㉢ 사회통제 기능(정치제도)
　　• 그 지역사회 구성원들이 사회적 역할, 규범, 가치 등에 순응하도록 돕는 과정을 말한다.
　　• 이를 위해 사회적으로 법률, 규칙, 규정 등을 제정하고, 이를 집행함으로써 일정한 강제력을 행사하며 그 지역사회의 질서를 지키고 사회 해체를 막는 기능을 수행한다.
　㉣ 사회통합 기능(종교제도)
　　• 사회구성원 상호간의 신뢰를 바탕으로 사기를 진작시킴으로써 사회적 규범을 자발적으로 따르도록 사회에 대한 충성심을 강화하는 기능
　　• 지역사회 구성원들은 공식적 조직뿐만 아니라 지역교회, 시민조직 또는 비공식적 집단 등을 통해 사회적 상호작용의 기회를 갖게 된다.
　㉤ 상부상조 기능
　　• 지역사회구성원의 개인적 어려움을 보상 없이 지원하는 기능으로, 사회복지제도 사회구성원들이 주요 사회제도로 자기들의 욕구를 충족할 수 없는 경우 필요로 하는 사회적 기능이다.
　　• 가족, 친인척, 이웃, 친구와 같은 1차적 집단에서 정부, 사회복지기관 및 조직 등으로 옮겨지고 있다.
　　• 사회가 다양해지고 복잡해짐에 따라 개인과 집단이 각 기능을 전문적으로 수행하면서 전문화된 사회제도가 생겨나게 된다.

13 ①

① 개인을 진단에 따른 증상을 가진 자로 규정하는 것은 병리관점이다.

※ 사회복지실천의 관점

구분	병리(pathology)중심	강점(strength)중심
개인	진단에 따른 증상을 가진 자	독특한 존재로 강점, 기질 등 자원을 가진 자
치료의 초점	문제	가능성
클라이언트의 진술	전문가에 의해 재해석되어 진단 활용	그 사람을 알아보고 평가하는 중요 방법의 하나
사회복지사─진술	클라이언트의 진술에 회의적	클라이언트의 진술을 인정
유아기 사건	성인기의 병리를 예측할 수 있는 전조	개인을 약하게도 할 수 있고 강하게도 할 수 있음
치료의 핵심	실무자에 의해 고안된 치료계획	개인, 가족, 지역사회의 참여
클라이언트 삶의 전문가	사회복지사	개인, 가족, 지역사회
개인적 발전	병리에 의해 제한됨	항상 개방되어 있음
변화를 위한 자원	전문가의 지식과 기술	개인, 가족, 지역사회의 장점, 능력, 적응기술
돕는 목적	행동, 감정, 사고, 관계에 부정적인 개인적, 사회적 결과와 증상의 영향을 감소시키는 것	그 사람의 삶에 함께하며 가치를 확고히 하는 것

14 ④

④ 최저생계비를 기준으로 하는 것은 절대적 빈곤의 개념이다. 상대적 빈곤은 평균 또는 중위소득의 비율, 소득 분배상의 일정 비율, 타운젠드 방식 등을 기준으로 한다.

15 ③

③ 사회민주주의이론은 노동자 계급의 정치세력화로 인하여 복지국가가 등장하게 되었다. 보기의 설명은 다원주의론에 관한 설명이다.

※ 다원주의론(이익집단이론)

ⓐ 민주주의 사회를 전제로 하고 있으며, 다원화된 집단과 이들 간의 경쟁과 제휴정치를 통하여 복지국가가 발전한다고 본다.

ⓑ 다양한 집단의 정치적 참여를 중시하고, 권력이 국가보다는 시민사회에 분산되어 있으며 국가가 중립적 위치에서 다양한 집단들의 경쟁과 갈등을 조절하고 협의를 이끌어 내는 시스템 관리자로서 기능한다고 본다.

16 ②

① 노인돌봄종합서비스는 만 65세 이상 노인으로 가구 소득이 기준 중위소득 160% 이하인 경우를 대상으로 하고 있고 응급안전서비스는 독거노인, 보호가 필요한 장애인에게 제공된다.

③ 노인장기요양보험제도는 만 65세 이상 또는 65세 미만의 노인 등이 노인성질병(치매, 뇌혈관성 질환)이 있는 자에게 적용된다.

④ 「치매관리법」 이후 고령사회로 진입하면서 노인과 그 가족이 전부 떠안아야 했던 치매로 인한 고통과 부담을 정부가 책임지는 복지정책이 치매국가관리제이다.

17 ④

④ **명료화** : 클라이언트의 생각이나 감정, 경험을 명확히 이해하기 위해 클라이언트의 진술이 추상적이거나 혼란스러운 경우에 보다 구체적으로 표현하도록 클라이언트에게 요청하는 것이다.

① **직면** : 클라이언트의 생각과 행동의 불일치나 모순점을 이야기해주거나, 클라이언트가 자신의 문제의 존재와 문제 내용에 대해 회피, 부정, 왜곡 등을 하거나 자신의 행동의 결과에 대해 인식하기를 거부하는 경우에 자신에 대한 인식력을 향상시키기 위한 기법이다.

② **해석** : 클라이언트가 표현한 문제에 숨겨진 의미를 발견하고자 하는 것으로, 문제 이면에 담겨 있는 이슈들을 파악하는 과정이다.

③ **재보증** : 자신의 능력이나 자질에 대해 회의적인 클라이언트를 대상으로 이들의 자신감을 향상시키기 위해 활용하는 기술이다.

18 ④

① **감지적 욕구**(felt need) : 욕구상태에 있는 당사자의 느낌에 의해 인식되는 것인데, 이것은 어떤 욕구상태에 있는지 또는 어떤 서비스를 필요로 하고 있는지 물어서 파악하는 욕구이다.

② **표현적 욕구**(expressed need) : 감지된 욕구가 실제의 욕구충족 추구행위로 나타난 것이며, 수요라고도 할 수 있다.

③ **비교적 욕구**(comparative need) : 어떤 서비스를 받고 있는 사람들과 비슷한 특성을 갖고 있으면서도 서비스를 받지 않고 있는 사람들을 욕구상태에 있는 것으로 규정하는 것을 말한다.

19 ④

동료의 클라이언트와의 관계

㉠ 사회복지사는 적법하고도 적절한 논의 없이 동료 혹은 다른 기관의 클라이언트와 전문적 관계를 맺어서는 안 된다.

㉡ 사회복지사는 긴급한 사정으로 인해 동료의 클라이언트를 맡게 된 경우 자신의 의뢰인처럼 관심을 갖고 서비스를 제공한다.

20 ④

④ **상평창** : 물가를 조절하는 기구로서, 흉년이 들어 곡가가 오르면 시가보다 싼 값으로 내다 팔아 가격을 조절함으로써 백성들의 생활을 안정시켰다.

① **사창** : 조선시대 각 지방 군현의 촌락에 설치된 곡물 대여 기관이다.

② **의창** : 흑창이 변화한 것으로 규모가 확대되었으며, 미곡뿐만 아니라 소금이나 기타 생필품을 구휼하였다.

③ **흑창** : 고구려의 진대법으로부터 영향을 받아 태조 때 설치한 빈민구제기관으로, 평상시에 관곡을 저장하였다가 비상시에 빈궁한 백성에게 대여하고, 수확기에 거두어들이는 것이다.

---

1 ④

'사회적'이라는 의미는 물질적이거나 영리적인 요소보다는 비영리적이며 이타적 속성의 공동체적 삶의 요소에 관심을 기울이는 것을 말한다.

2 ①

② **공적연금** : 국가가 운영주체가 되는 연금으로, 한국에서는 국민연금, 공무원연금, 군인연금, 사립학교교직원연금이 이에 해당한다.

③ **사회서비스** : 사회서비스란 '삶의 질' 향상을 위해 사회적으로는 꼭 필요하지만 민간기업들이 저(低)수익성 때문에 참여하지 않는 복지서비스를 뜻한다.

④ **사회보험** : 사회보장제도의 핵심적 제도로서, 국민에게 발생하는 사회적 위험을 보험방식에 의해 대처함으로써 국민건강과 소득을 보장하는 제도이다.

3 ②

㉡ 공공부조에 대한 설명이다.

㉣ 65세 혹은 70세 이상의 노인이면 누구나 급여자격을 주는 보편적 연금과 아동을 키우는 가구에게는 누구나 자격을 주는 아동수당 등이 해당된다.

4 ②

② 대처리즘과 레이거노믹스는 신자유주의 이념에 입각하여 사회복지부문에 대한 정부 예산을 대폭 삭감하고 국가의 개입을 축소하였다.

신자유주의는 세계화(또는 지구화)와 지방화(또는 분권화)를 기치로 작은 정부, 큰 시장, 공공부문의 시장화, 규제완화(또는 탈규제화), 민영화, 노동의 유연화(정규직의 축소 및 탄력적 고용·보수체계) 등을 추구한다.

5 ④

④ 19세기 독일에서 세계 최초로 사회보험제도가 등장하였다. 세계 최초의 의료보험, 산재보험, 노령폐질연금 정책을 실시하였으며 노동운동을 선동하는 사회주의자들을 직접적으로 탄압하고 노동자계급을 국가내로 통합시키기 위한 회유책을 동시에 진행하였다.

6 ②

② 기본적인 윤리기준 이외에 사회복지사의 클라이언트, 동료, 사회, 기관에 대한 윤리기준을 각각 제시하고 있다.

① 윤리강령은 전문과 윤리기준으로 구성되어 있다.

③ 기본적 윤리기준에는 전문가로서의 자세, 전문성 개발을 위한 노력, 경제적 이득에 대한 태도에 대한 윤리기준을 각각 제시하고 있다.

④ 사회복지윤리위원회의 구성과 운영에 대한 내용도 포함하고 있다.

7 ③

부정은 자아가 현재의 상황에 있는 위협적 요소를 감당할 수 없는 경우 위험하거나 고통스러운 생각을 인식하지 않으려는 것을 뜻한다. ③번의 사례의 경우 '부정'에 해당하는 사례는 아니며 다양하게 해석될 수 있으나 문제의 책임을 타인에게 전가하고 있으므로 투사에 해당하는 사례로 볼 수 있다.

① 투사 : 물체에 대한 책임을 타인에게 돌리거나 전가하는 것이다.

② 퇴행 : 심한 좌절 또는 스트레스를 받았을 때 유치한 수준(주로 고착 시기)으로 후퇴하는 현상을 말한다.

④ 취소 : 자신의 욕구와 행동으로 인하여 타인에게 피해를 주었다고 느낄 때, 원상복구 하려는 일종의 속죄 행위이다.

8 ①

① 접수단계 – 실천과정의 초기 국면에서 무엇보다 중요한 것은 관계 또는 라포(rapport)를 형성하는 것이다.

② 사정단계 – 수집된 자료들을 해석, 의미부여, 실천적 개입을 위한 계획을 세우는 과정을 말한다.

③ 개입단계 – 사회복지사와 클라이언트가 상호 합의하여 결정한 문제 해결을 위한 구체적 행동을 하는 단계이다.

④ 종결단계 – 사회복지사와 클라이언트의 전문적 관계가 종료되는 원조 과정의 마지막 단계이다.

9 ③

사회복지 조사연구는 문제설정 → 조사설계 → 자료수집 → 자료처리 및 분석 → 결과해석 및 보고서 작성 순으로 이루어진다.

10 ②

② 기초연금은 노후 보장과 복지 향상을 위해 65세 이상의 소득인정액 기준 하위 70% 어르신에게 일정 금액을 지급하는 제도이다.

11 ③

① 탈상품화의 정도가 매우 낮다.

② 국가의 역할은 주변적이다.

④ 사회민주적 복지국가에서 보편주의 원칙에 따라 사회권에 기초한 요구들을 충족 시켜준다.

※ 에스핑 안데르센의 복지국가 유형 간 비교

복지체계	자유주의	보수주의	사민주의
탈상품화 수준	낮음	중간	높음
계층화	계층 간 대립 심화	계층 간 차이 유지	계층 간 연대·통합
사회권의 기초	도움이 필요한 욕구	고용지위	시민 됨
주된 프로그램	공공부조	현금급여	현금급여 + 사회서비스
급여	낮고 잔여적	기여에 비례	높고 재분배적
국가의 역할	주변적	보조적	중심적
해당 국가	미국, 캐나다 등	독일, 프랑스 등	스웨덴, 노르웨이 등

12 ①

① 사례관리는 탈시설화 및 재가복지 서비스의 경향으로 그 필요성이 대두되었다.

※ 사례관리의 등장 배경

㉠ 사회인구학적 변화

㉡ 다양한 문제와 욕구를 가진 클라이언트의 증가

㉢ 탈시설화

㉣ 서비스 공급주체의 다원화 및 서비스의 지방분권화

㉤ 복잡하고 분산된, 즉 통합적이지 못한 서비스 체계

㉥ 클라이언트와 그 가족에게 부과되는 과도한 책임

㉦ 사회적(비공식적) 지지체계의 중요성에 대한 인식

㉧ 복지국가의 재정적 위기

㉨ 서비스 비용의 억제

13 ②

사례관리의 서비스 과정은 '접수→사정→계획(개입)→실행(개입)→점검 및 재사정→평가'의 순서로 진행된다.

제시된 사례는 ⓒ(사정)→㉠(계획)→ⓒ(개입, 점검)→㉣(평가 및 종결)의 순서로 진행된다.

14 ①

ⓒ 노인요양장기보험제도에서 노인은 65세 이상의 노인 또는 65세 미만의 자로서 치매·뇌혈관성질환 등 대통령령으로 정하는 노인성 질병을 가진 자를 말한다.

㉣ 장기요양급여는 노인 등의 심신상태·생활환경과 노인 등 및 그 가족의 욕구·선택을 종합적으로 고려하여 필요한 범위 안에서 이를 적정하게 제공하여야 한다.

15 ③

③ 양육수당은 어린이집이나 유치원을 다니지 않는 아동에게 지급하는 복지 수당으로, 아동에 대한 부모의 양육비용 부담 경감을 위해 시행되었다.

④ 아이돌봄 서비스 : 양육공백이 발생하는 만 12세 이하 자녀가 있는 가정을 정부에서 지원하고, 양육공백이 발생하지 않는 가정은 전액 본인부담으로 이용할 수 있다.

16 ④

사회복지사의 등급은 1급·2급으로 하되, 정신건강·의료·학교 영역에 대해서는 영역별로 정신건강사회복지사·의료사회복지사·학교사회복지사의 자격을 부여할 수 있다. 〈사회복지사업법 제11조 제2항〉

17 ④

④ 의료급여와 생계급여는 부양의무자 기준을 적용하며 그와 함께 소득인정액 기준이 다르게 적용된다.

• 생계급여 : 생계급여 수급권자는 부양의무자가 없거나, 부양의무자가 있어도 부양능력이 없거나 부양을 받을 수 없는 사람으로서 그 소득인정액이 중앙생활보장위원회의 심의·의결을 거쳐 결정하는 금액 이하인 사람으로 한다. 이 경우 생계급여 선정기준은 기준 중위소득의 100분의 30 이상으로 한다〈국민기초생활보장법, 제8조〉.

• 의료급여 : 의료급여 수급권자는 부양의무자가 없거나, 부양의무자가 있어도 부양능력이 없거나 부양을 받을 수 없는 사람으로서 그 소득인정액이 중앙생활보장위원회의 심의·의결을 거쳐 결정하는 금액 이하인 사람으로 한다. 이 경우 의료급여 선정기준은 기준 중위소득의 100분의 40 이상으로 한다〈국민기초생활보장법, 제12조의3〉.

18 ④

④ 사회통합 : 장애인을 가정과 사회·정상적인 사람과 격리시키거나 유별나고 특별한 사람으로 취급하여 처우하는 것이 아니라 사회 속에서 정상인과 함께 생활할 수 있는 사람으로 인식하여 통합적으로 처우하는 것이다.

19 ③

③ 등간척도 : 측정대상의 서열 간의 간격이 동일하도록 수치를 부여하는 것으로 시험점수, 온도 등이 그 예이다.

① 명목척도 : 단순히 분류하기 위하여 측정대상의 속성에 부호나 수치를 부여하는 것으로 성, 인종, 결혼 여부 등이 그 예이다.

② 서열척도 : 측정대상에 서열이나 순위를 매길 수 있도록 수치를 부여하는 것이나, 서열 간의 동일한 간격이나 절대량을 지적하지는 않는다. 그 예로 사회계층, 선호도, 서비스 평가 등을 들 수 있다.

④ 비율척도 : 측정대상의 속성에 절대적인 영을 가진 척도로 수치를 부여하는 것으로 연령, 무게, 출생률, 사망률 등이 그 예이다.

20 ③

ⓒ㉣ : 생산자에게 유리한 정보, 소비자에게 불리한 정보의 비대칭성으로 인해 소비자의 합리적인 선택을 이끌어내기 어렵게 되는 문제가 발생한다.

㉠ 공공재 : 다른 사람의 부담에 의해 생산된 공공재를 공짜로 소비하는 무임승차자가 발생한다.

ⓒ 외부효과 : 어떤 경제주체의 행위가 시장기구를 통하지 않은 상태에서 다른 경제주체의 경제활동에 영향을 미치는 경우를 말한다.

1 ③

㉠ 교육을 통해 주민 지도자를 양성하고 협력적인 지역분위기를 조성하는 데 주력하는 것은 지역사회개발 모델이다.

※ J. 로스만의 지역사회복지 실천모델

　㉠ **사회계획 및 정책 모델** : 지역사회 문제를 해결하는 데 있어 공식적인 계획과 정책을 핵심적인 요인으로 설정하고, 사회계획이나 정책의 효과성과 효율성을 강조한다.

　㉡ **지역사회개발 모델** : 지역사회의 문제를 해결하고 사회를 통합하는 데 있어 주민들의 자조(自助)정신을 강조한다. 즉, 자조 기반을 통해 지역사회를 새롭게 만드는 데 초점을 두는 형태이다.

　㉢ **사회행동 모델** : 지역사회의 소외된 주민들이 사회정의와 정치적 공평성의 입장에서 정치·경제적으로 더 나은 처우를 받을 수 있도록 해주는 데 초점을 두는 형태로, 사회복지사의 중개자, 옹호자로서의 역할이 강조된다.

2 ②

② 부과방식은 현재의 근로세대가 납부하는 보험료로 현재의 은퇴세대에게 급여를 주는 방식으로, 적립방식에 비해 세대 간 소득재분배 효과가 높다.

3 ③

③ 정책 목표의 특정화에 용이한 것은 현물급여이다.

※ 현금급여와 현물급여

　㉠ **현금(cash)급여** : 급여수급자가 자신에게 필요한 재화와 서비스를 시장에서 직접 구매할 수 있도록 화폐의 형태로 지급하는 급여 **예** 현금이나 수표

　㉡ **현물(goods)급여** : 수급자에게 필요한 물품과 서비스를 직접 급여로 제공하는 형태 **예** 생활필수품 지급

4 ①

㉠ 「노인장기요양보험법」 : 2007년 제정

㉡ 「사회서비스 이용 및 이용권 관리에 관한 법률」 : 2011년 제정

㉢ 「저출산·고령사회기본법」 : 2005년 제정

㉣ 「사회보장기본법」 : 1995년 제정

5 ①

② 사회사업은 사회복지에 비해 개인이나 가족, 집단에 대한 문제해결에서 치료 접근을 강조한 개념이다.

③ 미국에서는 20세기 초부터 사회사업을 전문직화하려는 경향이 나타났지만, 현재까지도 사회사업의 전문직과 전문성에 대한 논의가 계속되고 있다.

④ 「사회복지사업법」 제2조에서 정의하고 있는 용어는 사회복지사업, 지역사회복지, 사회복지법인, 사회복지시설, 사회복지관, 사회복지서비스, 보건의료서비스이다.

6 ③

제시된 내용은 토마스 길버트법(1782년)에 대한 설명이다. 길버트법은 교구들이 연합하여 빈민 공장을 만들고 빈민들이 노동할 수 있는 일자리를 제공하며 구빈비용을 조달하기 위해 제정된 법이다. 노동력을 가진 빈민에 대해 일자리나 무제한의 원외구호를 제공했다는 점에서 구빈에 대한 새로운 인도주의적 접근이라는 평가를 받았다.

7 ④

④ 개인의 자기결정권은 그 자신의 기본적 복지권에 우선한다.

※ F. 리머의 윤리적 결정 지침

　㉠ 개인을 폭력적인 해악으로부터 보호하는 것과 사생활 보호 중 한 가지를 선택해야 한다면 개인을 폭력적인 해학으로부터 보호하는 것을 우선시해야 한다.

　㉡ 인간의 기본권을 위협하지만 않는다면 개인은 자기결정권과 자신이 원하는 대로 행동할 권리가 있다.

　㉢ 개인이 해당 환경에 대한 지식을 가지고 자발적으로 결정을 했으며, 그 결과가 타인의 복지를 위협하지 않는다면 그렇게 하도록 허용해야 한다.

　㉣ 민주적 절차를 거쳐서 입법화된 법을 고의적으로 위반하거나 사회복지사가 속한 기관의 정책을 고의적으로 위반하는 것은 비윤리적이다.

　㉤ 법률이나 규칙, 규정을 준수해야 하는 의무는 절대적인 것이 아니며 한계가 있다. 클라이언트의 기본적 복지를 위협하는 등의 경우에 법률이나 규칙을 위반하는 행위는 정당화된다.

　㉥ 빈곤한 사람들에게 원조를 제공하고 기본적인 해악을 예방하는 데 필요한 조세 및 강제조치들을 정당화한다.

8 ④

보기 중 자유시장경제의 가치를 중시하고 국가 개입의 최소화를 가장 강조하는 것은 신자유주의이다.

1 X

에스핑 앤더슨은 탈상품화와 사회 계층화를 기준으로 하여 사회복지모델을 자유주의적 복지국가, 조합주의적 복지국가, 사회민주주의적 복지국가로 구분하였다.

2 X

사회보험은 최저수준의 소득 보장을, 민영보험은 지불능력에 따른 급여 보장을 목적으로 한다.

3 X

사회서비스에 대한 설명이다.

4 O

베버리지의 원칙 중 하나인 균일한 생계급여의 원칙은 실업, 장애, 퇴직으로 인한 소득상실의 경우 소득상실 전에 받던 소득액의 다과에 상관없이 보험급여의 액수가 동일해야 한다는 원칙이다. 다만 업무상 재해나 질병의 경우는 예외로 한다.

5 X

기회균등은 사회는 개인에게 균등한 기회를 차별 없이 제공해야 한다.

6 O

도구효과는 사전검사와 사후검사에서 조사도구가 바뀌거나, 동일한 조사도구라도 신뢰도가 낮은 도구를 사용하면 사후검사 시 종속변수에 변화가 있더라도 이것이 독립변수 때문이라고 주장할 수 없어 내적 타당성을 저해하는 것을 말한다.

7 X

바우처는 현물급여와 현금급여 형태의 중간적 성격으로 인해 주요한 급여형태로 쓰이지 못한다.

8 X

자활지원계획의 수립 조항은 2014년 12월 30일 개정 전에도 규정되어 있었다.

9 O

「조세특례제한법」에서 저소득자의 근로를 장려하고 소득을 지원하기 위하여 근로장려세제를 적용하여 근로장려금을 결정 · 환급한다고 정하고 있다.

10 O

「국민기초 연금법」은 1973년에 제정되었다.

11 O

로웬버그와 돌고프의 윤리원칙 적용 순서…생명보호의 원칙→평등과 불평등의 원칙→자율성과 자유의 원칙→최소한손실의 원칙→삶의 질의 원칙→사생활 보호와 비밀보장의 원칙→진실성과 정보개방의 원칙

12 O

아동을 매매하는 행위를 한 자는 10년 이하의 징역에 처한다.

13 X

사회복지실천의 면접은 계약에 의한다.

14 X

위기집단은 일반인구의 하위집단으로 위기에 노출될 위험에 있거나 욕구가 있는 집단이다. 실제 프로그램에 참여하는 집단은 클라이언트 집단이다.

15 X

지역별 다양한 사회복지 서비스 욕구에 탄력적으로 대응하기 쉬운 것은 지방자치단체이다.

16 O

전통적 방법은 지나친 분화와 전문화로 서비스의 파편화 현상을 초래함으로써 다양한 문제와 욕구를 가지고 있는 클라이언트가 여러 기관이나 사회복지사를 찾아다녀야 하는 부담감을 야기시켰기 때문에 통합적 접근방법의 필요성이 대두되었다.

17 O

「노인복지법」 제36조(노인여가복지시설)에 따라 노인여가복지시설은 노인복지관, 경로당, 노인교실로 한다.

18 O

신빈곤은 근로능력이 있어도 일자리가 없거나 경제활동에 참여하고 있어도 실질적인 소득이 낮아 빈곤한 경우이다.

19 O

장애인차별금지 및 권리구제 등에 관한 법률 제4조 제1항 제6호…보조견 또는 장애인보조기구 등의 정당한 사용을 방해하거나 보조견 및 장애인보조기구 등을 대상으로 제4호에 따라 금지된 행위를 하는 경우 법에서 금지하는 차별이라 한다.

20 O

역전이(counter-transference)…사회복지사가 과거에 다른 사람에게서 가졌던 감정을 현재의 클라이언트에게서 느끼고 반응하는 현상을 말한다. 역전이는 전이와 마찬가지로 강한 비현실적 감정이며 긍정적 변화를 방해하고 왜곡시킨다.

1 key word : 사회보장기본법

사회보장급여의 수준에 관해 「사회보장기본법」에는 국가와 지방자치단체는 모든 국민이 건강하고 문화적인 생활을 유지할 수 있도록 사회보장급여의 수준 향상을 위하여 노력하여야 한다고 규정하고 있다. (O/X)

2 key word : 국민연금 급여액 산정

'본인의 최종소득'은 우리나라 국민연금의 급여액 산정에 영향을 미치는 요소이다. (O/X)

3 key word : 시장실패

파생적 외부성이 발생할 경우 시장실패의 원인이 된다. (O/X)

4 key word : 방어기제

방어기제는 스스로를 보호하기 위해 의식적으로 작동되는 심리기제이다. (O/X)

5 key word : 사회복지법인

사회복지법인은 이사 7명 이상과 감사 2명 이상을 두어야 한다. (O/X)

6 key word : 사회복지 실천모델

행동주의모델은 단기개입, 구조화된 접근, 클라이언트의 자기결정권에 대한 존중, 클라이언트의 환경에 대한 개입, 개입의 책임성 등을 강조한다. (O/X)

7 key word : 비에스텍의 7가지 원칙

모든 인간은 독특한 자질과 특성을 가지고 있으며 개별적 욕구를 가지고 있으므로, 사회복지사는 각 클라이언트의 특수성을 이해하고, 다양한 원리와 방법을 활용해야 한다는 내용은 비에스텍의 사회복지실천 관계의 원칙 중 개별화 원칙에 대한 내용이다. (O/X)

8 key word : 스핀햄랜드법

스핀햄랜드법 제정에 따라 구빈세 부담이 줄어들고 노동자의 임금이 상승하였다. (O/X)

9 key word : 사회복지대상

산업화 이전과 산업화 이후의 사회복지 대상에 대한 인식과 범위가 보편성에서 특수성으로 변화되어 왔다. (O/X)

10 key word : 사회복지조직의 일반환경

사회복지조직의 일반환경 중 사회인구학적 조건에는 인구구조, 사회계층, 소득수준, 노동윤리, 가구형태 등이 있다. (O/X)

11 key word : 지역사회복지실천

옹호활동은 개별 사례나 클라이언트 개인의 문제를 다루는 미시적 실천에서는 활용되기 어려우며 주로 지역사회 옹호나 정책옹호를 통해 이루어진다. (O/X)

12 key word : 핀커스 미나한의 사회복지실천 4체계

술만 마시면 폭력적인 남편의 행동을 변화시키기 위해 아내는 사회복지사를 찾아갔다. 이에 사회복지사는 A가정의 아내와 계약을 맺고, 남편의 폭행을 근절시키기 위해 가족치료전문가의 도움을 받아 어제부터 개입하기 시작하였다. 이와 같은 상황에서 아내는 클라이언트체계에 속한다고 할 수 있다. (O/X)

13 key word : 한부모가족지원법

「한부모가족지원법」에 의해 한부모가족은 영양ㆍ건강에 대한 교육, 건강검진 등의 의료서비스를 지원할 수 있다. (O/X)

14 key word : 사회복지서비스 전달체계

유사한 서비스 제공 기관들의 난립에 따른 선택 장애는 서비스 접근의 장애요인이 된다. (O/X)

15 key word : 리커트 척도

리커트 척도는 다수의 항목으로 인간의 태도 및 속성을 측정하여 응답한 각 항목의 점수를 합산하여 전체적인 특성을 측정하는 방법으로 총화평정척도라고도 한다. 한 문항보다 여러 문항을 하나의 척도로 사용해야 한다는 논리로 사회과학에서 많이 사용된다. (O/X)

16 key word : 사례관리

사례관리자는 대상자의 문제해결을 위해서 클라이언트 개인을 변화시키기 위한 직접적 서비스 제공에 초점을 두고 활동한다. (O/X)

17 key word : 사회보험제도의 역사

미국 사회보장법(1935년)은 노령연금과 실업보험을 도입하였다. (O/X)

18 key word : 로스만의 지역사회복지 실천모델

지역사회개발모델은 자조에 기반하며, 과업목표 지향적이다. (O/X)

19 key word : 사회보장의 최저기준에 관한 조약

국제노동기구(ILO)가 제정한 「사회보장의 최저기준에 관한 조약」의 사회보장 급여에는 의료ㆍ질병ㆍ실업ㆍ노령ㆍ업무상 재해ㆍ빈곤ㆍ가족ㆍ모성ㆍ폐질ㆍ유족 급여가 있다. (O/X)

20 key word : 우리나라 사회복지 역사

우리나라에서는 4대 보험체제 완비, 최저임금제도 도입, 국민기초생활 보장제도 시행, 국민기초생활 보장제도 시행 순으로 사회복지체제가 성립되었다. (O/X)

1 O

「사회보장기본법」 제10조(사회보장급여의 수준) 제1항…국가와 지방자치단체는 모든 국민이 건강하고 문화적인 생활을 유지할 수 있도록 사회보장급여의 수준 향상을 위하여 노력하여야 한다.

2 X

본인의 최종소득은 국민연금의 급여액 산정에 영향을 미치지 않는다.

3 X

파생적 외부성은 정부실패의 원인 중 하나로, 정부가 시장에 개입함으로써 발생하는 잠재적·비의도적 확산효과나 부작용을 말한다.

4 X

방어기제는 무의식적으로 작동되는 심리기제이다.

5 O

「사회복지사업법」 제18조 제1항…법인은 대표이사를 포함한 이사 7명 이상과 감사 2명 이상을 두어야 한다.

6 X

단기개입, 구조화된 접근, 클라이언트의 자기결정권에 대한 존중, 클라이언트의 환경에 대한 개입, 개입의 책임성 등을 강조하는 것은 과제중심모델의 특징이다.

7 O

비에스텍의 7가지 원칙 중 개별화는 대상자의 문제, 개별성을 인식하여 대상자 한사람 한사람의 특성을 인정해 개별적인 원조를 한다.

8 X

스핀햄랜드법은 노동자의 임금 및 생활 개선에는 도움을 주지 못한 채, 고용주들의 임금 인하와 노동자들의 근로의욕 저하 등을 초래하였고 그로 인해 구빈세 지출이 급증했다.

9 X

특수성에서 보편성으로 변화되어 왔다. 산업화 이전의 사회복지 대상이 빈민에 한정되었다면, 산업화 이후의 사회복지 대상은 전 국민으로 인식과 범위의 변화가 있었다.

10 X

사회인구학적 조건에 노동윤리는 포함되지 않는다.

11 X

자기옹호, 개인옹호 등 옹호활동은 개별 사례나 클라이언트 개인의 문제를 다루는 미시적 실천에서도 활용될 수 있다.

12 O

사회복지사를 찾아가 도움을 요청하고 계약을 맺은 아내는 클라이언트체계, 변화의 대상이 되는 남편은 표적체계에 해당한다.

13 X

「한부모가족지원법」 제2장 복지의 내용과 실시에는 영양·건강에 대한 교육, 건강검진 등의 의료서비스 지원에 관한 내용은 규정되어 있지 않다.

14 X

유사한 서비스 제공 기관들의 난립에 따른 선택 장애는 클라이언트의 개인적 특성으로 보는 것이 적절하다.

15 O

리커트 척도…반응자들이 주어진 문장에 얼마나 동의하는지를 척도에 표시하도록 하여 특정 주제에 대한 반응자의 태도를 알아보는 평정 척도를 말한다.

16 X

사례관리자는 대상자의 문제해결을 위해서 클라이언트 개인을 변화시키기 위한 직·간접적인 서비스를 통합적으로 제공하는 것에 초점을 두고 활동한다.

17 O

1934년 6월 루즈벨트 대통령은 국민생활보장제도의 연구를 주임무로 하는 위원회를 설치하였고, 1935년 8월 15일 '사회보장법(Social Security Act)'을 제정·공포하였다. 이 사회보장법의 사회보험 프로그램에는 연방 노령보험체계, 연방과 주가 함께 하는 실업보상제도가 있다.

18 X

지역사회개발모델은 자조에 기반하며, 과정목표 지향적이다.

19 X

국제노동기구(ILO)가 제정한 「사회보장의 최저기준에 관한 조약」의 사회보장 급여에 빈곤은 해당되지 않는다.

20 X

최저임금제도 도입(1986년 최저임금법 제정, 1988년 적용)→4대 사회보험체제 완비(1995년)→국민기초생활 보장제도 시행(2000년)→국민기초생활 보장제도 시행(2005년 저출산·고령사회기본법 제정, 2006년 기본계획 및 시행계획)

2017.4.8. 사회복지직 시행

1 key word : 사회복지의 대상

선별주의는 자산이나 욕구에 관계없이 특정 범주에 속한 모든 사람이 급여나 서비스를 받을 수 있음을 의미한다. (O/X)

2 key word : 카두신의 아동복지서비스

가정위탁은 카두신이 제시한 아동복지서비스의 유형 중 지지적 서비스에 해당한다. (O/X)

3 key word : 청소년 기본법

「청소년 기본법」에 의한 청소년의 연령은 9세 이상 24세 이하이다. (O/X)

4 key word : 사회복지사의 역할

조력자는 클라이언트가 어려움에 스스로 대처하도록 그의 문제해결능력을 향상시키고 자원을 찾아 회복하게 하는 역할로서, 사회복지사가 이러한 변화를 일으키는 것이 아니라 클라이언트가 자신의 노력으로 변화되는 경험을 하도록 돕는 것이 중요하다. (O/X)

5 key word : 드림스타트 사업

드림스타트는 아동과 가족을 대상으로 맞춤형 통합서비스 제공한다. (O/X)

6 key word : 확률표집방법

할당표집은 확률표집방법에 해당한다. (O/X)

7 key word : 에스핑-앤더슨의 복지국가 유형

에스핑-앤더슨(Esping-Andersen)의 복지국가 유형에 따르면 스웨덴 등 북유럽 복지국가 모델은 탈상품화의 정도가 가장 낮은 것으로 평가된다. (O/X)

8 key word : 잔여적 사회복지

잔여적 사회복지는 사회복지 대상자에 대한 낙인감(stigma)을 수반하지 않는 것을 기본전제로 한다. (O/X)

9 key word : 리머의 윤리적 의사결정

개인의 자기결정권은 그 자신의 기본적 복지권보다 우선한다. (O/X)

10 key word : 현물급여

무제한 선택의 자유를 보장함으로써 비합리적 선택의 문제를 방지할 수 있는 것은 현물급여의 장점이다. (O/X)

11 key word : 사회복지 프로그램 성과목표 설정

사회복지 프로그램의 성과목표 설정 시 목표는 과정지향적이어야 한다. (O/X)

12 key word : 과제중심모델

과제중심모델은 리드(Reid)와 엡스타인(Epstein)이 대표적 학자이고, 클라이언트가 인식한 문제에 초점을 둔 단기개입을 한다. (O/X)

13 key word : 사회복지실천에서 관계형성 및 유지 기술

통제된 정서적 관여를 위해 사회복지사는 클라이언트가 과도한 정서를 표출하지 않도록 통제해야 한다. (O/X)

14 key word :

다문화가족의 적응력 향상을 위한 한국문화체험 프로그램을 논리모델(logic model)로 구성하였을 때 산출 과정에는 '교육이수자 ○○명, 교육이수 ○○시간, 자격취득자 ○○명'의 요소가 해당된다. (O/X)

15 key word : 사례관리

사례관리는 서비스 비용의 증대를 추구한다. (O/X)

16 key word : 자선조직협회와 인보관운동

자선조직협회는 빈곤의 원인을 사회구조적인 책임으로, 인보관운동은 개인의 책임으로 보았다. (O/X)

17 key word : 사회복지실천모델

위기개입모델은 초점화된 단기개입으로 클라이언트의 심리내적 변화에 일차적인 목표를 둔다. (O/X)

18 key word : 우리나라 사회복지사 윤리강령

사회복지사는 사회정의 실현과 클라이언트의 복지 증진에 헌신하며, 이를 위한 환경 조성을 국가와 사회에 요구해야 한다. (O/X)

19 key word : 공공부조

사회보험에 비해 공공부조는 수직적인 소득재분배 효과가 높다. (O/X)

20 key word : 반두라의 사회학습이론

반두라의 사회학습이론에서 모방, 열등감, 조작적 조건화 등이 주요 개념이다. (O/X)

1 X

보편주의는 자산이나 욕구에 관계없이 특정 범주에 속한 모든 사람이 급여나 서비스를 받을 수 있음을 의미한다.

2 X

대리적 서비스는 정상적 가정을 유지하기 어려울 때, 부모 양육을 일시적 혹은 영구적으로 대리해 주는 서비스로 가정위탁은 대리적 서비스에 해당한다.

3 O

청소년이란 9세 이상 24세 이하인 사람을 말한다. 다만, 다른 법률에서 청소년에 대한 적용을 다르게 할 필요가 있는 경우에는 따로 정할 수 있다〈청소년 기본법 제3조 제1호〉.

4 O

제시된 내용은 조력자로서의 사회복지사의 역할에 대한 설명이다. 사회복지사는 중개자, 조력자, 교육자, 중재자, 옹호자 등 다양한 역할을 수행한다.

5 O

드림스타트는 취약계층 아동에게 맞춤형 통합서비스를 제공하여 아동의 건강한 성장과 발달을 도모하고 공평한 출발기회를 보장함으로써 건강하고 행복한 사회구성원으로 성장할 수 있도록 지원하는 사업이다.

6 X

※ 확률표집방법과 비확률표집방법의 예
   ㉠ 확률표집방법 : 단순무작위표집, 체계적 표집, 집락표집, 층화표집 등
   ㉡ 비확률표집방법 : 할당표집, 편의표집, 유의표집, 눈덩이표집 등

7 X

스웨덴 등 북유럽 복지국가 모델은 탈상품화의 정도가 가장 높은 것으로 평가된다.

8 X

제도적 사회복지는 사회복지 대상자에 대한 낙인감을 수반하지 않는 것을 기본전제로 한다.

9 O

리머의 윤리적 결정지침…리머는 사회복지실천 현장에서 직면하는 윤리적 갈등의 유형을 분류하고 각각 사회복지사가 우선적으로 고려해야 하는 윤리적 가치와 그에 근거한 근무 및 행위를 제시하였다. 이에 따르면 어떤 개인이 가지는 자기결정에 관한 권리는 자신의 기본적인 안녕에 대한 권리에 우선한다.

10 X

현물급여는 복지서비스를 현물의 형태로 제공하는 것으로 선택의 자유를 제한한다는 단점이 있다. 선택의 자유를 보장하는 것은 현금급여이다.

11 X

성과목표는 사회복지 프로그램을 통해 클라이언트가 변화된 결과를 나타내는 최종적인 목표이고 과정목표는 최종 목표를 달성하기 이전에 사회 복지 프로그램의 수행과정별로 설정하는 과정상의 목표이다.

12 O

과제중심모델은 리드와 엡스타인 등에 의해 소개된 것으로 클라이언트가 인식한 문제에 초점을 둔 단기 개입을 한다. 클라이언트가 자신에게 주어진 행동적 과업을 통해 스스로 문제를 해결할 수 있도록 돕는 실천방법이다.

13 X

통제된 정서적 관여는 클라이언트의 감정을 통제하는 것이 아니라 클라이언트 감정에 대하여 그 표현된 감정에 대해 사회복지사가 민감하게 이해하고 정서적으로 적절한 반응으로 대하는 것을 말한다.

14 O

산출 과정에서는 프로그램 활동의 직접적 결과물 및 실적 등이 포함되므로 '교육이수자 ○○명, 교육이수 ○○시간, 자격취득자 ○○명'의 요소가 해당된다.

15 X

사례관리는 서비스 비용 절감을 추구한다.

16 X

자선조직협회는 빈곤의 원인을 개인의 책임으로 인보관 운동은 사회구조적인 책임으로 보았다.

17 X

위기개입모델은 초점화된 단기개입으로 클라이언트의 증상의 완화에 일차적인 목표를 둔다.

18 O

사회복지사의 기본적 윤리기준 중 전문가로서의 자세에 해당하는 내용이다.

19 O

공공부조는 생활유지능력이 없거나 생활이 어려운 국민의 최저생활을 보장하고 자립을 지원하는 제도로 소득재분배 효과가 높다.

20 X

열등감은 아들러의 개인심리이론의 주요 개념이고, 조작적 조건화는 스키너의 행동주의이론의 주요 개념이다.

1 key word : 강점 관점
강점 관점에서는 클라이언트의 문제를 사정하고 해결하기 위해 과거를 중요하게 본다. (O/X)

2 key word : 엘리자베스 구빈법
1601년 엘리자베스 구빈법은 노동능력에 따라 빈민을 구분하고 차등적으로 처우하였다. (O/X)

3 key word : 인보관운동
인보관운동은 빈곤가정에 우애방문자를 파견함으로써 문제를 해결하고자 하였다. (O/X)

4 key word : 로스만의 지역사회복지 실천모델
로스만이 제시한 지역사회복지 실천모델은 지역사회보호모델, 사회계획(및 정책)모델, 사회행동모델이다. (O/X)

5 key word : 핀커스와 미나한의 4체계 모델
핀커스와 미나한의 클라이언트체계는 변화노력을 달성하기 위해 상호작용하는 모든 체계들을 의미한다. (O/X)

6 key word : 사회복지실천의 전문적 윤리
사회복지사 A는 신입사회복지사 B의 이야기를 듣고 상사에게 보고해야 하는지에 대한 고민이 생겼다. 동료사회복지사 C가 신입사회복지사 B에게 자신의 프로그램 운영에 필요한 자료 제작을 지시하였을 뿐만 아니라, 개인적인 대학원 과제도 시키는 일이 있어 어떻게 해야 할지 난감하다고 하였기 때문이다. 이에 사회복지사 A는 전문적 동료관계에 대한 윤리적 고민을 할 수 있다. (O/X)

7 key word : 로웬버그와 돌고프의 윤리적 원칙 심사표
로웬버그와 돌고프의 윤리적 원칙의 최우선순위는 생명보호의 원칙이다. (O/X)

8 key word : 노인복지법
「노인복지법」상 노인복지시설에는 노인주거복지시설, 노인의료복지시설, 재가노인복지시설, 노인보호전문기관, 노인여가복지시설 등이 있다. (O/X)

9 key word : 에릭슨의 심리사회적 발달 단계
에릭슨(Erikson)의 심리사회적 발달 단계에서 제6단계(성인 초기)의 심리사회적 위기는 친밀감 대 고립감이다. (O/X)

10 key word : 공적연금
대표적인 4대 공적연금 중 가장 먼저 시행된 것은 군인연금이다. (O/X)

11 key word : 행동주의모델 치료기법
행동주의모델의 치료기법에는 체계적 둔감화, 자기주장훈련, 자유연상, 이완훈련 등이 있다. (O/X)

12 key word : 장애인복지의 이념
정상화는 장애인만의 생활방식과 리듬을 강조하면서 장애인이 정상적인 발달경험을 할 수 있도록 시설에 보호하는 것이다. (O/X)

13 key word : 제도적 사회복지
제도적 사회복지는 사회문제에 대한 사회적 책임을 강조한다. (O/X)

14 key word : 국민기초생활 보장법
이 법에 따른 급여는 부양의무자의 부양과 다른 법령에 따른 보호에 우선하여 행하여지는 것으로 한다. (O/X)

15 key word : 길버트와 테렐의 사회복지정책 분석틀
길버트와 테렐의 사회복지정책 분석틀을 구성하는 주요 선택의 차원에서 급여는 재정마련의 방법에 관한 것으로 공공, 민간, 혼합 형태가 있다. (O/X)

16 key word : 내적 타당도
통계적 회귀는 사회복지조사에서 내적 타당도의 저해하는 요인이 된다. (O/X)

17 key word : 사회복지 정책결정모형
사회복지 정책결정모형에서 만족모형은 정책결정 과정에서 모든 정책대안이 다 고려되지 않고 고려될 수도 없다고 본다. (O/X)

18 key word : 로마니쉰의 사회변화에 따른 사회복지 개념의 변화
로마니쉰은 사회변화에 따라 사회복지의 개념은 최적생활 보장에서 최저생활 보장으로 변화했다고 주장했다. (O/X)

19 key word : 사회보장기본법
사회보장이란 출산, 양육, 실업, 노령, 장애, 질병, 빈곤 및 사망 등의 사회적 위험으로부터 모든 국민을 보호하고 국민 삶의 질을 향상시키는 데 필요한 소득·서비스를 보장하는 사회보험, 공공부조, 사회서비스를 말한다. (O/X)

20 key word : 집단사회복지실천
집단문화는 특정 성원이 집단 내에서 수행해야 할 구체적인 과업이나 기능과 관련된 행동을 의미한다. (O/X)

✔ 정답과 해설

1 X

클라이언트의 문제를 사정하고 해결하기 위해 과거를 중요하게 보는 것은 프로이트의 정신분석이론과 관련된 설명이다. 강점 관점(strength perspective)은 클라이언트의 강점을 중심으로 해결 중심 접근을 중요하게 본다.

2 O

노동능력이 있는 빈민은 교정원이나 작업장에 수용하여 노동을 하게 하였고, 이들에 대한 자선을 금지하고, 이주도 제한하였다.

3 X

빈곤가정에 우애방문자를 파견함으로써 문제를 해결하고자 하였던 것은 자선조직협회이다.

4 X

로스만이 제시한 지역사회복지 실천모델은 지역사회개발모델, 사회계획(및 정책)모델, 사회행동모델이다. 지역사회보호모델은 포플이 제시한 지역사회복지 실천모델이다.

5 X

변화노력을 달성하기 위해 상호작용하는 모든 체계들을 의미하는 것은 행동체계이다. 클라이언트체계는 클라이언트와 그 문제 해결에 잠재적 영향을 주는 환경에 있는 사람들을 의미한다.

6 O

사회복지사 A는 동료사회복지사인 C와의 전문적 동료관계에 대한 윤리적 고민을 겪을 수 있다.

7 O

로웬버그&돌고프의 윤리원칙 1순위는 생명보호의 원칙, 2순위는 평등과 불평등의 원칙, 3순위는 자율성과 자유의 원칙, 4순위는 최소 해악의 원칙, 5순위는 삶의 질의 원칙, 6순위는 사생활과 비밀보장의 원칙, 7순위는 진실성과 완전공개의 원칙이다.

8 O

노인복지시설의 종류〈노인복지법 제31조〉…노인주거복지시설, 노인의료복지시설, 노인여가복지시설, 재가노인복지시설, 노인보호전문기관, 노인일자리지원기관, 학대피해노인전용쉼터

9 O

에릭슨의 심리사회적 발달 단계의 제6단계는 성인초기 시기로 친밀감 대 고립감이다.

10 X

대표적인 4대 공적연금 중 가장 먼저 시행된 것은 1960년에 제정·시행된 공무원연금이다. 군인연금은 1963년에 제정·시행되었다.

11 X

자유연상은 프로이트의 정신분석이론과 관련 있다.

12 X

정상화는 일상적이고 정상적인 생활방식과 리듬을 강조하면서 장애인이 정상적인 발달경험을 할 수 있도록 탈시설보호 또는 지역사회보호를 추구한다.

13 O

제도적 사회복지는 전국민을 대상으로 하며 사회문제에 대해 사회구조적, 국가적 책임을 강조한다.

14 X

부양의무자의 부양과 다른 법령에 따른 보호는 이 법에 따른 급여에 우선하여 행하여지는 것으로 한다. 다만, 다른 법령에 따른 보호의 수준이 이 법에서 정하는 수준에 이르지 아니하는 경우에는 나머지 부분에 관하여 이 법에 따른 급여를 받을 권리를 잃지 아니한다〈국민기초생활 보장법 제3조(급여의 기본원칙) 제2항〉.

15 X

급여는 현금, 현물, 바우처, 기회 등의 형태가 있다. 재정은 재정마련의 방법에 관한 것으로 공공, 민간, 혼합 형태가 있다.

16 O

내적 타당도를 저해하는 요인으로는 통계적 회귀, 도구 효과, 외부 사건, 성장 요인, 검사 요인, 상실 요인 등이 있다.

17 O

만족모형은 제한된 합리성을 전제로 여러 대안 중에서 현실적으로 가장 만족스러운 대안을 선택한다.

18 X

로마니쉰에 따르면 사회복지의 개념은 사회변화에 따라 최저조건의 조성에서 최적(最適) 조건의 조성으로 변화하였다.

19 O

「사회보장기본법」 제3조 제1호의 내용이다.

20 X

집단문화는 집단 구성원 사이에 존재하는 공통적인 가치나 신념, 전통 등을 의미한다.

1 key word : 자조집단
자조집단을 만드는 동기는 상부상조이다. (O/X)

2 key word : 사회복지시설
노인여가복지시설은 사회복지시설 중 이용시설에 해당한다. (O/X)

3 key word : 사회복지급여 수급권
사회복지급여 수급권은 행정기관의 재량행위에 의해 인정된다. (O/X)

4 key word : 급여체계
「장애인고용촉진 및 직업재활법」의 장애인의무고용은 급여 형태 중 기회에 해당한다. (O/X)

5 key word : 소득재분배
공적연금제도의 재정조달방식에서 적립방식은 부과방식보다 세대 간 재분배 효과가 더 뚜렷하게 나타난다. (O/X)

6 key word : 사회복지실천모델
해결중심모델은 인간은 누구나 문제해결능력을 가지고 있으며, 변화는 불가피하다는 것을 가정한다. (O/X)

7 key word : 임계경로
임계경로란, 여러 단계의 과정을 거치는 작업에서 그것을 완성하려면 여러 과정의 경로가 동시에 수행되어야 한다고 할 때, 그중 가장 짧은 경로를 말한다. (O/X)

8 key word : 신사회적 위험
테일러-구비는 '여성의 경제활동참여 증가에 따른 일-가정 양립의 어려움'이 신사회적 위험이 발생하는 원인이 된다고 주장하였다. (O/X)

9 key word : 리더십 이론
허시와 블랜차드(Hersey & Blanchard)의 상황이론에서는 리더십 유형의 유효성을 높일 수 있는 상황조절변수로 리더의 성숙도를 들고 있다. (O/X)

10 key word : 방어기제
취소는 보상과 속죄의 행위를 통해 죄책감을 일으키는 충동이나 행동을 중화 또는 무효화하는 것이다. (O/X)

11 key word : 우리나라의 가족생활주기
최근 우리나라는 새로운 가족유형이 나타나면서 가족생활주기별 구분이 보다 더 뚜렷해지고 있다. (O/X)

12 key word : 델파이 기법
델파이 기법은 전문가들에게 우편으로 의견이나 정보를 수집한 후, 분석한 결과를 다시 응답자들에게 보내 의견을 묻는 방식이다. (O/X)

13 key word : 마셜의 시민권
시민권은 사회권, 참정권, 공민권의 순서로 발달하였다. (O/X)

14 key word : 클라이언트의 고지된 동의
클라이언트를 대상으로 연구하는 사회복지사는 클라이언트로부터 고지된 동의를 얻을 필요가 없다. (O/X)

15 key word : 로렌츠 곡선
한 사회의 모든 구성원의 소득이 같다면 지니계수는 1이 된다. (O/X)

16 key word : 컴튼과 갤러웨이의 6체계이론
알코올중독자인 남편 甲은 술만 먹으면 배우자인 乙에게 폭력을 행사한다. 이를 견디다 못한 乙은 사회복지사 丙을 찾아가 甲의 알코올중독에 따른 가정폭력 문제를 호소하였다. 丙은 乙의 문제를 함께 해결해 가기 위해 계약을 맺고, 甲의 가정폭력을 해결할 수 있는 방안을 찾기로 했다. 이때 乙은 클라이어트체계에 해당한다. (O/X)

17 key word : 사회보험 급여
甲은 4대 사회보험(국민건강보험, 산업재해보상보험, 고용보험, 국민연금)이 적용되는 제조업체에서 일하는 30대 정규직 근로자이다. 甲은 휴일에 중학교 동창 친구들과 나들이를 갔다가 손목을 다쳤다. 장애 판정을 받을 만큼 심각하지 않았기 때문에, 퇴근 후 거주지 부근 정형외과를 다니며 치료를 받았다. 업무를 수행할 때 약간 불편하지만, 일을 그만둘 정도는 아니므로 현재 정상적으로 근무하는 중이다. 이때 甲에게 국민건강보험에 의한 요양급여가 적용된다. (O/X)

18 key word : 단일사례조사
단일사례조사 결과 분석 방법 가운데 경향선 접근은 기초선이 안정적일 때 사용한다. (O/X)

19 key word : 사회복지조직이론
사회복지서비스의 질은 객관성 있게 측정될 수 있기 때문에 총체적품질관리(TQM:Total QualityManagement)는 사회복지조직에 적용하기에 적합한 관리기법이다. (O/X)

20 key word : 사회복지 관련 법
다음 법은 「청소년복지지원법」→「장애인차별금지 및 권리구제 등에 관한 법률」→「학교 밖 청소년 지원에 관한 법률」→「사회보장급여의 이용·제공 및 수급권자 발굴에 관한 법률」의 순으로 제정되었다. (O/X)

1 O

공통된 문제에 대해 이야기하고 격려하며 서로 도움을 주고 받는 집단이다.

2 O

사회복지시설은 이용 방법에 따라 생활시설과 이용시설로 구분한다. 노인여가복지시설은 이용시설, 아동양육시설, 장애인거주시설, 모자가족복지시설은 생활시설이다.

3 X

사회복지급여 수급권은 법률에 의해 인정된다.

4 O

기회는 무형의 급여로, 어떤 개인이나 집단에 대해 이전에는 부정되었던 급여에 대해서 접근을 가능하게 만드는 것이다. 예를 들어, 장애인에 대한 운전면허 교부조항을 변경하는 것과 같은 것이다.

5 X

부과방식은 당해 연도에 필요한 급여재원을 그 해의 연금 가입자에게 부과하는 세금이나 기여금 등으로 조달해서 지급하는 방식이다. 즉, 현 세대 노령층의 급여비용을 현세대 근로계층이 부담하는 방식으로 적립방식보다 세대 간 재분배 효과가 더 뚜렷하게 나타난다.

6 O

해결중심모델은 인간은 누구나 문제해결능력을 가지고 있으며, 변화는 불가피하다는 것을 가정하며 예외 질문, 관계성 질문과 같은 개입 기술을 사용한다.

7 X

임계경로란, 여러 단계의 과정을 거치는 작업에서 그것을 완성하려면 여러 과정의 경로가 동시에 수행되어야 한다고 할 때, 그중 가장 긴 경로를 말한다.

8 O

테일러-구비에 의하면 맞벌이 부부의 증가와 여성교육의 향상으로 여성들의 노동시장 참여가 급증하면서 일과 가정을 양립하기 어려운 저숙련 여성층에서 신사회위험이 나타난다.

9 X

허시와 블랜차드의 상황이론에서는 리더십 유형의 유효성을 높일 수 있는 상황조절변수로 부하의 성숙도를 들고 있다.

10 O

취소는 자신의 욕구와 행동으로 인하여 타인에게 피해를 주었다고 느낄 때, 원상복구하려는 일종의 속죄 행위이다.

11 X

이혼 및 재혼 가족, 한부모가족, 비혈연가족, 1인 가족 등 새로운 가족유형이 나타나면서 가족생활주기별 구분이 점차 모호해지고 있다.

12 O

델파이 기법은 어떤 주제에 대해 전문가들의 합의를 얻으려고 할 때 적용될 수 있다. 전문가들에게 우편으로 의견이나 정보를 수집한 후, 분석한 결과를 다시 응답자들에게 보내 의견을 묻는 방식이다. 전문가가 자유로운 시간에 의견을 제시할 수 있는 장점이 있지만, 시간이 많이 걸리고 반복하는 동안 응답자의 수가 줄어드는 문제가 있다.

13 X

시민권은 공민권(18세기), 참정권(19세기), 사회권(20세기 중반)의 순서로 발달하였다.

14 X

클라이언트를 대상으로 연구하는 사회복지사는 클라이언트로부터 고지된 동의를 얻어야 한다.

15 X

지니계수는 소득분배의 불평등도를 나타내는 수치로, 0에 가까울수록 소득분포가 평등하다고 보며 1에 가까울수록 불평등하다고 본다. 한 사회의 모든 구성원의 소득이 같다면 지니계수는 0이 된다.

16 O

甲은 표적체계, 乙은 클라이언트체계, 丙은 변화매개체계에 해당한다.

17 O

甲은 퇴근 후 거주지 부근 정형외과를 다니며 치료를 받고 있으므로 국민건강보험에 의한 요양급여가 적용된다.

18 X

단일사례조사 결과 분석 방법 가운데 경향선 접근은 기초선이 불안정하여 단순 평균 비교가 곤란할 때 사용한다.

19 X

사회복지서비스의 질은 객관성 있게 측정할 수 없기 때문에 총체적품질관리를 적용하기에 적합하지 않다.

20 O

「청소년복지지원법」2004. 2. 9 제정→「장애인차별금지 및 권리구제 등에 관한 법률」2007. 4.10 제정→「학교 밖 청소년 지원에 관한 법률」2014. 5. 28 제정→「사회보장급여의 이용·제공 및 수급권자 발굴에 관한 법률」2014. 12. 30 제정

1 key word : 사회복지관 사업

사회복지관 사업의 3대 기능분야는 사례관리기능, 서비스제공기능, 지역조직화기능이다. (O/X)

2 key word : 질적 연구

질적 연구는 과학적 실증주의(positivism)를 기반으로 한다. (O/X)

3 key word : 노인장기요양보험

노인장기요양보험은 65세 미만이어도 요양등급을 받으면 혜택을 받을 수 있다. (O/X)

4 key word : 사회복지실천의 사정도구

가계도는 가족과 환경체계의 관계를 다양한 선으로 표현함으로써 가족과 환경체계 간의 상호작용 양상을 파악할 수 있다. (O/X)

5 key word : 사례관리자의 관점

'힘든 역경 속에서도 지금까지 어떻게 그렇게 버티어 올 수 있었나요?', '어려운 상황에서도 나에게 조금이라도 도움이 되어준 것은 무엇이었나요?'과 같은 질문을 하는 사례관리자의 관점은 강점 관점이다. (O/X)

6 key word : 자선조직협회

자선조직협회는 개별사회사업(casework) 발전과 과학적 자선(scientific charity)에 기여했으며, 사회조사(social survey) 기술의 발전 도모하였다. (O/X)

7 key word : 길버트와 테렐의 할당의 원리

귀속적 욕구는 욕구에 대한 경제적 기준에 근거한 집단지향적 할당 원칙으로 도시재개발에 의해 피해를 입은 사람 등이 그 사례이다. (O/X)

8 key word : 로스만의 지역사회복지실천 모델

사회계획모델은 지역사회 내 권력과 자원의 재분배, 사회적 약자에 대한 의사결정의 근성을 강화함으로써 지역사회의 변화에 초점을 두고 있다. 따라서 갈등, 대결, 직접적 행동, 협상 등의 전술을 사용한다. (O/X)

9 key word : 아동복지

지지적 서비스는 가정을 이탈한 아동이 다른 체계에 의해 보호를 받는 동안 부모를 지원하여 가족 기능을 강화하도록 하는 상담서비스이다. (O/X)

10 key word : 에스핑-앤더슨의 복지국가 유형

에스핑-앤더슨의 복지국가 유형 중 사회민주주의 복지체제에서는 선별주의와 자조의 원칙에 따라 탈상품화 효과가 크다. (O/X)

11 key word : 선별적 사회복지

선별적 사회복지는 예외주의 이념에 기반을 두고 있으며 사회복지의 대상을 사회적 약자나 요보호대상자로 한정한다. (O/X)

12 key word : 우리나라의 노후 소득보장정책

국민기초생활보장제도는 공공부조 프로그램으로 선별주의 제도이다. (O/X)

13 key word : 면담 기법

클라이언트의 입장에 감정을 이입하여 이해하고 이를 표현하는 능력은 공감, 사회복지사가 신뢰를 표현함으로써 클라이언트의 자신감을 향상시키는 기법은 재명명이다. (O/X)

14 key word : 사회복지부문의 통합 전산 정보시스템

사회복지시설정보시스템은 민간부문의 사회복지서비스기관들이 생산하는 자료들을 직접 수집하지 않는다. (O/X)

15 key word : 노인복지법

노인복지법상 양로시설, 노인공동생활가정, 노인복지주택은 노인주거복지시설에 해당한다. (O/X)

16 key word : 비에스텍의 사회복지실천 관계의 기본원칙

자기결정은 사회복지사는 실천과정에 클라이언트가 함께 참여하도록 하고, 그의 능력에 상관없이 클라이언트 스스로 모든 사항을 직접 결정할 수 있도록 원조해야 한다. (O/X)

17 key word : 학교사회복지 접근모델

학교-지역사회-학생관계모델은 학생들이 경험하는 문제를 사회적 상황의 특징으로 바라보는 관점이다. (O/X)

18 key word : 사회복지정책결정 모형

점증모형은 기존의 정책에 기반한 약간의 정책 개선이나 수정을 강조하는 정책결정모형으로 이상적·경제적 합리성보다는 시민의 지지를 얻을 수 있는 정치적 합리성을 더 추구하는 모형이라 할 수 있다. (O/X)

19 key word : 임계경로

임계경로란, 여러 단계의 과정을 거치는 작업에서 그것을 완성하려면 여러 과정의 경로가 동시에 수행되어야 한다고 할 때, 그중 가장 긴 경로를 말한다. (O/X)

20 key word : 사회복지 전달체계

약물중독문제를 가지고 있는 실업자인 한부모 A는 딸 B를 주간보호센터에 맡기고, 본인은 약물재활치료를 받은 후 나머지 시간에 자활 근로훈련을 받는다. 만약 주간보호센터와 재활클리닉, 훈련프로그램이 각각 다른 장소와 일정으로 운영되어 중복의 문제가 발생한다면 이는 단편성 문제이다. (O/X)

1 O

〈사회복지사업법 시행규칙 별표3〉에 따라 사회복지관 사업의 3대 기능분야는 사례관리기능, 서비스제공기능, 지역조직화기능이다.

2 X

양적 연구에 대한 설명이다.

3 O

노인장기요양보험법에서 "노인등"이란 65세 이상의 노인 또는 65세 미만의 자로서 치매·뇌혈관성질환 등 대통령령으로 정하는 노인성 질병을 가진 자를 말한다.

4 X

가족 및 가족구성원과 환경간의 상호작용을 그림으로 나타낸 것은 생태도이다.

5 O

제시된 사례관리자는 클라이언트의 다양성을 인정하고 강점에 초점을 두고 역량 실현을 돕는 강점 관점이다.

6 O

자선조직협회는 개인변화를 주창하여 개별사회사업에 영향을 미쳤다. 또한 단순한 구호 활동을 넘어 합리적이고 효율적인 자선, 즉 과학적 자선을 지향하였다. 방문조사, 환경조사 등을 실시하여 사회조사 기술의 발전을 도모하였다.

7 X

귀속적 욕구는 기존의 제도에 의해서는 충족되지 않는 욕구를 가진 집단 모두를 대상자로 선정하는 규범적 판단에 의한 범주적 할당 원칙으로 국민건강보험제도, 기초노령연금, 아동수당 등이 그 사례이다.

8 X

사회행동모델에 대한 설명이다. 사회계획모델은 사회문제를 해결하고자 하는 계획적 과정을 강조하며, 지역사회가 해결하고자 하는 문제에 대한 전문지식을 가지고 합리적이고 과학적인 대안을 제시하고 실행한다.

9 X

지지적 서비스는 기본적으로 가족관계를 유지하면서 부모와 아동이 각자의 역할을 효율적으로 수행할 수 있도록 지지하여 가족 기능을 강화하도록 하는 서비스이다.

10 X

사회민주주의 복지체계에서는 보편주의와 평등의 원칙에 따라 탈상품화 효과가 크다.

11 O

선별적 사회복지는 서비스 제공시에 대상자의 수급자격이나 조건 등을 고려하여 유한의 자원을 효율적으로 분배하기 위해 바람직한 방법이다.

12 O

국민기초생활보장제도는 빈곤층을 대상으로 국민의 최저생활을 보장해주는 제도로 선별주의 제도이다.

13 X

사회복지사가 신뢰를 표현함으로써 클라이언트의 자신감을 향상시키는 기법은 재보증이다.

14 X

사회복지시설정보시스템은 통합업무관리시스템으로 국민, 업무종사자(민간), 공무원, 연계기관 등이 정보를 공유한다.

15 O

노인복지시설의 종류〈노인복지법 제31조, 제32조〉
노인주거복지시설 : 양로시설, 노인공동생활가정, 노인복지주택

16 X

자기결정은 사회복지사는 실천과정에 클라이언트가 함께 참여하도록 하고, 모든 사항을 직접 결정할 수 있도록 원조해야 한다는 원칙이다. 단, 클라이언트의 정신적 능력에 한계가 있거나, 클라이언트가 원하는 것이 법률 또는 도덕에 위배되는 경우 등에는 자기결정이 제한될 수 있다.

17 O

학교-지역사회-학생관계모델…학생들이 경험하는 문제를 사회적 상황의 특징으로 바라보는 관점으로 특정 학생집단과 그들이 속한 상황에 관심을 가진다.

18 O

점증모형은 정치적 합리성을 전제로 과거의 정책결정을 기초로 하여 약간의 변화를 추구하면서 새로운 정책대안을 검토하고 점증적으로 수정하는 과정을 거친다고 본다.

19 O

여러 단계의 과정을 거치는 작업에서 그것을 완성하려면 여러 과정의 경로가 동시에 수행되어야 한다고 할 때, 그중 가장 긴 경로. 즉, 전체 공정 중 시간이 가장 많이 걸리는 경로이다.

20 O

각각의 사회복지 급여가 문제해결에 도움은 되지만 전체적으로 상호 연결이 부족하여 정책목표 달성에 어려움이 있는 문제를 단편성이라 한다.

1 key word : 품목예산

품목예산은 서비스 효율성에 대한 정보를 알기 어렵다. (O/X)

2 key word : 사회보장기본법

평생사회안전망이란 생애주기에 걸쳐 보편적으로 충족되어야 하는 기본욕구와 특정한 사회위험에 의하여 발생하는 특수욕구를 동시에 고려하여 소득 및 서비스를 보장하는 맞춤형 사회보장제도를 말한다. (O/X)

3 key word : 노인장기요양보험

노인장기요양보험법 상 장기요양1등급은 장기요양점수가 최소 65점 이상이다. (O/X)

4 key word : 국민기초생활보장제도

국민기초생활보장제도에서 급여수준은 소득인정액과 상관없다. (O/X)

5 key word : 사회보장 관련 법

질병, 노령 등으로 생활능력이 없는 국민은 법률이 정한 바에 따라 국가의 보호를 받는다. (O/X)

6 key word : 로웬버그와 돌고프의 윤리원칙심사

로웬버그와 돌고프의 제4윤리원칙은 자기결정의 원칙이다. (O/X)

7 key word : 슈퍼비전

슈퍼비전은 사회복지사의 위상을 확립하고 권익을 실현하는 기능을 한다. (O/X)

8 key word : 사회복지조사방법

관찰 조사법은 대상자의 행동을 현장에서 직접 포착할 수 있다. 대상자가 면접을 거부하거나 비협조적인 경우에 가능하며 대상자에게 질문을 통해 자료를 얻을 수 없을 때 가능하다. (O/X)

9 key word : 사회복지통합관리망(행복e음)

행복e음은 국민이 필요할 때 언제든지 도움을 요청할 수 있는 체계구성을 위해 만들어졌으며, 보건복지 관련 상담 및 안내서비스를 원스톱으로 제공하기 위하여 희망의 전화가 개통되었다. (O/X)

10 key word : 사회복지의 제도적 개념

사회복지의 제도적 개념에 따르면 절대적 빈곤의 개념에 따라 빈곤수준을 낮게 책정한다. (O/X)

11 key word : 1834년 개정 구빈법

1834년 개정 구빈법에 따르면 국가로부터 부조를 받는 자의 처우는 최하층 노동자의 생활조건보다 낮아야 한다. (O/X)

12 key word : 공공부조의 원리

보충성의 원리는 공공부조를 시행할 때 무엇보다 먼저 수급자가 갖고 있는 능력을 활용하고, 그 후에도 수급자가 최저생활을 유지할 수 없을 경우에 비로소 국가가 그 부족한 부분을 보충해 주는 것을 원칙으로 삼는 원리이다. (O/X)

13 key word : 사회보장기본법

사회보장기본법에 명시되어있는 사회적 위험은 출산, 양육, 실업, 노령, 장애, 질병, 빈곤 및 사망 등을 말한다. (O/X)

14 key word : 조사 설계

조사 설계에서 유사실험설계에는 무작위할당이 시행된다. (O/X)

15 key word : 사회복지서비스 전달체계

K복지관을 찾은 갑(甲)은 결혼이주민으로, 현재 이혼 상태이며 한부모 가정의 여성 가장이다. 갑(甲)은 초등학교 1학년 된 딸과 함께 빌라 지하 월세방에서 생활하고 있다. 안정적인 직업을 갖지 못하고 낮에는 건물 청소일을 하며 저녁에는 같은 나라 출신의 친구가 운영하는 가게에서 주방일을 하고 있다. 갑(甲)은 하루하루 돈벌이에 바빠 딸의 교육에는 전혀 신경을 쓰지 못하고 있다. 갑(甲)은 신장기능이 저하되어 건강이 좋지 못하다. 이와 같은 상황에서는 사회복지서비스의 포괄성의 원칙이 요구된다. (O/X)

16 key word : 사회복지 기관 및 시설

노인복지관은 사회복지 기관 중 2차 기관에 해당한다. (O/X)

17 key word : 사회복지실천의 개입 유형

사회적 지지체계 개발은 사회복지실천의 개입 유형 중 직접적 개입에 해당한다. (O/X)

18 key word : 사회복지실천과정

사회복지실천과정은 접수와 자료수집→사정→계획→개입→평가→종결 순으로 진행된다. (O/X)

19 key word : 피아제의 인지발달 개념

적응이란 인간이 주변세계를 이해하고 그것에 대해 생각하는 이해의 틀이다. 또한 연령이 증가함에 따라 많은 경험을 통해 인지구조가 발달하면서 질적인 변화를 하게 되는 것을 말한다. (O/X)

20 key word : 귤릭과 어위크의 POSDCoRB

귤릭과 어위크의 POSDCoRB 중 '작업의 할당이 규정되고 조정되는 공식적인 구조의 설정'과 관련된 것을 '조직'이라 한다. (O/X)

1 O

품목예산은 지출의 대상인 급여·시설비·방위비 등의 각 품목을 표시하여 편성하는 예산제도를 말한다. 효율성을 고려하지 않기 때문에 효율성에 대한 정보를 알기 어렵다.

2 O

「사회보장기본법」제3조(정의) 제5호에서 규정하고 있는 '평생사회안전망'에 대한 정의이다.

3 X

장기요양 1등급 : 심신의 기능상태 장애로 일상생활에서 전적으로 다른 사람의 도움이 필요한 자로서 장기요양인정 점수가 95점 이상인 자

4 X

급여수준은 소득인정액 등을 고려하여 차등지급할 수 있다.

5 O

신체장애자 및 질병·노령 기타의 사유로 생활능력이 없는 국민은 법률이 정하는 바에 의하여 국가의 보호를 받는다〈헌법 제34조 제5항〉.

6 X

로웬버그와 돌고프의 제4윤리원칙은 최소 해악의 원칙이다.

7 X

슈퍼비전(supervision)…구체적인 케이스에 관해 사회복지사가 원조내용을 보고하면 슈퍼바이저는 설명된 자료를 토대로 클라이언트의 상황을 이해하고 면접 등 원조방법에 관해 조언을 해주는 방식의 교육훈련이다.

8 O

제시된 내용은 관찰 조사법에 대한 설명이다. 관찰 조사법은 관찰대상에 의도적인 조작을 하지 않고 단지 행동 관찰을 통해 자료를 수집하는 방법이다.

9 X

주어진 내용은 보건복지상담센터의 희망의 전화 129에 대한 설명이다.
사회보장정보시스템(행복e음)…각종 사회복지 급여 및 서비스 지원 대상자의 자격과 이력에 관한 정보를 통합 관리하고, 지자체의 복지업무 처리를 지원하기 위해 기존 시·군·구별 새올행정시스템의 업무 지원시스템 중 복지분야를 분리하여 개인별, 가구별 DB를 통합 구축한 정보시스템

10 X

사회복지의 잔여적 개념에 대한 설명이다.

11 O

구빈 수급자의 구제수준은 최하층 노동자의 생활수준보다 높지 않아야 한다는 열등처우의 원칙은 1834년 개정된 신빈민법에서 규정되었다.

12 O

보충성의 원리:국가에 의한 최저생활을 보장한다고 하더라도 어디까지나 보충의 차원에서 제공하는 것을 원칙으로 한다.

13 O

사회보장이란 출산, 양육, 실업, 노령, 장애, 질병, 빈곤 및 사망 등의 사회적 위험으로부터 모든 국민을 보호하고 국민 삶의 질을 향상시키는 데 필요한 소득·서비스를 보장하는 사회보험, 공공부조, 사회서비스를 말한다〈사회보장기본법 제3조 제1호〉.

14 X

유사실험설계는 통제집단을 사용함으로써 내적타당도 저해요인을 크게 감소시킬 수 있으나 무작위할당이 이루어지지 않으므로 실험집단과 통제집단이 이질적일 가능성이 크다.

15 O

포괄성의 원칙 : 사회복지서비스는 수혜자의 다양한 욕구 또는 문제를 동시에 또는 순차적으로 해결하기 위하여 포괄적인 서비스 제공이 필요함

16 X

노인복지관은 사회서비스 제공이 주된 목적인 1차 기관이다.

17 X

사회적 지지체계 개발은 클라이언트의 문제해결에 직접적으로 개입하지 않는 간접적 개입에 해당한다.

18 O

사회복지실천과정의 순서
접수와 자료수집→사정→계획→개입→평가→종결

19 X

주어진 내용은 '도식'에 대한 설명이다. 적응은 자기 주변 환경의 조건들을 조정하는 능력으로 동화와 조절의 평형화 과정에 의해 발달하는 것을 말한다.

20 O

조직(Organizing) : 수립한 계획에 따라 업무를 효율적으로 수행할 수 있도록 작업과 권한을 할당하여 공식적인 구조를 설정

1 key word : **길버트와 스펙트의 지역사회의 기능**

공공부조를 시행하면서 자활사업의 참여를 강제하는 조건부 수급은 사회구성원들이 사회의 규범을 순응하게 만드는 사회통합의 기능을 수행한다. (O/X)

2 key word : **사회복지실천의 가치**

원조를 목적으로 하는 모든 경우에 클라이언트에 대한 정보는 전문가들 사이에서 공유될 수 있다. (O/X)

3 key word : **사회복지행정 모델**

관료제모형은 조직 내부의 개별 구성원의 행동과 조직 외부의 환경에 대한 이해가 중요하다고 가정한다. (O/X)

4 key word : **신자유주의**

신자유주의에 기반한 복지국가에서는 복지비용을 삭감하고 지출구조를 변화시킨다. (O/X)

5 key word : **사회복지사의 역할**

옹호자(advocate)는 클라이언트의 정당한 권리를 대변하고 정책적 변화를 추구하는 활동을 한다. (O/X)

6 key word : **고용보험**

근로자를 사용하지 않거나 50명 미만의 근로자를 사용하는 사업주도 고용보험의 의무가입대상이다. (O/X)

7 key word : **기본소득**

최근 노동중심적 복지국가의 한계가 부각되면서, 실현 가능한 대안 중 하나로 논의되고 있는 '기본소득(Basic Income)'은 재정적 지속가능성의 특징을 가진다. (O/X)

8 key word : **마셜의 「시민권론」**

마셜에 따르면 시민권은 관찰 시점에 따라 상이한 유형으로 구분될 수 있으며, 명확한 구분이 어려운 애매한 사례도 존재한다. (O/X)

9 key word : **롤스의 「정의론」**

롤스의 「정의론」에서 제시하는 정의의 제1원칙으로 기본적 자유 평등의 원칙을 제시한다. (O/X)

10 key word : **사회복지사업법**

사회복지사업이란 도움을 필요로 하는 모든 국민에게 사회복지사업을 통한 서비스를 제공하여 삶의 질이 향상되도록 제도적으로 지원하는 것을 말한다. (O/X)

11 key word : **한국 사회복지행정**

사회복지시설 및 기관평가제도는 2000년대 이전에 도입되었다. (O/X)

12 key word : **품목예산**

품목예산은 기관이 성취하고자 하는 성과나 목표를 제시한다. (O/X)

13 key word : **사회복지사의 윤리기준**

적법하고도 적절한 논의 없이 동료 혹은 다른 기관의 클라이언트와 전문적 관계를 맺어도 된다. (O/X)

14 key word : **사회보장수급권**

사회보장수급권은 포기할 수 없다. (O/X)

15 key word : **사례관리**

사례관리는 사정→기획→개입→점검→평가 순으로 진행된다. (O/X)

16 key word : **사회복지조사 분석단위 오류**

집단 또는 집합체에서 발견된 내용을 개인에게 적용할 때, 즉 특정지역의 노령화비율이 높고 그 지역에 특정 정당 지지율도 높다고 해서 해당 지역의 노인이 그 정당을 더 지지한다고 잘못된 결론을 내리는 것을 생태학적 오류라고 한다. (O/X)

17 key word : **엘리자베스 구빈법**

엘리자베스 구빈법에서는 근로능력이 있는 건강한 빈민(The able-bodied poor)이 교정원 또는 열악한 수준의 작업장에서 강제노역을 하도록 하였다. (O/X)

18 key word : **사회복지관 사업**

「사회복지사업법 시행규칙」상 사회복지관의 사업 중 지역조직화 기능에는 복지네트워크 구축, 주민조직화, 자원개발 및 관리가 있다. (O/X)

19 key word : **길버트와 테렐의 사회복지정책 분석틀**

길버트와 테렐이 제시한 사회복지정책 분석틀의 네 가지 구성요소에 사회적 위험(social risks)의 포괄 범주에 대한 내용도 포함된다. (O/X)

20 key word : **사회복지실천 개입기술**

클라이언트가 특정 행동이나 경험 혹은 생각에서 벗어나도록 하거나 그런 쪽으로 행동을 취할 수 있도록 도움을 제공하는 것을 격려라고 한다. (O/X)

1 X

규범에 순응하게 만드는 사회통제 기능은 정치제도에 의해 수행된다. 사회통합의 기능은 종교제도가 일차적 기능을 담당한다.

2 X

사회복지실천에 있어 클라이언트의 정보에 대한 비밀보장은 기본적인 원칙이다.

3 X

관료제모형은 집단 또는 조직 내에서의 직무를 합리적·계층적으로 나누어 대규모적인 행정관리 활동을 수행하는 모형으로, 조직 내부와 외부 환경의 상호작용 등을 고려하지 않는 폐쇄적인 특징이 있다.

4 O

복지국가의 확대가 자본주의의 불황과 자본축적의 위기를 가지고 왔다고 보고, 국가의 복지서비스를 축소하여 시장 경쟁원리를 다시 회복해야 한다고 본다.

5 O

옹호자 : 사회복지사는 클라이언트를 대신해서 계약된 목적을 달성하기 위해 클라이언트 개인이나 가족의 권리를 주장하고 옹호하며 정책적 변화를 모색하기 위한 활동을 한다.

6 X

자영업자 고용보험제도란 자영업자의 생활안정 및 재취업을 지원하는 제도로, 0~49인의 근로자가 있는 자영업자는 본인이 희망하는 경우에 가입이 가능하다.

7 X

'기본소득'이란 정부나 지방자치단체가 모든 개인에게 조건 없이 정기적으로 지급하는 소득을 의미한다. 기본소득 보장을 위한 재원 마련 등 현실 가능성이 떨어지고 기존 복지체제를 위협할 수 있다는 우려가 있다.

8 X

마셜은 시민권의 변천을 진화론의 입장에서 4가지 유형으로 구분하고 시민권의 요소를 공민적 요소, 정치적 요소, 복지적 요소, 사회적 요소로 보았다.

9 O

롤스가 제시한 정의의 제1원칙은 기본적 자유 평등의 원칙이다.

10 X

사회복지서비스에 대한 설명이다.

11 O

사회복지시설 및 기관 평가제도 도입 : 1997년

12 X

품목예산은 예산을 지출대상별(품목별)로 분류하여 예산을 편성하는 제도로, 기관의 성과나 목표를 제시하지는 않는다.

13 X

사회복지사는 적법하고도 적절한 논의 없이 동료 혹은, 다른 기관의 클라이언트와 전문적 관계를 맺어서는 안 된다.

14 X

「사회보장기본법」 제14조에 '사회보장수급권의 포기'에 관한 내용이 규정되어 있다.

15 O

사례관리의 과정은 접수→사정→기획→개입→점검 및 재사정→종결 및 평가로 진행된다.

16 O

생태학적 오류란 생태학적 상관관계를 개인적 상관관계로 평가함으로써 범하게 되는 통계적 오류를 말한다.

17 O

노동능력이 있는 빈민은 교정원이나 작업장에 수용하여 노동을 하게 하였고, 이들에 대한 자선을 금지하고, 이주도 제한하였다.

18 O

사회복지관의 사업〈「사회복지사업법 시행규칙」 별표 3〉
지역조직화 기능 : 복지네트워크 구축, 주민조직화, 자원개발 및 관리

19 X

길버트와 테렐이 제시한 사회복지정책 분석틀의 네 가지 구성요소
㉠ 사회적 할당의 기반은 무엇인가?→수급자격(대상체계)
㉡ 사회적 급여의 형태는 무엇인가?→급여종류(급여체계)
㉢ 사회적 급여를 전달하기 위한 전략은 무엇인가?→전달방법(전달체계)
㉣ 사회적 급여에 필요한 재정을 마련하기 위한 방법은 무엇인가?→재정마련 방법(재정체계)

20 O

격려는 클라이언트가 특정 행동이나 경험 혹은 생각에서 벗어나도록 하거나 그런 쪽으로 행동을 취할 수 있도록 도움을 제공하는 것으로, 주로 클라이언트의 행동이나 감정 등을 칭찬하고 인정하는 방식으로 표현된다.

1 key word : 자원봉사활동의 위험관리 대책

사회복지 분야 자원봉사활동의 위험관리 대책에서 위험관리 대상은 자원봉사자와 직원에 한정한다. (O/X)

2 key word : 사회복지 실천과정

사회복지 실천과정은 접수→자료수집 및 사정→목표설정 및 계약→개입→평가 및 종결의 순으로 진행된다. (O/X)

3 key word : 정신건강전문요원

「정신건강증진 및 정신질환자 복지서비스 지원에 관한 법률」상 정신건강전문요원에는 정신건강임상심리사, 정신건강간호사 및 정신건강사회복지사가 있다. (O/X)

4 key word : 시장의 재화 배분

사회복지적 관점에서 볼 때 일반적으로 시장에서 재화들이 효율적으로 배분되기 위해서는 위험의 발생이 상호 의존적이어야 한다. (O/X)

5 key word : 사회복지프로그램 평가유형

메타평가 시 프로그램 진행 중에 원활하고 성공적으로 프로그램이 수행되도록 문제점을 찾아내고 수정 보완할 목적으로 실시된다. (O/X)

6 key word : 에스핑-안데르센의 복지국가 유형

자유주의적(liberal) 복지국가 유형에서는 복지와 재분배적 기능을 강조하며 시장의 영향력을 최소화하려 노력한다. (O/X)

7 key word : 위기개입모델

점심시간 때 학교 운동장에서 선후배 간 폭력이 발생하여 사상자가 발생하였다. 이때 학교사회복지사는 폭력사건 위기와 관련된 다양한 대상에 대한 다각적인 사정을 통해 클라이언트의 성격 변화에 초점을 둔다. (O/X)

8 key word : 관료제 환경에서 나타나는 병폐

크리밍은 서비스 기관들이 성과관리 평가제 등의 영향을 과도하게 받게 되면서 나타내기 쉬운 현상들 중 하나이다. 기관들은 서비스 접근성 메커니즘을 조정해서 가급적이면 유순하고 저비용-고성과 클라이언트를 선호하는 반면, 비협조적이고 고비용-저성과 클라이언트들을 배척하려는 경향을 보인다. (O/X)

9 key word : 국민기초생활보장법

「국민기초생활보장법」상 급여의 종류에는 주거급여, 해산급여, 의료급여, 장애급여 등이 있다. (O/X)

10 key word : 사회복지실천 치료기법

고소공포증이 있는 클라이언트에게 맨 아래에 있는 가장 덜 위협적인 장면에서부터 더 큰 불안을 야기하는 장면인 위쪽으로 점차 나아가면서 단계별로 상상하거나 경험하도록 하는 것은 인지행동모델의 체계적 둔감화에 해당한다. (O/X)

11 key word : 한국 가족의 형태 변화

가족주기의 변화로 자녀출산 완료 이후 자녀의 결혼이 시작되기 전까지의 확대완료기가 길어지고 있다. (O/X)

12 key word : 사회복지조사

사회복지조사에서 측정의 신뢰도를 높이기 위해 측정항목(하위변수) 수를 줄이고 항목의 선택범위(값)는 좁히는 것이 좋다. (O/X)

13 key word : 사회복지 재원

수익자 부담은 저소득층의 자기존중감을 높여 서비스가 남용된다. (O/X)

14 key word : 장애인의 자립생활

자립생활은 장애인이 지역에서 자유롭게 독립적으로 살아가는 것을 말하며, 장애가 중증화되어 가면 지역이 아닌 거주시설에서 안전하게 생활해야 한다고 주장한다. (O/X)

15 key word : 사례관리

사례관리는 복합적이고 장기적인 욕구를 갖고 있는 사람에 대한 지원활동이다. (O/X)

16 key word : 안토니 기든스의 제3의 길

제3의 길은 중앙정부의 역할을 강화하여 복지다원주의를 추구한다. (O/X)

17 key word : 사회적 경제조직

사회적 기업이란 정부, 지방자치단체가 출자한 조직이 사회적 기업 인증을 받아 운영하는 공기업이다. (O/X)

18 key word : 관계형성 기술

사회복지실천의 관계형성 기술 중 수용은 클라이언트를 있는 그대로 받아들여 문제행동도 옳다고 인정하고 받아들이는 것을 의미한다. (O/X)

19 key word : 보편적 서비스

중학생을 대상으로 한 인터넷·약물중독 예방 교육은 사회복지서비스 중 보편적 서비스에 해당한다. (O/X)

20 key word : 노인장기요양보험

재가노인요양보호가 집에서 24시간 재가급여를 제공하기 때문에 시설급여를 제공하는 장기요양기관보다 주간보호센터 등 재가급여 기관을 우선 조사한다. (O/X)

1 X

사회복지 분야 자원봉사활동의 위험관리 대상은 다만 자원봉사자와 직원에 한정되는 것이 아니라 자원봉사활동의 대상인 클라이언트와 가족 등 관련 인물과 장비, 시설 등 물적 자원까지 포괄적으로 포함해야 한다.

2 O

사회복지 실천과정은 '접수→자료수집 및 사정→목표설정 및 계약→개입→평가 및 종결'의 순서로 이루어진다.

3 O

정신건강복지법 제17조에 따라 정신건강전문요원은 그 전문분야에 따라 정신건강임상심리사, 정신건강간호사 및 정신건강사회복지사로 구분한다.

4 X

위험의 발생이 상호 의존적이라면 대규모 위험 발생 시 시장에서 제공하는 서비스 상품들이 재정안정을 이루기 어려우며, 이렇게 재정이 안정되지 않은 시장은 재화를 효율적으로 배분하기 어려워진다.

5 X

프로그램 진행 중에 수행하는 평가는 형성평가이다.

6 X

복지와 재분배적 기능을 강조하며 시장의 영향력을 최소화하려 노력하는 것은 사회민주적 복지국가 유형이다.

7 X

제시된 상황은 폭력으로 사상자가 발생한 심각한 상황으로 클라이언트의 성격 변화보다는 실질적인 도움에 사회복지사의 역할의 초점이 맞춰져야 한다.

8 O

크리밍은 '기름친다'는 뜻으로, 일정한 개입 프로그램의 도움으로 가장 성공 가능성이 높은 사람들이 사회서비스와 프로그램을 이용하는 것을 말한다.

9 X

국민기초생활보장법에서는 급여의 종류로 생계급여, 주거급여, 의료급여, 교육급여, 해산급여, 장제급여, 자활급여를 제시하고 있다.

10 O

고소공포증 치료를 위해 불안이나 공포를 덜 일으키는 자극부터 점차 더 강한 자극으로 단계별로 옮겨가며 행동을 치료하기 위한 기법으로 인지행동모델 기법의 하나인 체계적 둔감화에 해당한다.

11 O

만혼족, 비혼족 등이 늘어가면서 자녀출산 완료 이후 자녀의 결혼이 시작되기 전까지의 확대완료기가 길어지고 있다.

12 X

측정의 신뢰도를 높이기 위해서는 측정항목(하위변수) 수를 늘리고 항목의 선택범위(값)는 넓히는 것이 좋다.

13 X

수익자 부담이 저소득층 및 서비스 이용자들의 자기존중감을 높여 긍정적 영향을 줄 수 있지만, 사용자가 서비스 이용에 드는 모든 비용을 부담해야 하기 때문에 저소득층의 경우 비용 부담으로 인한 이용이 억제될 수 있다.

14 X

자립생활은 장애인이 지역에서 자유롭게 독립적으로 살아가는 것을 말한다. 즉, 탈시설화를 강조한다.

15 O

사례관리는 특정대상을 위한 직접적 서비스 및 지역사회실천에서의 서비스를 합한 것으로, 클라이언트에게 좀 더 포괄적이고 지속적인 서비스를 제공한다는 측면에서 그 의의가 있다.

16 X

제3의 길은 중앙정부의 역할을 축소하고 지방정부 및 민간영리부문, 비공식부문 등 공급주체의 다양화를 추구한다.

17 X

「사회적기업 육성법」에 따르면 "사회적 기업"이란 취약계층에게 사회서비스 또는 일자리를 제공하거나 지역사회에 공헌함으로써 지역주민의 삶의 질을 높이는 등의 사회적 목적을 추구하면서 재화 및 서비스의 생산·판매 등 영업활동을 하는 기업으로서 제7조(사회적기업의 인증)에 따라 인증받은 자를 말한다. 따라서 공기업과는 다른 개념이다.

18 X

수용은 클라이언트의 있는 그대로를 받아들이지만, 문제행동을 옳다고 인정하고 받아들이는 것은 아니다.

19 O

중학생을 대상으로 하는 인터넷·약물중독 예방 교육의 경우 모든 중학생을 대상으로 서비스가 가능한 사전적 성격의 서비스로 보편적 서비스에 해당한다.

20 X

현행 노인장기요양보험제도에서 24시간 재가급여를 제공하는 재가노인요양보호는 규정되어 있지 않다.

1 key word : 사회복지급여

사회복지재화의 사유재적 성격 때문에 사회복지급여 제공에서 국가 개입이 필요하다. (O/X)

2 key word : 국민기초생활보장제도

국민기초생활보장제도는 급여의 기준은 급여종류에 관계없이 동일한 선정기준이 적용된다. (O/X)

3 key word : 사례관리

사례관리는 통합적 실천방법이자 체계적인 과정이다. (O/X)

4 key word : 사회복지 주요 개념

노동의 탈상품화(Decommodification of Labor)는 자본주의 이전의 사회에서 사람들이 생존을 위해 임금형태의 소득에 전적으로 의존하지 않던 상태를 말한다. (O/X)

5 key word : 사회복지서비스 전달체계

사회복지서비스 전달체계에서 중앙정부가 전달주체가 되면, 서비스의 접근성과 융통성이 커진다. (O/X)

6 key word : 에스핑 앤더슨의 복지국가 유형

에스핑 앤더슨의 복지국가 유형에 따르면 미국은 자유주의적 복지국가, 프랑스는 조합주의적 복지국가, 스웨덴은 사회민주주의적 복지국가의 전형적 국가이다. (O/X)

7 key word : 긴급복지지원법

긴급지원 요청이 들어오면 긴급지원복지법에 따라 소득이나 재산을 조사한 후 최대한 신속하게 지원한다. (O/X)

8 key word : 심리사회적 자아발달의 8단계

자율성 대 수치심은 에릭 에릭슨의 심리사회적 자아발달의 8단계 과업에 해당한다. (O/X)

9 key word : 사회복지 이론 및 사상

로버트 노직(Robert Nozick)은 국가가 적극적으로 나서서 국민의 생활과 자유를 보장해야 한다고 주장했다. (O/X)

10 key word : 사회보장기본법

국가와 지방자치단체는 모든 국민이 건강하고 문화적인 생활을 유지할 수 있도록 사회보장급여의 수준 향상을 위하여 노력하여야 한다. 이를 위해 국가는 관계 법령에서 정하는 바에 따라 최저보장수준과 최저임금을 매년 공표하여야 한다. 국가와 지방자치단체는 최저보장수준과 최저임금 등을 고려하여 사회보장급여의 수준을 결정하여야 한다. (O/X)

11 key word : 사례관리

A군의 집은 누전 위험, 곰팡이 발생 등으로 주거환경이 좋지 않았지만, 장시간 일하는 A군의 어머니는 청소를 할 시간적 여유가 없었다. 사례관리자는 관내 자원봉사센터의 자원봉사자들을 연결하여 집안 대청소를 실시해 A군의 가족이 위생적이고 안전하게 생활할 수 있는 주거환경을 만들었다. 또한 사례관리자는 A군의 ADHD 치료를 위해 관내 보건소와 정신건강증진센터를 연계하여 도움을 받을 수 있도록 했다. 이와 같은 상황에서 사례관리자는 지역사회 내 다양한 관계망을 활용하고 있다. (O/X)

12 key word : 비율측정

비율측정은 사칙연산이 불가능하다. (O/X)

13 key word : 희망복지지원단

희망복지지원단은 지방자치단체의 읍·면·동 행정복지센터에 설치되어 있다. (O/X)

14 key word : 노인성 질병

파킨슨병, 당뇨병, 뇌경색증은 노인장기요양보험법령상 노인성 질병에 해당한다. (O/X)

15 key word : 사회복지 역사

복지국가의 이념적 기반이 되었던 케인즈주의가 쇠퇴한 직후 미국에서는 신자유주의 이념이 영향력을 발휘한 반면, 영국에서는 신자유주의보다는 제3의 길 노선이 강화되었다. (O/X)

16 key word : 사회복지사업법

사회복지사업법상 사회복지법인의 임원 중 법인은 대표이사를 제외한 이사 7명 이상과 감사 2명 이상을 두어야 한다. (O/X)

17 key word : 정신건강복지법

정신건강전문요원은 그 전문분야에 따라 정신건강간호사, 정신건강요양보호사 및 정신건강사회복지사로 구분한다. (O/X)

18 key word : 사회보장 권리구제

산업재해보상보험법에서는 사회보장 권리구제에 대한 심사청구와 재심사청구를 규정하고 있다. (O/X)

19 key word : 자활급여

자활사업에는 직업훈련, 취업알선 등의 제공, 지역자활센터의 사업 등이 해당되나, 「고용정책기본법」에 근거한 공공근로사업은 제외된다. (O/X)

20 key word : 청소년지원사업

꿈드림은 학교 밖 청소년을 지원하는 청소년 지원센터이다. (O/X)

1 X

사회복지급여 제공에 국가 개입이 필요한 이유는 사회복지 재화의 공공재적 성격 때문이다.

2 X

보건복지부장관 또는 소관 중앙행정기관의 장은 급여의 종류별 수급자 선정기준 및 최저보장수준을 결정하여야 한다〈「국민기초생활보장법」제6조(최저보장수준의 결정 등) 제1항〉.

3 O

사례관리자는 서비스를 연계하고 점검하는 간접적 실천활동과 함께 교육, 상담 등 직접 실천활동을 수행한다. 또한 사례관리 과정에 새로운 욕구가 발견되면 재사정을 통해 서비스를 계속적으로 지원한다.

4 X

노동의 탈상품화는 개인의 복지가 시장에 의존하지 않고도 이루어질 수 있는 상태로, 즉 특정 개인이 시장에 의존하지 않아도 기존의 삶을 유지할 수 있는 상태를 말한다.

5 X

중앙정부가 전달주체가 되면, 지방정부 또는 민간 전달체계가 주체가 될 때보다 서비스의 접근성과 융통성은 떨어진다.

6 O

에스핑 앤더슨의 복지국가 유형에 따르면 미국·캐나다는 자유주의적 복지국가, 독일·프랑스는 조합주의적 복지국가, 노르웨이·스웨덴은 사회민주주의적 복지국가의 전형적 국가이다.

7 X

「긴급복지지원법」에 따른 지원은 위기상황에 처한 사람에게 일시적으로 신속하게 지원하는 것을 기본원칙으로 한다. 따라서 사전조사가 아닌 사후조사를 시행한다.

8 O

자율성 대 수치심은 에릭슨의 심리사회적 자아발달 8단계에 따른 과업에서 2단계에 해당 한다.

9 X

로버트 로직은 미국의 자유주의 사회철학자로 무정부주의적 자유주의에 대해 국가의 역할을 인정하면서도 국가의 권력이 더 이상의 자유를 제약해서는 안 된다는 자유주의 국가론을 주장했다.

10 O

사회보장기본법 제10조 사회보장급여의 수준에 대한 내용이다.

11 O

제시된 상황에서 사례관리자는 관내 자원봉사센터, 관내 보건소와 정신건강증진센터 등 지역사회 내 다양한 관계망을 활용하고, 자원봉사자들을 활용 인정 자원 동원을 통해 지역사회가 협력하는 기회를 제공했다. 즉, 자연연계자 역할을 수행한 것이다.

12 X

비율측정은 사칙연산이 모두 가능하다.

13 X

희망복지지원단은 자활하고자 하는 가구에게 맞춤형 서비스를 제공하여 안정적인 삶을 지원·지지하고 빈곤을 예방하는 사업이다.

14 X

당뇨병은 노인장기요양보험법령상 노인성 질병에 해당하지 않는다.

15 X

케인즈주의가 쇠퇴한 직후 미국과 영국 모두 신자유주의 이념이 영향력을 발휘하였다.

16 X

법인은 대표이사를 포함한 이사 7명 이상과 감사 2명 이상을 두어야 한다〈「사회복지사업법」제18조(임원) 제1항〉.

17 X

정신건강복지법 제17조에 따라 정신건강전문요원은 그 전문 분야에 따라 정신건강임상심리사, 정신건강간호사 및 정신건강사회복지사로 구분한다.

18 O

「산업재해보상보험법」제6장 심사청구 및 재심사청구

19 X

「국민기초생활 보장법 시행령」제10조에 따르면 「고용정책기본법」에 따른 공공근로사업도 자활사업에 포함된다.

20 O

꿈드림은 학교 밖 청소년의 개인적 특성과 상황을 고려한 상담지원, 교육지원, 직업체험 및 취업지원, 자립지원 등의 프로그램을 통해 학교 밖 청소년들이 꿈을 가지고 자신의 미래를 스스로 준비하여 공평한 기회를 얻을 수 있도록 지원한다.

1 key word : 퍼니스와 틸톤의 복지국가 유형
사회보장국가는 퍼니스와 틸톤이 분류한 복지국가 유형 중에서 국민최저수준의 복지를 보장하려는 국가이다. (O/X)

2 key word : 사회복지의 잔여적 개념
사회복지의 잔여적 개념에서는 사회복지 활동이 필요하지 않은 것이 궁극적인 지향이다. (O/X)

3 key word : 신뢰도와 타당도
신뢰도와 타당도는 상관성이 없다. (O/X)

4 key word : 사회복지 정책결정의 이론적 모형
모든 대안들을 합리적으로 검토하여 최선의 정책 대안을 찾을 수 있다고 가정하는 것은 만족모형이다. (O/X)

5 key word : 쿠블러–로스의 죽음에 대한 적응 단계
쿠블러(Kubler) –로스(Ross)의 죽음에 대한 적응 단계로서 부정 – 분노 – 타협 – 우울 – 수용의 단계를 거친다. (O/X)

6 key word : 종단조사
동일한 대상을 일정 시차를 두고 추적 조사하는 방법은 패널조사이다. (O/X)

7 key word : 인보관
인보관은 빈곤과 고통의 원인이 주로 환경적 요인에 있다고 보고 주택, 공중보건, 고용 착취 등을 개선하기 위한 활동을 하였다. (O/X)

8 key word : 복지국가의 발달
사회민주주의 이론에 따르면 노동자계급을 대변하는 정치적 집단의 정치적 세력이 커질수록 복지국가가 발전한다. (O/X)

9 key word : 국민기초생활 보장법
부양의무자란 수급권자를 부양할 책임이 있는 사람으로서 수급권자의 1촌의 직계혈족만을 말한다. (O/X)

10 key word : 지역사회복지 실천모델
지역사회개발 모델은 전문가가 지역사회복지의 주도자가 된다. (O/X)

11 key word : 사회복지 분석틀
바우처는 정부조직을 통한 강제적 징수방법으로 보험의 원리에 의해 보험 가입자가 납부하는 기여금을 의미한다. (O/X)

12 key word : 사회복지실천의 접근방법
심리사회적 접근방법은 개인의 내적 요소와 사회적 요소를 모두 중시한다. 실천의 초점은 개인을 둘러싼 사회환경과 상호작용에 두고 있다. 개인이 가진 현재의 기능은 과거의 사건에 영향을 받는다는 입장이다. (O/X)

13 key word : 사회복지사 윤리강령
기본적 윤리기준에 따르면 사회복지사는 클라이언트의 지불능력에 상관없이 서비스를 제공해야 하며 이를 이유로 차별대우를 해서는 안 된다. (O/X)

14 key word : 길버트와 스펙트의 사회복지 급여 유형
길버트와 스펙트의 사회복지 급여 유형 중 권력은 클라이언트 및 다른 사회적 약자 집단의 대표자들을 사회복지 관련 기관의 이사로 선임하는 정책 등을 통하여 추구된다. (O/X)

15 key word : 고용보험법
「고용보험법」에 따른 구직급여 지급일수는 이직일 현재 연령, 피보험기간에 의해서 결정된다. (O/X)

16 key word : 공공부조
공공부조는 보험적 기술을 이용하여 사회적 위험을 방지하기 위하여 조직된 제도이다. (O/X)

17 key word : 사회복지행정 조직이론
과학적 관리론은 계층제적 권한구조, 정책과 행정 결정의 분리 등의 특징을 지닌 대규모 조직을 설명하는 이론이다. (O/X)

18 key word : 사회복지의 효율성
사회복지의 효율성을 논할 때 파레토 효율과 수단적 효율이 있다. 전자는 더 이상 어떠한 개선이 불가능한 최적의 자원배분 상태를 의미하며, 후자는 특정한 목표를 달성하는 데 가능한 한 적은 자원을 투입하여 최대한의 산출을 얻는 것을 의미한다. (O/X)

19 key word : 아동의 기본적 4대 권리
아동의 기본적 4대 권리는 자유권, 보호권, 발달권, 참여권이다. (O/X)

20 key word : 장애인복지법
장애인의 권익과 복지증진을 위하여 3년마다 장애인 정책종합계획을 수립 · 시행하여야 한다. (O/X)

1 O

사회보장국가는 국민 전체의 생활안정을 위해 국민 전체에 직접적 혜택부여 및 완전고용정책의 극대화하며 국민최저수준을 보장하려 한다.

2 O

사회복지의 잔여적 개념은 가족, 시장을 통해 개인의 욕구가 충족될 수 있음을 전제로 하며 사회복지는 보충적 성격을 띤다는 것이다. 따라서 사회복지 활동이 필요하지 않은 것이 궁극적인 지향이다.

3 X

신뢰도는 타당도의 필요조건이고, 타당도는 신뢰도의 충분조건이다. 타당도가 높으면 신뢰도도 항상 높지만, 신뢰도가 높을 경우 타당도는 높을 수도 있고 낮을 수도 있다.

4 X

모든 대안들을 합리적으로 검토하여 최선의 정책 대상을 찾을 수 있다고 가정하는 것은 합리모형이다.

5 O

쿠블러-로스에 따르면 인간은 자신의 죽음을 받아들이기까지 부정-분노-타협-우울-수용의 다섯가지 단계를 겪는다고 한다.

6 O

패널 조사는 동일한 대상(집단)을 일정한 시차를 두고 추적 조사하는 것을 말한다.

7 O

인보관 : 인보사업운동은 빈민지구를 실제로 조사하여 그 지구에 대한 생활실태를 자세히 파악하고 구제의 필요가 있는 사람에게 조력해 준다.

8 O

사회민주주의 이론은 사회복지를 자본가계급과 노동자계급의 정치적 투쟁에서 노동자계급을 대변하는 정치적 집단이 승리하여 획득한 것이라고 본다.

9 X

"부양의무자"란 수급권자를 부양할 책임이 있는 사람으로서 수급권자의 1촌의 직계혈족 및 그 배우자를 말한다. 다만, 사망한 1촌의 직계혈족의 배우자는 제외한다〈「국민기초생활보장법」 제2조(정의) 제5호〉.

10 X

사회계획 모델에 대한 설명이다.

11 X

사회보험료에 대한 설명이다. 바우처는 정부가 수요자에게 쿠폰을 지급하여 원하는 공급자를 선택토록 하고, 공급자가 수요자로부터 받은 쿠폰을 제시하면 정부가 재정을 지원하는 방식으로, 이때 지급되는 쿠폰을 바우처라고 한다.

12 O

개인의 내적 요소, 즉 클라이언트의 심리적 변화와 사회적 요소인 사회환경적 변화를 모두 중시하는 것은 심리사회적 접근방법의 특징이다.

13 O

사회복지사의 기본적 윤리기준 중 경제적 이득에 대한 태도와 전문가로서의 자세에 해당되는 내용이다.

14 O

권력은 물품과 자원에 대한 통제력을 재분배하는 것과 연관된 것으로, 구체적으로 클라이언트 및 다른 사회적 약자 집단의 대표자들을 사회복지 관련 기관의 이사로 선임하는 정책 등을 통하여 추구된다.

15 O

하나의 수급자격에 따라 구직급여를 지급받을 수 있는 날(소정급여일수)은 대기기간이 끝난 다음날부터 계산하기 시작하여 피보험기간과 연령에 따라 별표 1에서 정한 일수가 되는 날까지로 한다.

16 X

사회보험에 대한 설명이다.

17 X

관료제이론에 대한 설명이다.

18 O

㉠ 파레토 효율 : 어떤 자원배분 상태가 실현가능하고 다른 배분 상태와 비교했을 때 이보다 효율적인 배분이 불가능한 배분 상태

㉡ 수단적 효율 : 특정한 목표를 달성하는 데 가장 적은 자원을 투입하여 가장 많은 산출을 얻을 수 있는 상태(목표달성이 핵심)

19 X

아동의 기본적인 4대 권리는 생존의 권리, 보호의 권리, 발달의 권리, 참여의 권리이다.

20 X

장애인정책종합계획〈「장애인복지법」 제10조의2〉

보건복지부장관은 장애인의 권익과 복지증진을 위하여 관계 중앙행정기관의 장과 협의하여 5년마다 장애인정책종합계획을 수립·시행하여야 한다.

1 key word : 윌렌스키와 르보의 제도적 개념

제도적 개념에서는 사회복지가 그 사회의 필수적이고 정상적인 제일선(first line)의 기능을 수행하는 것으로 이해한다. (O/X)

2 key word : 우리나라 사회보장제도

우리나라 사회보장제도 가운데 국민연금제도, 건강보험제도, 고용보험제도의 재원조달방식은 동일하다. (O/X)

3 key word : 직접실천

정신장애인 취업적응 훈련 실시는 사회복지실천 방법 중 직접실천에 해당한다. (O/X)

4 key word : 인보관운동

19세기 인보관운동은 문제의 원인을 개인에게서 찾고자 하였다. (O/X)

5 key word : 소득재분배

시간적 소득재분배는 자녀세대의 소비를 위해서 자신의 미래 소비를 포기하고 소득을 이전하는 것을 의미한다. (O/X)

6 key word : 국민기초생활 보장법

지역자활센터는 「국민기초생활 보장법」상 사회복지시설에 해당한다. (O/X)

7 key word : 바우처

사회 내의 불이익집단 또는 특별히 사회에 공헌한 사람들에게 더 많은 기회를 제공할 수 있는 것은 바우처의 장점이다. (O/X)

8 key word : 성인지 관점

성인지 관점은 가족 내 성역할 분업을 강조하는 관점이다. (O/X)

9 key word : 사례관리

사례개입의 목표달성을 위해서라면 언제든 클라이언트의 자기결정을 제한하는 것이 정당하다. (O/X)

10 key word : 장애인고용촉진 및 직업재활법

「장애인고용촉진 및 직업재활법」상 사업주의 장애인 고용 의무를 상시 50명 이상의 근로자를 고용하는 사업주로 규정하고 있다. (O/X)

11 key word : 사회복지사의 역할

지적장애인에게 일상생활기술훈련을 실시하는 사회복지사의 역할은 교육자이다. (O/X)

12 key word : 지역사회의 기능

아동을 가정과 학교에서 교육시키는 것은 워렌(Warren)이 제시한 지역사회의 기능 중 사회화 기능이다. (O/X)

13 key word : 강점 관점

강점 관점에 따르면 개인을 진단에 따른 증상을 가진 자로 규정한다. (O/X)

14 key word : 빈곤

상대빈곤은 최저생계비를 기준으로 결정된다. (O/X)

15 key word : 복지국가 발전 이론

사회민주주의이론은 사회적 분배를 둘러싼 다양한 이익집단들의 경쟁에서 정치적 힘이 강해진 집단의 요구를 정치인들이 수용하면서 복지국가가 등장하게 되었다는 이론이다. (O/X)

16 key word : 국내 노인 대상 복지 서비스 및 제도

노인장기요양보험제도는 만 65세 이상 노인에게만 적용된다. (O/X)

17 key word : 상담기술

해석은 클라이언트의 생각이나 감정, 경험을 명확히 이해하기 위해 클라이언트의 진술이 추상적이거나 혼란스러운 경우에 보다 구체적으로 표현하도록 클라이언트에게 요청하는 것이다. (O/X)

18 key word : 브래드쇼의 욕구개념

표현적 욕구(expressed need)는 특정 집단 구성원의 욕구와 유사한 다른 집단 구성원들의 욕구를 비교할 때 나타나는 욕구를 의미한다. (O/X)

19 key word : 사회복지사 윤리강령

클라이언트를 대상으로 연구하는 사회복지사는 저들의 권리를 보장하기 위해, 자발적이고 고지된 동의를 얻어야 한다. (O/X)

20 key word : 조선시대의 구제기관

상평창은 풍년이 들어 곡물 가격이 떨어지면 국가는 곡식을 사들여 저장하고, 흉년이 들어 곡물 가격이 오르면 국가는 저장한 곡물을 방출하여 곡물 가격을 떨어뜨렸다. 이 제도는 곡물 가격의 변동에 따라 생활을 위협받는 일반 농민을 보호하고 물가를 안정시키기 위한 정책이었다. (O/X)

1 O

윌렌스키와 르보의 제도적 개념에서 사회복지는 1차적 기능이며, 제도적으로 국가가 적극 개입함으로써 개인이나 집단이 만족할 만한 수준의 복지가 구현될 수 있는 모델이다.

2 O

국민연금제도, 건강보험제도, 고용보험제도는 사회보험으로서 가입자의 보험료로 조달됨이 원칙이다.

3 O

직접실천은 주로 개인, 집단, 가족을 대상으로 클라이언트를 직접 대면하여 개입, 정보제공, 기술교육 제공, 상담 등을 실행한다.

4 X

자선조직협회(COS)는 빈곤을 개인의 도덕적 책임으로만 돌리고 빈곤발생의 사회적 기반에 대해서는 등한시하였다.

5 X

시간적 소득재분배…한 개인이 일생의 소득을 전 생애기간으로 재분배하는 것을 말한다.

6 O

국민기초생활 보장법 제16조에 따라 지역자활센터는 사회복지시설로 규정되어 있다.

7 X

길버트와 스펙트(테렐)의 급여체계 중 '기회'에 해당하는 내용이다. 기회로 제공되는 경우 기회는 무형의 급여로, 어떤 개인이나 집단에 대해 이전에는 부정되었던 급여에 대해서 접근을 가능하게 만든다.

8 X

성인지 관점은 가부장주의 사회에서 당연시되던 남녀의 고정된 역할분담이나 불평등과 같은 기존의 질서와 구조에 의문을 제기하면서 나타났다.

9 X

사례관리의 개입원칙 중 클라이언트의 자율성 극대화 원칙은 클라이언트의 선택에 대한 자유를 최대화하고 지나친 보호를 하지 않는 것을 의미한다.

10 O

장애인고용촉진 및 직업재활법 제28조(사업주의 장애인 고용 의무)1항 : 상시 50명 이상의 근로자를 고용하는 사업주는 그 근로자의 총수의 100분의 5의 범위에서 대통령령으로 정하는 비율이상에 해당하는 장애인을 고용하여야 한다.

11 O

교육자는 사회복지사는 정보를 제공하고 행동과 기술을 지도하는 등 클라이언트가 자신의 능력을 강화시킬 수 있도록 가르치는 역할을 한다.

12 O

사회화 기능(가족제도)
•개인들이 사회와 이를 구성하는 사회적 단위들의 지식, 기본적인 가치, 행동유형 등을 터득하는 과정을 말한다.
•가족, 집단, 조직 등 모든 사회적 단위는 그 구성원들이 살아가는 데 필요한 정보를 직접·간접적으로 전달하는 기능을 수행한다.

13 X

개인을 진단에 따른 증상을 가진 자로 규정하는 것은 병리 관점이다.

14 X

최저생계비를 기준으로 하는 것은 절대적 빈곤의 개념이다. 상대적 빈곤은 평균 또는 중위소득의 비율, 소득 분배상의 일정 비율, 타운젠드 방식 등을 기준으로 한다.

15 X

사회민주주의이론은 노동자 계급의 정치세력화로 인하여 복지국가가 등장하게 되었다. 주어진 설명은 다원주의론에 관한 설명이다.

16 X

노인장기요양보험제도는 만 65세 이상 또는 65세 미만의 노인 등이 노인성질병(치매, 뇌혈관성 질환)이 있는 자에게 적용된다.

17 X

명료화에 대한 설명이다. 해석은 클라이언트가 표현한 문제에 숨겨진 의미를 발견하고자 하는 것으로, 문제 이면에 담겨 있는 이슈들을 파악하는 과정이다.

18 X

표현적 욕구(expressed need) : 감지된 욕구가 실제의 욕구 충족 추구행위로 나타난 것이며, 수요라고도 할 수 있다.

19 O

사회복지사 윤리강령 중 전문성 개발을 위한 노력에 대한 내용이다.

20 O

상평창 : 물가를 조절하는 기구로서, 흉년이 들어 곡가가 오르면 시가보다 싼 값으로 내다 팔아 가격을 조절함으로써 백성들의 생활을 안정시켰다.

1 key word : 사회복지의 어의적 개념

사회복지(social welfare)에서 '사회적(social)'은 이타적 속성이 제거된 개인적 삶의 요소를 중시함을 의미한다. (O/X)

2 key word : 공공부조

공공부조는 일정 수준 이하의 소득계층에 대해 신청주의원칙에 입각하여 자산조사를 실시한 후 조세를 재원으로 하여 최저생활 이상의 삶을 보장하는 제도이다. (O/X)

3 key word : 사회보험

사회보험은 자산조사를 통해 급여를 제공한다. (O/X)

4 key word : 신자유주의

1980년대 대처리즘과 레이거노믹스의 복지정책은 복지비용의 삭감 및 지출 구성의 변화를 시도하였다. (O/X)

5 key word : 서구 사회복지의 발달과정

국가주도 사회보험제도는 20세기 초 영국에서 최초로 도입되었다. (O/X)

6 key word : 사회복지사 윤리강령

윤리기준은 기본적 윤리기준 이외에 클라이언트, 동료, 협회, 국가에 대한 윤리기준을 각각 제시하고 있다. (O/X)

7 key word : 방어기제

대소변을 잘 가리던 아이가 동생이 태어나자 어머니의 관심을 끌기 위해 다시 대소변을 가리지 못하게 되었다. 이는 퇴행의 사례이다. (O/X)

8 key word : 사회복지사의 과업

사회복지 실천과정에서 접수단계는 클라이언트와 긍정적 관계를 조성하고 상호신뢰를 확보하는 단계이다. (O/X)

9 key word : 사회복지 조사연구 과정

사회복지 조사연구는 문제설정→조사설계→자료수집→자료처리 및 분석→결과해석 및 보고서 작성 순으로 이루어진다. (O/X)

10 key word : 노후소득보장제도

기초연금 수급권자 선정기준은 65세 이상 전체 노인 중 소득과 재산이 적은 하위 80%이다. (O/X)

11 key word : 에스핑 엔더슨의 복지국가 유형

에스핑 엔더슨의 복지국가 유형 중 자유주의 복지국가는 공공부조 프로그램을 상대적으로 중시한다. (O/X)

12 key word : 사례관리의 등장배경

시설중심의 서비스 제공은 사례관리의 필요성을 높였다. (O/X)

13 key word : 사례관리의 과정

학생 A의 폭력 문제를 안고 있는 가정을 대상으로 사례관리를 실시하려고 한다. 이때 학생 A의 폭력 정도와 이유에 대해 학생 A 및 가족들과 인터뷰하는 것은 점검 및 재사정 단계에 속한다. (O/X)

14 key word : 노인장기요양보험제도

노인장기요양보험제도의 수급대상자는 65세 이상의 노인 또는 65세 미만 자로 노인성질병이 없는 장애인이다. (O/X)

15 key word : 가족복지정책

양육수당은 어린이집을 이용할 경우 소득을 고려하여 '아이행복카드'를 통해 보육료를 차등 지원하는 제도이다. (O/X)

16 key word : 사회복지사업법

2020년 12월 시행을 앞두고 있다. 이에 따른 전문사회복지사는 의료사회복지사, 학교사회복지사, 정신건강사회복지사, 교정사회복지사이다. (O/X)

17 key word : 국민기초생활보장제도

의료급여와 생계급여는 부양의무자 기준을 적용하지 않는다. (O/X)

18 key word : 장애인복지 이념

장애인복지 이념 중 사회통합은 장애인을 사회적으로 기여할 수 없는 무가치한 존재로 인식하여 비장애인 중심의 일반사회에서 격리 보호하는 것이 타당하다는 의미이다. (O/X)

19 key word : 측정수준

등간척도의 예시로는 토익(TOEIC) 점수, 지능지수(IQ)등이 있다. (O/X)

20 key word : 시장실패

시장실패에 따른 국가개입의 필요성을 주장하는 논거 중 정보의 비대칭성과 관련 있는 것은 공공재와 역의 선택이다. (O/X)

1 X

'사회적'이라는 의미는 물질적이거나 영리적인 요소보다는 비영리적이며 이타적 속성의 공동체적 삶의 요소에 관심을 기울이는 것을 말한다.

2 O

공공부조의 주요 대상은 생활능력이 없거나 일반적인 국민 생활수준에 미달하는 저소득층으로, 이들에게 기본적인 생계급여, 의료급여, 교육급여, 주택급여 등의 급여를 제공하는 것이다.

3 X

공공부조에 대한 설명이다.

4 O

대처리즘과 레이거노믹스는 신자유주의 이념에 입각하여 사회복지부문에 대한 정부 예산을 대폭 삭감하고 국가의 개입을 축소하였다.

5 X

19세기 독일에서 세계 최초로 사회보험제도가 등장하였다.

6 X

기본적인 윤리기준 이외에 사회복지사의 클라이언트, 동료, 사회, 기관에 대한 윤리기준을 각각 제시하고 있다.

7 O

퇴행은 심한 좌절 또는 스트레스를 받았을 때 유치한 수준(주로 고착 시기)으로 후퇴하는 현상을 말한다.

8 O

접수단계 – 실천과정의 초기 국면에서 무엇보다 중요한 것은 관계 또는 라포(rapport)를 형성하는 것이다.

9 O

사회복지 조사연구는 문제설정→조사설계→자료수집→자료처리 및 분석→결과해석 및 보고서 작성의 순서로 진행된다.

10 X

기초연금은 노후 보장과 복지 향상을 위해 65세 이상의 소득인정액 기준 하위 70% 어르신에게 일정 금액을 지급하는 제도이다.

11 O

에스핑 엔더슨의 복지국가 유형에 따르면 자유주의 복지국가는 공공부조 프로그램을, 보수주의 복지국가는 현금급여를, 사회민주주의 복지국가는 현금급여와 사회서비스를 중시한다.

12 X

사례관리는 탈시설화 및 재가복지 서비스의 경향으로 그 필요성이 대두되었다.

13 X

사정 단계에 속한다.

14 X

노인요양장기보험제도에서 노인은 65세 이상의 노인 또는 65세 미만의 자로서 치매·뇌혈관성질환 등 대통령령으로 정하는 노인성 질병을 가진 자를 말한다.

15 X

양육수당은 어린이집이나 유치원을 다니지 않는 아동에게 지급하는 복지 수당으로, 아동에 대한 부모의 양육비용 부담 경감을 위해 시행되었다.

16 X

사회복지사의 등급은 1급·2급으로 하되, 정신건강·의료·학교 영역에 대해서는 영역별로 정신건강사회복지사·의료사회복지사·학교사회복지사의 자격을 부여할 수 있다. 〈사회복지사업법 제11조 제2항〉(2020.12.12. 시행)

17 X

의료급여와 생계급여는 부양의무자 기준을 적용하며 그와 함께 소득인정액 기준이 다르게 적용된다.

18 X

사회통합 : 장애인을 가정과 사회·정상적인 사람과 격리시키거나 유별나고 특별한 사람으로 취급하여 처우하는 것이 아니라 사회 속에서 정상인과 함께 생활할 수 있는 사람으로 인식하여 통합적으로 처우하는 것이다.

19 O

등간척도 : 측정대상의 서열 간의 간격이 동일하도록 수치를 부여하는 것으로 시험점수, 온도 등이 그 예이다.

20 X

도덕적 해이, 역의 선택의 경우 생산자에게 유리한 정보, 소비자에게 불리한 정보의 비대칭성으로 인해 소비자의 합리적인 선택을 이끌어내기 어렵게 되는 문제가 발생한다.
공공재 : 다른 사람의 부담에 의해 생산된 공공재를 공짜로 소비하는 무임승차자가 발생한다.

1 key word : J. 로스만의 지역사회복지 실천모델
J. 로스만의 지역사회복지 실천모델 중 사회계획 및 정책모델에서는 사회계획이나 정책의 공평성을 강조한다. (O/X)

2 key word : 공적연금 재정의 운영방식
공적연금 재정의 운영방식 중 부과방식은 보험료의 평준화가 가능하다. (O/X)

3 key word : 현물급여
현물급여는 정책목표의 특정화에 용이하지만 행정비용이 많이 발생한다. (O/X)

4 key word : 사회복지 관련 법
다음의 법은 「사회보장기본법」 → 「저출산 · 고령사회기본법」 → 「노인장기요양보험법」 → 「사회서비스 이용 및 이용권 관리에 관한 법률」의 순으로 제정되었다. (O/X)

5 key word : 사회사업
사회사업은 국민의 생활 안정 및 교육 · 직업 · 의료 등의 보장을 포함하는 복지를 추구하기 위한 사회적 노력이다. (O/X)

6 key word : 길버트법
길버트법은 원내구제를 시작한 최초의 시도이며 인도주의적 구빈제도였다. (O/X)

7 key word : 리머의 사회복지의 윤리적 결정지침
개인의 복지권리는 그와 상충되는 법률, 규칙, 규정 및 자발적인 협정보다 우선한다. (O/X)

8 key word : 사회복지정책의 이념
마르크스주의는 평등, 개인의 복지권, 자유 등을 중요한 가치로 보며 모든 국민들에게 비차별적인 복지서비스를 제공하는 보편적 복지국가의 모형을 강조한다.

9 key word : 표본추출 방법
할당표집법은 모집단을 일정한 카테고리로 나눈 다음 이들 카테고리에서 표본을 작위적으로 추출하는 방법이다. (O/X)

10 key word : 분석단위의 오류
집단 단위의 조사에 근거한 내용을 개인 단위에게 적용시키는 오류는 개별주의적 오류이다. (O/X)

11 key word : 논리모형
논리모형의 과정은 투입 → 산출 → 활동 → 성과이다. (O/X)

12 key word : 사회복지 전달체계
사회복지 전달체계에서 민간부문은 공공부분에 비해 안정성이 높고 융통성 발휘가 쉽다. (O/X)

13 key word : 장애인복지 이념
자립생활 모델은 전문가의 개입이 필요한 치료적 접근을 강조한다. (O/X)

14 key word : 노인복지시설
양로시설, 노인복지주택, 노인공동생활가정은 노인주거복지시설에 해당한다. (O/X)

15 key word : 장애인차별금지 및 권리구제 등에 관한 법률
장애인을 돕기 위해 동행한 자에게 정당한 편의 제공을 거부하는 것은 장애인차별행위 여부의 판단대상이 되지 않는다. (O/X)

16 key word : 지역사회보장협의체
사회보장에 관한 업무를 담당하는 공무원은 지역사회보장협의체의 위원이 될 수 없다.

17 key word : 피해아동보호명령사건의 관할
「아동학대범죄의 처벌 등에 관한 특례법」상 피해아동보호명령 사건의 심리와 결정을 하는 사람은 판사이다. (O/X)

18 key word : 청소년복지시설
청소년복지시설의 종류에는 청소년쉼터, 청소년회복지원시설, 청소년수련원 등이 있다. (O/X)

19 key word : 비에스텍의 7가지 기본 원칙
비에스텍이 제시한 전문적 사회복지실천관계의 기본 원칙에서 사회복지사는 심판적인 태도를 가지며 감정적인 표현을 자제해야 한다. (O/X)

20 key word : 사회복지실천 사정도구
소시오그램은 집단성원 간의 개인적 수용과 거부, 집단 내의 대인관계를 평가하기 위한 사정도구이다. (O/X)

1 X

사회계획 및 정책모델에서는 사회계획이나 정책의 효과성과 효율성을 강조한다.

2 X

보험료의 평준화가 가능한 방식은 적립방식이다. 가입자로부터 징수한 보험료를 기금으로 적립하였다가 추후 지급하는 방식이다.

3 O

현물급여 : 수급자에게 현물의 형태로 제공하는 것으로 급여를 대량으로 싸고 정확하게 전달할 수 있다. 하지만 수급자의 선택권을 확보하기 어렵고 현물관리에 비용이 들어간다.
현금급여 : 수급자에게 현금을 지급하기 때문에, 수급자는 원하는 물건을 사거나 대금을 지불할 수 있어 선택의 폭이 다양하다.

4 O

「사회보장기본법」1995년 제정 →「저출산·고령사회기본법」2005년 제정 →「노인장기요양보험법」2007년 제정 →「사회서비스 이용 및 이용권 관리에 관한 법률」2011년 제정

5 X

사회사업은 개인이나 가족, 집단에 대한 문제해결에서 치료접근을 강조한 개인적, 자선적 복지 서비스의 조직적인 사업을 말한다.

6 X

길버트법은 노동력을 가진 빈민에 대해 일자리나 무제한의 원외구제를 제공한 인도주의적인 구빈제도였다.

7 O

어떤 법이나 정책 등이 개인의 복지에 해를 끼치거나 부당할 시에는 법이나 정책, 규칙을 어기는 것이 정당화될 수 있음을 보여준다.

8 X

모든 국민들에게 비차별적인 복지서비스를 제공하는 보편적 복지국가의 모형을 강조하는 것은 사회민주주의이다.

9 O

할당표집법에 대한 설명이다.

10 X

제시된 설명은 생태학적 오류이다. 개별주의적 오류는 개인을 통해 밝혀진 사실을 집단에게 적용시킬 때 발생하는 오류이다.

11 X

논리모형은 투입→활동→산출→성과의 과정을 거친다.

12 X

민간부문은 공공부문에 비해서 재정이 취약하여 지속성, 안정성 등이 부족하며, 융통성의 발휘가 쉽다.

13 X

전문가의 개입과 치료적 접근을 추구하는 것은 재활 모델이다.

14 O

제시된 시설들은 노인주거복지시설에 해당한다.

15 X

장애인 관련자에 대한 정당한 편의 제공 거부도 장애인차별 행위 여부의 판단대상이다.

16 X

사회보장에 관한 업무를 담당하는 공무원은 지역사회보장협의체의 위원이 될 수 있다.

17 O

피해아동보호명령사건의 관할은 학대행위자나 피해아동의 거주지 또는 현재지를 관할하는 가정법원이나 지방법원이다. 따라서 사건의 심리와 결정을 하는 사람은 판사이다.

18 X

「청소년기본법」에 따른 청소년복지시설의 종류에는 청소년 쉼터, 청소년자립지원관, 청소년치료재활센터, 청소년회복지원시설이 있다.

19 X

사회복지사는 비심판적인 태도를 가지며 클라이언트의 감정에 대해 목적을 가지고 적절한 의도적인 감정표현을 하여야 한다.

20 O

소시오그램은 간접적인 질문 및 관찰을 통해 집단성원 간의 관계 및 집단 내의 전체적인 대인관계를 나타낸 그림이다.

PART

01

소방학개론

1 우리나라 소방의 발전과정에 대한 설명 중 옳지 않은 것은?

① 최초의 소방관서는 금화도감이다.

② 일제강점기에 최초의 소방서가 설치되었다.

③ 갑오개혁 이후 '소방'이라는 용어를 처음 사용하였다.

④ 대한민국 정부수립과 동시에 소방본부가 설치되었다.

Point

④ 대한민국 정부수립 이후인 1958년 3월 11일 소방법이 제정·시행되면서 중앙은 내무부 치안국 소방과로, 지방은 경찰국 소방과로 예속되었다. 시·도 소방본부 설치된 것은 1992년 2월이다.

① 금화도감은 1426년(세종 8)에 한성에서 계속적으로 발생하는 화재를 진압하기 위해 설치한 우리나라 최초의 소방관서이다.

② 일제강점기인 1925년 조선총독부 지방관제를 개정하여 개성과 지방에 소방서를 설치하였다.

③ 갑오개혁 이후인 1895년 경무청 직제를 개정하면서 '소방'이라는 용어를 처음 사용하였다.

2 민간 소방조직의 설치에 관한 설명으로 옳지 않은 것은?

① 주유취급소에는 위험물안전관리자를 선임해야 한다.

② 소방안전관리대상물에는 소방안전관리자를 선임해야 한다.

③ 소방업무를 체계적으로 보조하기 위해 의용소방대를 설치한다.

④ 제4류 위험물을 저장·취급하는 제조소에는 반드시 자체 소방대를 설치해야 한다.

Point

④ 위험물안전관리법 제19조(자체소방대)에 따르면 다량의 위험물을 저장·취급하는 제조소 등으로서 제4류 위험물을 취급하는 제조소 또는 일반취급소가 있는 동일한 사업소에서 지정수량의 3천배 이상의 위험물을 저장 또는 취급하는 경우 당해 사업소의 관계인은 대통령령이 정하는 바에 따라 당해 사업소에 자체소방대를 설치하여야 한다.

Answer 1.④ 2.④

3 포소화설비에서 펌프의 토출관에 압입기를 설치하여 포 소화약제 압입용 펌프로 포 소화약제를 압입시켜 혼합하는 방식은?

① 라인 프로포셔너(line proportioner)

② 펌프 프로포셔너(pump proportioner)

③ 프레셔 프로포셔너(pressure proportioner)

④ 프레셔사이드 프로포셔너(pressure side proportioner)

Point

포 소화약제 혼합방식

㉠ 프레져 프로포셔너 : 펌프와 발포기의 중간에 설치된 벤투리 관의 작용과 펌프 가압수의 포 소화약제 저장탱크에 대한 압력에 의하여 포 소화약제를 흡입·혼합하는 방식

㉡ 라인 프로포셔너 : 펌프와 발포기의 중간에 설치된 벤투리 관의 벤투리 작용에 의하여 포 소화약제를 흡입·혼합하는 방식

㉢ 펌프 프로포셔너 : 펌프의 토출관과 흡입관 사이의 배관 도중에 설치한 흡입기에 펌프에서 토출된 물의 일부를 보내고 농도 조절밸브에서 조정된 포 소화약제의 필요량을 포 소화약제 탱크에서 펌프 흡입측으로 보내어 약제를 혼합하는 방식

㉣ 프레셔사이드 프로포셔너 : 펌프 토출관에 압입기를 설치하여 포 소화약제 압입용 펌프로 포 소화약제를 압입시켜 혼합하는 방식

4 위험물 지정수량이 다른 하나는?

① 탄화칼슘   ② 과염소산

③ 마그네슘   ④ 금속의 인화물

Point

① 탄화칼슘 : 300kg(3류)

② 과염소산 : 300kg(6류)

③ 마그네슘 : 500kg(2류)

④ 금속의 인화물 : 300kg(3류)

Answer 3.④ 4.③

5 다음 특성에 해당하는 소화약제는?

> • 소화 후 소화약제에 의한 오손이 없고, 비전도성이다.
> • 장기보존이 용이하고, 추운 지방에서도 사용 가능하다.
> • 자체 압력으로 방출이 가능하고, 불연성 기체로서 주된 소화효과는 질식효과이다.

① 이산화탄소 소화약제
② 산 알칼리 소화약제
③ 포 소화약제
④ 할로겐화합물 소화약제

Point

이산화탄소 소화약제의 장·단점 … 소화 후 소화약제에 의한 오손이 없고 전기가 통하지 않으며 장기간 저장해도 변화가 없다. 한랭지역에도 동결 염려가 없고 자체압력으로 방출되기 때문에 외부의 방출용 동력이 필요하지 않는 등의 장점이 있어 오래 전부터 사용되어 왔다.

장점	단점
소화 후 깨끗하여 피연소물에 피해가 적고 증거보존이 용이하여 화재원인 조사가 쉽다.	고압으로 고압가스안전관리법의 적용을 받는다. 고압으로 방사 시 소음이 크며 질식 우려가 있다.
침투성이 좋고 심부화재와 표면화재에 적합하며 비전도성으로 전기화재에도 좋다.	방사거리가 짧고 분말소화약제나 할로겐 소화약제에 비해 소화력이 떨어진다.
장시간 저장해도 변화가 적고 한랭지역에서도 동결 우려가 없고 자체압으로 방사가 가능해 외부의 방출용 동력이 필요 없다.	이산화탄소 소화기는 방사할 때 기화열 흡수로 인해 본체와 호스가 냉각되므로 인체에 동상 우려가 있다.

6 화재 용어 중 화재실의 단위 시간당 축적되는 열의 양을 의미하는 것은?

① 훈소

② 화재하중

③ 화재강도

④ 화재가혹도

🔊 **Point**

① 훈소 : 가연물이 불꽃 없이 불기운이나 열기만으로 타 들어가는 연소현상이라 정의할 수 있다.

② 화재하중 : 화재하중은 건축물에서 가연성 건축 구조재와 수용물의 양으로서 화재 시 예상 최대 가연물질의 양을 뜻하며, 건물화재 시 단위면적당 등가 가연물량의 가열온도(발열량) 및 화재의 위험성을 나타낸다. 즉 그 내용은 화재구획의 실내 표면적에 대한 실내장식물의 화재 위험도를 나타내고 있으며 발열량이 클수록 화재하중이 크며 내장재의 불연화가 화재하중을 감소시킨다.

③ 화재강도

• 단위시간당 축적되는 열의 값을 화재강도라 한다. 이는 가연물의 비표면적이 클수록 연소가 용이하며 가연물의 연소값이 클수록 화재강도는 크게 된다.

• 화재강도는 화재 시 산소공급, 화재실의 벽·천장·바닥 등의 단열성, 가연물의 배열상태, 화재실의 구조, 가연물의 발열량, 가연물의 비표면적 등에 따라 달라진다.

④ 화재가혹도

• 화재심도라고도 하며 화재발생으로 건물 내 수용재산 및 건물자체에 손상을 입히는 정도를 말한다.
(화재가혹도 = 최고온도 X 연소시간)

• 화재가혹도에 영향을 주는 요인으로는 연소하는 물질의 연소속도, 연소열량, 개구부의 위치 및 크기, 가연물의 배열상태, 화재하중 등이 있다.

Answer 6.③

7 존스(Jones)의 재해분류 중 기상학적 재해가 아닌 것은?

① 번개   ② 폭풍

③ 쓰나미   ④ 토네이도

Point

존스(Jones)의 재난분류 … 존스(Jones)는 재난을 발생원인과 재난현상에 따라 자연재난, 준자연재난, 인위재난으로 분류하였다. 자연재난은 지구물리학적 재난과 생물학적 재난으로 구분한 후 지구물리학적 재난을 지질학적 재난, 지형학적 재난, 기상학적 재난으로 세분화하고 있어 그 범위가 광범위하다.

재난					
자연재난				준자연재난	인위재난
지구물리학적 재해			생물학적 재해	• 스모그현상	• 공해
지질학적 재난	지형학적 재난	기상학적 재난	• 세균질병	• 온난화현상	• 광하학연무
• 지진	• 산사태	• 안개	• 유독식물	• 사막화현상	• 폭동
• 화산	• 염수토양 등	• 눈	• 유독동물	• 염수화현상	• 교통사고
• 쓰나미 등		• 해일		• 눈사태	• 폭발사고
		• 번개		• 산성화	• 태업
		• 토네이도		• 홍수	• 전쟁 등
		• 폭풍		• 토양침식 등	
		• 태풍			
		• 가뭄			
		• 이상기온 등			

Answer 7.③

8 다음은 제1석유류에 대한 설명이다. (   ) 안에 들어갈 내용으로 옳은 것은?

> 제1석유류는 아세톤, 휘발유 그 밖에 1기압에서 (가)이 섭씨 (나)도 미만인 것이다.

	<u>(가)</u>	<u>(나)</u>
①	발화점	21
②	발화점	25
③	인화점	21
④	인화점	25

📢 **Point**

제4류 위험물의 특성

특수 인화물류	• 이황화탄소, 디에틸에테르, 1기압에서 발화점이 100℃ 이하인 것 • 인화점이 −20℃ 이하이고 비점이 40℃ 이하인 것
제1석유류	• 아세톤, 휘발유, 1기압에서 인화점이 21℃ 미만인 것
제2석유류	• 등유, 경유1기압에서 인화점이 21℃ 이상 70℃ 미만인 것 • 가연성 액체량이 40중량퍼센트 이하이면서 인화점 40℃, 연소점이 60℃ 이상인 것은 제외
제3석유류	• 중유, 클레오소트유, 1기압에서 인화점이 70℃ 이상 200℃ 미만
제4석유류	• 기어유, 실린더유, 1기압에서 인화점이 200℃ 이상 250℃ 미만
알코올류	• 포화알코올 가운데, 탄소의 원자수가 1개에서 3개까지의 것을 말한다. • 메틸 알코올, 에틸 알코올, 이소프로필 알코올, n−프로필 알코올 등
동식물유류	• 동물의 지육 등 또는 식물의 종자나 과육으로부터 추출한 것으로 인화점이 250℃ 미만인 것

Answer 8.③

9 해방 이후의 소방조직 변천과정을 과거부터 현재까지 옳게 나열한 것은?

> ㉠ 중앙에는 중앙소방위원회를 두고, 지방에는 도소방위원회를 두어 독립된 자치소방제도를 시행하였다.
> ㉡ 소방행정이 경찰행정 사무에 포함되어 시 · 군까지 일괄적으로 관리하는 국가소방체제로 전환되었다.
> ㉢ 서울과 부산은 소방본부를 설치하였고, 다른 지역은 국가소방체제로 국가소방과 자치소방의 이원화시기였다.
> ㉣ 소방사무가 시 · 도 사무로 전환되어 전국 시 · 도에 소방본부가 설치되었다.

① ㉠→㉡→㉢→㉣
② ㉠→㉡→㉣→㉢
③ ㉡→㉠→㉢→㉣
④ ㉡→㉠→㉣→㉢

🔊 Point

소방조직 변천과정
㉠ 중앙에는 중앙소방위원회를 두고, 지방에는 도소방위원회를 두어 독립된 자치소방제도를 시행하였다. – 미군정시대 (1946~1947년)
㉡ 소방행정이 경찰행정 사무에 포함되어 시 · 군까지 일괄적으로 관리하는 국가소방체제로 전환되었다. – 1948년
㉢ 서울과 부산은 소방본부를 설치하였고, 다른 지역은 국가소방체제로 국가소방과 자치소방의 이원화시기였다. – 1972년
㉣ 소방사무가 시 · 도 사무로 전환되어 전국 시 · 도에 소방본부가 설치되었다. – 1992년

10 연료지배형화재와 환기지배형화재에 대한 설명으로 옳지 않은 것은?

① 환기지배형화재는 공기공급이 충분하지 않으므로 불완전연소가 심하다.
② 연료지배형화재는F 공기공급이 충분한 조건에서 발생한 화재가 일반적이다.
③ 연료지배형화재는 주로 큰 창문이나 개방된 공간에서, 환기지배형화재는 내화구조 및 콘크리트 지하층에서 발생하기 쉽다.
④ 일반적으로 플래시오버 전에는 환기지배형화재가, 이후에는 연료지배형화재가 지배적이다.

🔊 Point

구획된 건물 화재현상에 따라 연료지배형화재 및 환기지배형화재로 나눈다.
④ 플래시오버 이전의 화재는 연료지배화재이고, 플래시오버 이후의 화재는 환기지배화재이다.

Answer 9.① 10.④

11 「재난 및 안전관리 기본법」상 중앙안전관리위원회와 안전정책조정위원회에 대한 설명으로 옳지 않은 것은?

① 중앙안전관리위원회는 국무총리 소속으로 국무총리가 위원장이다.

② 중앙안전관리위원회는 재난사태의 선포에 관한 사항을 심의하고, 안전정책조정위원회는 특별재난지역의 선포에 관한 사항을 심의한다.

③ 안전정책조정위원회는 중앙위원회에 상정될 안건을 사전에 검토한다.

④ 안전정책조정위원회 위원장은 행정안전부장관이 된다.

📢 Point

①② 재난 및 안전관리에 관한 다음 각 호의 사항을 심의하기 위하여 국무총리 소속으로 중앙안전관리위원회(중앙위원회)를 둔다〈재난 및 안전관리 기본법 제9조(중앙안전관리위원회) 제1항〉.

• 재난 및 안전관리에 관한 중요 정책에 관한 사항
• 제22조(국가안전관리기본계획의 수립 등)에 따른 국가안전관리기본계획에 관한 사항
• 제10조의2(재난 및 안전관리 사업예산의 사전협의 등)에 따른 재난 및 안전관리 사업 관련 중기사업계획서, 투자우선순위 의견 및 예산요구서에 관한 사항
• 중앙행정기관의 장이 수립·시행하는 계획, 점검·검사, 교육·훈련, 평가 등 재난 및 안전관리업무의 조정에 관한 사항
• 안전기준관리에 관한 사항
• 제36조(재난사태 선포)에 따른 재난사태의 선포에 관한 사항
• 제60조(특별재난지역의 선포)에 따른 특별재난지역의 선포에 관한 사항
• 재난이나 그 밖의 각종 사고가 발생하거나 발생할 우려가 있는 경우 이를 수습하기 위한 관계 기관 간 협력에 관한 중요 사항
• 중앙행정기관의 장이 시행하는 대통령령으로 정하는 재난 및 사고의 예방사업 추진에 관한 사항
• 그 밖에 위원장이 회의에 부치는 사항

③ 중앙위원회에 상정될 안건을 사전에 검토하고 다음 각 호의 사무를 수행하기 위하여 중앙위원회에 안전정책조정위원회(조정위원회)를 둔다〈재난 및 안전관리 기본법 제10조(안전정책조정위원회) 제1항〉.

• 제9조 제1항 제3호(중앙행정기관의 장이 수립·시행하는 계획, 점검·검사, 교육·훈련, 평가 등 재난 및 안전관리업무의 조정에 관한 사항), 제3호의2(안전기준관리에 관한 사항), 제6호(재난이나 그 밖의 각종 사고가 발생하거나 발생할 우려가 있는 경우 이를 수습하기 위한 관계 기관 간 협력에 관한 중요 사항) 및 제7호(중앙행정기관의 장이 시행하는 대통령령으로 정하는 재난 및 사고의 예방사업 추진에 관한 사항)의 사항에 대한 사전 조정
• 제23조(집행계획)에 따른 집행계획의 심의
• 제26조(국가기반시설의 지정 등)에 따른 국가기반시설의 지정에 관한 사항의 심의
• 제71조의2(재난 및 안전관리기술개발 종합계획의 수립 등)에 따른 재난 및 안전관리기술 종합계획의 심의
• 그 밖에 중앙위원회가 위임한 사항

④ 조정위원회의 위원장은 행정안전부장관이 되고, 위원은 대통령령으로 정하는 중앙행정기관의 차관 또는 차관급 공무원과 재난 및 안전관리에 관한 지식과 경험이 풍부한 사람 중에서 위원장이 임명하거나 위촉하는 사람이 된다〈재난 및 안전관리 기본법 제10조(안전정책조정위원회) 제2항〉

Answer 11.②

12 다음 중 HPO_3가 일반 가연물질인 나무, 종이 등의 표면에 피막을 이루어 공기 중의 산소를 차단하는 방진작용과 관련이 있는 것은?

① 제1종 분말소화약제

② 제2종 분말소화약제

③ 제3종 분말소화약제

④ 제4종 분말소화약제

◀(Point)

3종 분말소화약제(제1인산암모늄, $NH_4H_2PO_4$) … A · B · C · D급 화재에 유효하다. 그러나 비누화 현상이 일어나지 않아 식용유 화재에는 효과가 적다. 열분해로 인하여 CO_2는 생성되지 않지만, 메타인산(HPO_3)이 생성되면서 가연물의 표면에 점착되어 가연물과 산소를 차단시켜주기 때문에 가연물의 숯불 형태의 잔진 상태의 연소까지 저지시키는 방진작용에 의한 것이다. 또한 열분해되어 나온 오르쏘인산(H_2PO_4)이 연소물의 섬유소를 난연성의 탄소와 물로 분해시키는 탈수와 탄화작용을 가진다.

※ 메탄인산은 방진작용을 가지고, 오로쏘인산은 탄화와 탈수작용을 가진다.

13 「재난 및 안전관리 기본법」상 긴급구조에 대한 설명으로 옳지 않은 것은?

① 중앙긴급구조통제단의 단장은 행정안전부장관이 된다.

② 시 · 도 긴급구조통제단의 단장은 소방본부장이 된다.

③ 시 · 군 · 구 긴급구조통제단의 단장은 소방서장이 된다.

④ 재난현장에서는 시 · 군 · 구 긴급구조통제단장이 긴급구조활동을 지휘한다.

◀(Point)

재난 및 안전관리 기본법 제49조(중앙긴급구조통제단) 제2항 … 중앙통제단의 단장은 소방청장이 된다.

Answer 12.③ 13.①

14 가연성 가스를 공기 중에서 연소시키고자 할 때 공기 중의 산소농도가 증가하면 발생되는 현상으로 맞는 것만을 모두 고른 것은?

> ㉠ 연소속도가 빨라진다.
> ㉡ 발화점이 높아진다.
> ㉢ 화염의 온도가 높아진다.
> ㉣ 폭발범위가 좁아진다.
> ㉤ 점화에너지가 작아진다.

① ㉠, ㉡, ㉣   ② ㉠, ㉢, ㉣

③ ㉠, ㉢, ㉤   ④ ㉡, ㉢, ㉤

 Point

가연성 기체 연소과정에서 산소농도 증가 시 발생현상
㉠ 급격하게 화염온도가 상승하고 연소속도는 빨라진다.
㉡ 연소물의 점화에너지가 작아진다.
㉢ 발화온도는 낮아지고 넓은 폭발한계를 가진다.

15 다음 설명에 해당하는 연소가스는?

> 청산가스라고도 하며, 인체에 대량 흡입되면 헤모글로빈과 결합되지 않고도 질식을 유발할 수 있다.

① 암모니아(NH₃)

② 시안화수소(HCN)

③ 이산화황(SO)

④ 일산화탄소(CO)

 Point

시안화수소(HCN) … 제4위험물 제1석유류에 해당되며, 일명 청산가스라고도 불리어지는 맹독성 가스로, 나일론·합성수지·동물의 틸·인조견·플라스틱 등이 연소하면서 생성되며 사람이 흡입하면 질식사 한다. 즉 흡입 시 신체의 에너지 대사를 저해하는 질식제로 작용하며, 0.3%의 농도에서 즉시 사망할 수 있다. 피 속의 헤모글로빈과 결합하지 않고도 인체의 산소 이동을 막는다.

Answer 14.③ 15.②

16 불활성기체소화약제의 표기와 화학식의 연결이 옳지 않은 것은?

① IG-01 − Ar

② IG-100 − N_2

③ IG-541 − N_2 : 52%, Ar : 40%, Ne : 8%

④ IG-55 − N_2 : 50%, Ar : 50%

Point

불활성가스 청정소화약제의 종류

소화약제(불연성 · 불활성기체혼합가스)	화학식(합은 100%)
불연성 · 불활성기체혼합가스(IG-01)	Ar(아르곤) 99.9% 이상
불연성 · 불활성기체혼합가스(IG-100)	N_2(질소) 99.9% 이상
불연성 · 불활성기체혼합가스(IG-55)	N_2 : 50%, Ar : 50%
불연성 · 불활성기체혼합가스(IG-541)	N_2 : 52%, Ar : 40%, CO_2 : 8%

17 스프링클러설비 중 감지기와 연동하여 작동하는 것만을 모두 고른 것은?

⊙ 습식 스프링클러
ⓒ 건식 스프링클러
ⓒ 준비작동식 스프링클러
ⓔ 일제살수식 스프링클러
ⓜ 부압식 스프링클러

① ⊙, ⓒ, ⓒ

② ⊙, ⓔ, ⓜ

③ ⓒ, ⓒ, ⓔ

④ ⓒ, ⓔ, ⓜ

Point

연기 또는 열 감지기와 같이 쓰이는 스프링클러 … 준비작동식 스프링클러, 일제살수식 스프링클러, 부압식 스프링클러

※ 스프링클러
⊙ 개방형(특수한 장소에 설치) : 일제살수식
ⓒ 폐쇄형(일반적 장소에 설치) : 습식, 건식, 준비작동식

Answer 16.③ 17.④

18 20℃, 1기압의 프로판(C3H8) 1m^{3}를 완전연소시키는 데 필요한 20℃, 1기압의 산소 부피는 얼마인가?

① 1m^3

② 3m^3

③ 5m^3

④ 7m^3

🔊 **Point**

탄화수소계 가연성가스의 완전연소식

㉠ 메탄(CH_4) : $CH_4 + 2O_2 \rightarrow CO_2 + 2H_2O + 212.80$kcal

㉡ 부탄(C_4H_{10}) : $C_4H_{10} + 6.5O_2 \rightarrow 4CO_2 + 5H_2O + 687.64$kcal

㉢ 프로판(C_3H_8) : $C_3H_8 + 5O_2 \rightarrow 3CO_2 + 4H_2O + 530.60$kcal

19 가연성 액체의 인화점에 대한 설명으로 옳은 것은?

① 증기가 연소범위의 하한계에 이르러 점화되는 최저온도

② 증기가 발생하기 시작하는 최저온도

③ 물질이 자체의 열만으로 착화하는 최저온도

④ 발생한 화염이 지속적으로 연소하는 최저온도

🔊 **Point**

가연성 액체의 연소는 액체 자체가 아니라 열이 가해져 액체에서 증발한 가연성 증기가 연소되는 것이다. 따라서 가연성 액체의 인화점은 이 증기가 연소범위 하한계에 이르러 점화되는 최저온도를 말한다.

② 증기가 발생하기 시작하는 최저온도 – 비점

③ 물질이 자체의 열만으로 착화하는 최저온도 – 발화점

④ 발생한 화염이 지속적으로 연소하는 최저온도 – 연소점

Answer 18.③ 19.①

1 「재난 및 안전관리 기본법」상 재난현장에서 시·군·구긴급구조통제단장의 긴급구조 현장지휘 사항을 모두 고른 것은?

> ㉠ 재난현장에서 인명의 탐색·구조
> ㉡ 추가 재난의 방지를 위한 응급조치
> ㉢ 사상자의 응급처치 및 의료기관으로의 이송
> ㉣ 긴급구조에 필요한 물자의 관리

① ㉠, ㉡
② ㉠, ㉡, ㉢
③ ㉡, ㉢, ㉣
④ ㉠, ㉡, ㉢, ㉣

 Point

「재난 및 안전관리 기본법」 제52조(긴급구조 현장지휘) 제1항, 제2항
① 재난현장에서는 시·군·구긴급구조통제단장이 긴급구조활동을 지휘한다. 다만, 치안활동과 관련된 사항은 관할 경찰관서의 장과 협의하여야 한다.
② 제1항에 따른 현장지휘는 다음 각 호의 사항에 관하여 한다.
　1. 재난현장에서 인명의 탐색·구조
　2. 긴급구조기관 및 긴급구조지원기관의 인력·장비의 배치와 운용
　3. 추가 재난의 방지를 위한 응급조치
　4. 긴급구조지원기관 및 자원봉사자 등에 대한 임무의 부여
　5. 사상자의 응급처치 및 의료기관으로의 이송
　6. 긴급구조에 필요한 물자의 관리
　7. 현장접근 통제, 현장 주변의 교통정리, 그 밖에 긴급구조활동을 효율적으로 하기 위하여 필요한 사항

Answer 1.④

2 화재 시 발생하는 연기(smoke)에 대한 설명으로 옳지 않은 것은?

① 연기의 수직 이동속도는 수평 이동속도보다 빠르다.
② 연기의 감광계수가 증가할수록 가시거리는 짧아진다.
③ 중성대는 실내 화재 시 실내와 실외의 온도가 같은 면을 의미한다.
④ 굴뚝효과는 건축물의 내부와 외부의 온도차에 의해 내부의 더운 공기가 상승하는 현상이다.

🔊(Point)

③ 건물화재가 발생하면 연소열에 의한 온도가 상승함으로서 부력에 의해 실의 천정 쪽으로 고온기체가 축적되고 온도가 높아져 기체가 팽창하여 실내와 실외의 압력이 달라지는데, 실의 상부는 실외보다 압력이 높고 하부는 압력이 낮다. 따라서 그 사이 어느 지점에 실내와 실외의 정압이 같아지는 경계면(0포인트)이 형성되는데 그 면을 중성대(neutral plane)라고 한다.

3 소화설비에 대한 설명으로 옳은 것은?

① 산·알칼리 소화기는 가스계 소화기로 분류된다.
② CO_2 소화설비는 화재감지기, 선택밸브, 방출표시등, 압력스위치 등으로 구성된다.
③ 슈퍼바이저리패널(supervisory panel)은 습식스프링클러설비의 구성요소이다.
④ 순환배관은 옥내소화전설비의 펌프 체절운전 시 수온하강 방지를 위해 설치한다.

🔊(Point)

① 가스계 소화기에는 CO_2 소화기, 할론 소화기가 있다. 산·알칼리 소화기는 소화기 본체 내부에 황산 및 탄산수소나트륨($NaHCO_3$)을 분리하여 충전한 것으로 수계 소화기에 해당한다.
③ 슈퍼바이저리패널은 준비작동식 스프링클러의 제어 기능을 담당하며 프리액션밸브를 작동시킨다. 이 밖에 자체고장 시 경보장치를 작동시키며 감지기와 프리액션밸브 작동연결 및 개구부 폐쇄작동 기능도 한다.
④ 순환배관은 옥내소화전설비의 펌프 체절운전 시 수온 상승 방지를 위해 설치한다.

Answer 2.③ 3.②

4 우리나라 소방 역사에 대한 설명으로 옳은 것만을 모두 고른 것은?

> ㉠ 고려시대에는 소방(消防)을 소재(消災)라 하였으며, 화통도감을 신설하였다.
>
> ㉡ 조선시대 세종 8년에 금화도감을 설치하였다.
>
> ㉢ 1915년에 우리나라 최초 소방본부인 경성소방서를 설치하였다.
>
> ㉣ 1945년에 중앙소방위원회 및 중앙소방청을 설치하였다.

① ㉠, ㉡

② ㉠, ㉡, ㉢

③ ㉡, ㉢, ㉣

④ ㉠, ㉡, ㉢, ㉣

> 📢 **Point**
> ㉢ 우리나라 최소의 소방서인 경성소방서는 1925년에 설치되었다.
> ㉣ 중앙소방위원회는 1946년, 중앙소방청은 1947년에 설치하였다.

5 백드래프트(back draft)에 대한 설명으로 옳은 것은?

① 불완전 연소에 의해 발생된 일산화탄소가 가연물로 작용하여 폭발하는 현상이다.

② 화재 진압 시 지붕 등 상부를 개방하는 것보다 출입문을 먼저 개방하는 것이 효과적인 전술이다.

③ 밀폐된 실내에서 발생되는 현상으로, 출입문을 한 번에 완전히 개방하여 연기를 일순간에 배출해야 폭발력을 억제할 수 있다.

④ 연료지배형화재가 진행되고 있는 공간에 산소가 일시적으로 다량 공급됨에 따라 가연성가스가 폭발적으로 연소하는 현상이다.

> 📢 **Point**
> ①④ 백드래프트는 역화 현상으로서 공기(산소)공급이 원활하지 않은 불완전 연소상태인 훈소 상태에서 화재(환기지배형 화재)로 인하여 실내 상부 쪽으로 고온의 기체가 축적되고 온도가 높아져서 기체가 팽창하고 산소가 부족한 건물 내에서 갑자기 산소가 새로 유입될 때 화염이 폭풍을 동반하여 실외로 분출되는 고열가스의 폭발 또는 급속한 연소가 발생하는 현상이다.
> ② 화재 진압 시 실내 상부 쪽에 축적된 고온의 기체를 해산하기 위해 지붕 등 상부를 먼저 개방하는 것이 효과적인 전술이다.
> ③ 출입문을 한 번에 완전히 개방하면 산소가 부족한 건물 내로 갑자기 산소가 대량 유입되면서 화염이 폭풍을 동반하며 폭발하게 된다.

Answer 4.① 5.①

6 위험물의 종류에 따른 소화 방법으로 옳지 않은 것은?

① 제1류 위험물인 알칼리금속의 과산화물은 물을 사용한다.

② 제2류 위험물인 마그네슘은 건조사를 사용한다.

③ 제3류 위험물인 알킬알루미늄은 건조사를 사용한다.

④ 제4류 위험물인 알코올은 내알코올포(泡, foam)를 사용한다.

Point

① 알칼리금속의 과산화물은 물과 반응하면 발열하므로 주수소화는 금물이며, 건조사로 피복소화하는 것이 바람직하다.

7 「화재조사 및 보고규정」상 특수화재에 해당하지 않는 것은?

① 외국공관 및 그 사택의 화재

② 이재민 100명 이상 발생 화재

③ 특수사고, 방화 등 화재원인이 특이하다고 인정되는 화재

④ 철도, 항구에 매어 둔 외항선, 항공기, 발전소 및 변전소의 화재

Point

특수화재〈「화재조사 및 보고규정」제45조(긴급상황보고) 제1항 제3호〉
가. 철도, 항구에 매어둔 외항선, 항공기, 발전소 및 변전소의 화재
나. 특수사고, 방화 등 화재원인이 특이하다고 인정되는 화재
다. 외국공관 및 그 사택
라. 그 밖에 대상이 특수하여 사회적 이목이 집중될 것으로 예상되는 화재

Answer 6.① 7.②

8 「재난 및 안전관리 기본법」에 대한 내용이다. (   ) 안에 들어갈 용어로 옳은 것은?

> ⑺은 대통령령으로 정하는 재난이 발생하거나 발생할 우려가 있는 경우 사람의 생명·신체 및 재산에 미치는 중대한 영향이나 피해를 줄이기 위하여 긴급한조치가 필요하다고 인정하면 ⑻의 심의를 거쳐 ⑻을/를 선포할 수 있다.

	⑺	⑻	⑼
①	중앙재난안전대책본부장	안전정책조정위원회	재난사태
②	행정안전부장관	중앙안전관리위원회	재난사태
③	중앙재난안전대책본부장	중앙안전관리위원회	특별재난지역
④	행정안전부장관	안전정책조정위원회	특별재난지역

 Point

<u>행정안전부장관</u>은 대통령령으로 정하는 재난이 발생하거나 발생할 우려가 있는 경우 사람의 생명·신체 및 재산에 미치는 중대한 영향이나 피해를 줄이기 위하여 긴급한 조치가 필요하다고 인정하면 <u>중앙위원회</u>의 심의를 거쳐 <u>재난사태</u>를 선포할 수 있다〈「재난 및 안전관리 기본법」 제36조(재난사태 선포) 제1항 전단〉.

9 소방조직의 원리에 해당하지 않는 것은?

① 조정의 원리
② 계층제의 원리
③ 명령 분산의 원리
④ 통솔 범위의 원리

 Point

소방조직의 기본원리
㉠ **분업의 원리** : 한 사람이나 한 부서가 한 가지의 주된 업무를 맡는다는 원리
㉡ **명령 통일의 원리** : 한 사람의 상급자에게 명령을 받고, 보고하는 원리
㉢ **계층제의 원리** : 상하의 계층제를 형성하는 원리
㉣ **계선의 원리** : 개인의 의견이 참여되지만 결정을 내리는 것은 소속기관의 기관장이 하는 원리
㉤ **업무조정의 원리** : 조직을 통합하고 행동을 통일시키는 원리

Answer 8.② 9.③

10 블레비(BLEVE : Boiling Liquid Expanding Vapor Explosion)현상의 특징으로 옳지 않은 것은?

① 액화가스 저장탱크에서 일어날 수 있다는 점에서는 증기운 폭발과 같다.

② 액화가스 저장탱크에서 물리적 폭발이 순간적으로 화학적 폭발로 이어지는 현상이다.

③ 블레비의 규모는 파열 시 액체의 기화량에는 차이가 있으나 탱크의 용량에 따른 차이는 없다.

④ 직접 열을 받은 부분이 액화가스 저장탱크의 인장 강도를 초과할 경우 기상부에 면하는 지점에서 파열하게 된다.

◀┊Point

액화가스 저장탱크에서 화재 발생 시 저장탱크가 가열되어 탱크 내부의 액체 부분은 급격히 증발하고 가스 부분은 온도 상승과 비례하여 탱크 내 압력의 급격한 상승을 초래하게 된다. 이때, 저장탱크의 설계압력을 초과하게 되면 탱크가 파괴되어 급격한 폭발 현상을 일으키게 되는데 이를 블레비(BLEVE : Boiling Liquid Expanding Vapor Explosion)라고 한다.

③ 블레비의 규모는 액체의 기화량은 물론 탱크의 용량에 따라 차이가 있다.

11 최소산소농도(MOC : Minimum Oxygen Concentration)에 대한 설명으로 옳지 않은 것은?

① 연소상한계에 의해 최소산소농도가 결정된다.

② 연소할 때 화염이 전파되는 데 필요한 임계산소농도를 말한다.

③ 완전연소반응식의 산소 몰수에 의해 최소산소농도가 결정된다.

④ 프로판(C_3H_8) 1몰(mol)이 완전 연소하는 데 필요한 최소산소농도는 10.5%이다.

◀┊Point

① 최소산소농도(MOC : Minimum oxygen concentration)란 화염이 전파될 수 있는 최소한의 산소농도를 말한다. 최소산소농도는 '산소의 화학양론적 계수 × 폭발하한계'로 구하므로 연소하한계에 의해 최소산소농도가 결정된다.

Answer 10.③ 11.①

3 「소방시설공사업법 시행규칙」상 감리업자가 소방공사의 감리를 마쳤을 때, 소방공사감리 결과보고(통보)서를 알려야하는 대상으로 옳지 않은 것은?

① 소방시설공사의 도급인

② 특정소방대상물의 관계인

③ 소방시설설계업의 설계사

④ 특정소방대상물의 공사를 감리한 건축사

4 「소방시설공사업법」상 '소방시설업'의 영업에 해당하지 않는 것은?

① 소방시설공사에 기본이 되는 공사계획, 설계도면, 설계 설명서, 기술계산서 및 이와 관련된 서류를 작성하는 영업

② 설계도서에 따라 소방시설을 신설, 증설, 개설, 이전 및 정비하는 영업

③ 소방안전관리 업무의 대행 또는 소방시설등의 점검 및 유지·관리하는 영업

④ 방염대상물품에 대하여 방염처리하는 영업

Answer 3.③ 4.③

5 「화재예방, 소방시설 설치·유지 및 안전관리에 관한 법률시행령」상 건축허가등을 할 때 미리 소방본부장 또는 소방서장의 동의를 받아야 하는 건축물 등의 범위로 옳지 않은 것은?

① 연면적이 100제곱미터 이상인 노유자시설 및 수련시설

② 지하층 또는 무창층이 있는 건축물로서 바닥면적이 150제곱미터(공연장의 경우에는 100제곱미터) 이상인 층이 있는 것

③ 차고·주차장으로 사용되는 바닥면적이 200제곱미터 이상인 층이 있는 건축물이나 주차시설

④ 결핵환자나 한센인이 24시간 생활하는 노유자시설(단독주택 또는 공동주택에 설치되는 시설은 제외)

🔊 **Point**

① 노유자시설 및 수련시설 : 200제곱미터

6 「화재예방, 소방시설 설치·유지 및 안전관리에 관한 법률」 및 같은법 시행령상 단독주택이나 공동주택(아파트 및 기숙사는 제외한다)의 소유자가 의무적으로 설치하여야 하는 소방시설로 옳은 것을 〈보기〉에서 있는 대로 고른 것은?

〈보기〉

㉠ 소화기
㉡ 주거용 주방자동소화장치
㉢ 가스자동소화장치
㉣ 단독경보형감지기
㉤ 가스누설경보기

① ㉠, ㉣

② ㉡, ㉤

③ ㉠, ㉡, ㉣

④ ㉡, ㉢, ㉤

🔊 **Point**

① 「화재예방, 소방시설 설치·유지 및 안전관리에 관한 법률」 제8조 제1항에 따라 「건축법」 제2조 제2항 제1호의 단독주택, 제2조 제2항 제2호의 공동주택(아파트 및 기숙사는 제외)의 소유자는 대통령령으로 정하는 소방시설을 설치하여야 한다. 이 조항에서 "대통령령으로 정하는 소방시설"이란 소화기 및 단독경보형감지기를 말한다.

Answer 5.① 6.①

7 「화재예방, 소방시설 설치·유지 및 안전관리에 관한 법률시행령」상 소방용품인 분말형태의 소화약제를 사용하는 소화기의 내용연수로 옳은 것은?

① 10년

② 15년

③ 20년

④ 25년

🔊 Point

① 「화재예방, 소방시설 설치·유지 및 안전관리에 관한 법률 시행령」제15조의4(내용연수 설정 대상 소방용품) 제1항, 제2항에 따라 내용연수를 설정하여야 하는 소방용품은 분말형태의 소화약제를 사용하고, 그 내용연수는 10년으로 한다.

8 특정소방대상물에 소방시설을 설치하려는 자는 지진이 발생할 경우 소방시설이 정상적으로 작동될 수 있도록 소방청장이 정하는 내진설계기준에 맞게 소방시설을 설치하여야 한다. 이에 해당되는 소방시설로 옳은 것은?

① 자동화재탐지설비, 옥외소화전설비, 스프링클러설비

② 자동화재탐지설비, 옥내소화전설비, 스프링클러설비

③ 옥내소화전설비, 옥외소화전설비, 물분무등소화설비

④ 옥내소화전설비, 스프링클러설비, 물분무등소화설비

🔊 Point

④ 대통령령으로 정하는 소방시설을 설치하려는 자는 지진이 발생할 경우 소방시설이 정상적으로 작동될 수 있도록 소방청장이 정하는 내진설계기준에 맞게 소방시설을 설치하여야 한다. 이 때 대통령령으로 정하는 소방시설이란 소방시설 중 옥내소화전설비, 스프링클러설비, 물분무등소화설비를 말한다.

9 소방특별조사에 관한 설명으로 옳지 않은 것은?

① 소방특별조사를 실시하는 경우에는 원칙적으로 7일 전에 관계인에게 서면으로 통지하여야 한다.

② 소방특별조사는 원칙적으로 관계인의 승낙 없이 해가 뜨기 전이나 해가 진 뒤에 할 수 없다.

③ 소방특별조사 결과에 따른 조치명령으로 인한 손실을 보상하는 경우에는 시가(時價)로 보상하여야 한다.

④ 소방특별조사 업무를 수행하면서 알게 된 비밀을 목적외의 용도로 사용한 자는 300만원 이하의 벌금에 처한다.

📢 Point

④ 조사 · 검사 업무를 수행하면서 알게 된 비밀을 제공 또는 누설하거나 목적 외의 용도로 사용한 자는 <u>1년 이하의 징역 또는 1천만원 이하의 벌금</u>에 처한다.

10 「위험물안전관리법 시행령」상 용어에 대한 설명으로 옳지 않은 것은?

① 특수인화물 : 이황화탄소, 디에틸에테르 그 밖에 1기압에서 발화점이 섭씨 100도 이하인 것 또는 인화점이 섭씨 영하 20도 이하이고 비점이 섭씨 40도 이하인 것

② 제1석유류 : 아세톤, 휘발유 그 밖에 1기압에서 인화점이 섭씨 70도 미만인 것

③ 제3석유류 : 중유, 클레오소트유 그 밖에 1기압에서 인화점이 섭씨 70도 이상 섭씨 200도 미만인 것

④ 동식물유류 : 동물의 지육 등 또는 식물의 종자나 과육으로부터 추출한 것으로서 1기압에서 인화점이 섭씨 250도 미만인 것

📢 Point

② "제1석유류"라 함은 아세톤, 휘발유 그 밖에 1기압에서 인화점이 <u>섭씨 21도 미만</u>인 것을 말한다.

11 특정소방대상물의 구분으로 옳은 것은?

① 운동시설 — 관람석의 바닥면적의 합계가 1,000제곱미터 이상인 체육관

② 관광 휴게시설 — 어린이회관

③ 교육연구시설 — 자동차운전학원

④ 동물 및 식물 관련시설 — 식물원

📢 **Point**

특정소방대상물
- ㉠ 공동주택 : 아파트(주택으로 쓰이는 층수가 5층 이상인 주택), 기숙사
- ㉡ 근린생활시설 : 소매점(바닥면적의 합계 1천제곱미터 미만), 의원, 운동시설(바닥면적의 합계 500제곱미터 미만), 공연장(바닥면적 합계 300제곱미터 미만) 등
- ㉢ <u>문화 및 집회시설</u> : 공연장·집회장 중 근린생활시설에 해당하지 않는 것, 관람장(바닥면적의 합계 1천제곱미터 미만), 전시장, <u>동·식물원</u>
- ㉣ 판매시설 : 도·소매시장 등
- ㉤ 운수시설 : 여객자동차터미널, 철도·공항항만시설
- ㉥ 의료시설 : 병원(종합·한방·요양병원, 치과), 격리병원(전염병원, 마약진료소), 정신의료기관, 「장애인복지법」 제58조 제1항 제4호에 따른 장애인 의료재활시설
- ㉦ 교육연구시설 : 학교, 교육원, 직업훈련소, 학원(근린시설에 해당하는 것과 자동차운전학원·정비학원·무도학원 제외), 도서관 등
- ㉧ 노유자시설 : 노인·아동·장애인·정신질환자·노숙인 관련 시설
- ㉨ 수련시설 : 청소년수련관, 「청소년활동 진흥법」에 따른 유스호스텔 등
- ㉩ 운동시설 : 근린생활시설에 해당하지 않는 운동시설, 체육관·운동장(관람석이 없거나 그 <u>바닥면적이 1천제곱미터 미만</u>)
- ㉪ 숙박시설 : 고시원(근린생활시설에 해당하지 않는 것) 등
- ㉫ <u>항공기 및 자동차 관련 시설</u> : 세차장, <u>운전학원</u>·정비학원 등
- ㉬ 동물 및 식물 관련 시설 : 축사 등(동·식물원은 제외)
- ㉭ 자원순환 관련 시설 : 하수처리시설, 고물상 등
- ㉮ <u>관광 휴게시설 : 어린이회관</u>, 야외극장 등
- ㉯ 장례시설 : 장례식장(의료시설의 부수시설 「의료법」 제36조 제1호에 따른 의료기관의 종류에 따른 시설)은 제외
- ㉰ 묘지 관련 시설, 업무시설, 위락시설, 공장, 창고시설, 위험물 저장 및 처리 시설, 교정 및 군사시설, 방송통신시설, 발전시설, 지하가, 지하구, 문화재, 복합건축물, 종교시설

Answer **11.②**

12 「위험물안전관리법 시행령」상 관계인이 예방규정을 정하여야 하는 제조소등으로 옳지 않은 것은?

① 지정수량의 10배 이상의 위험물을 취급하는 제조소

② 지정수량의 50배 이상의 위험물을 저장하는 옥외저장소

③ 지정수량의 150배 이상의 위험물을 저장하는 옥내저장소

④ 암반탱크저장소

> 📢 Point
>
> 관계인이 예방규정을 정하여야 하는 제조소등
> ㉠ 지정수량의 10배 이상의 위험물을 취급하는 제조소
> ㉡ 지정수량의 100배 이상의 위험물을 저장하는 옥외저장소
> ㉢ 지정수량의 150배 이상의 위험물을 저장하는 옥내저장소
> ㉣ 지정수량의 200배 이상의 위험물을 저장하는 옥외탱크저장소
> ㉤ 암반탱크저장소
> ㉥ 이송취급소
> ㉦ 지정수량의 10배 이상의 위험물을 취급하는 일반취급소: 단, 제4류 위험물만을 지정수량의 50배 이하로 취급하는 일반취급소로서 보일러·버너와 같은 위험물을 소비하는 장치로 이루어진 일반취급소나 위험물을 용기에 옮겨 담거나 차량에 고정된 탱크에 주입하는 일반취급소는 제외한다.

13 「위험물안전관리법 시행령」상 운송책임자의 감독 또는 지원을 받아 운송하여야 하는 위험물로 옳은 것은?

① 알킬알루미늄, 알킬리튬

② 마그네슘, 염소류

③ 적린, 금속분

④ 유황, 황산

> 📢 Point
>
> ① 운송책임자의 감독·지원을 받아 운송하여야 하는 위험물: 알킬알루미늄, 알킬리튬, 알킬알루미늄 또는 알킬리튬의 물질을 함유하는 위험물

Answer 12.② 13.①

14 위험물의 누출·화재·폭발 등의 사고가 발생한 경우 사고의 원인 및 피해 등을 조사하여야 하는 자로 옳지 않은 것은?

① 시·도지사
② 소방청장
③ 소방본부장
④ 소방서장

🔊 Point

① 「위험물안전관리법」제22조의2 제1항 소방청장, 소방본부장 또는 소방서장은 위험물의 누출·화재·폭발 등의 사고가 발생한 경우 사고의 원인 및 피해 등을 조사하여야 한다.

15 다음은 자체소방대에 두는 화학소방자동차와 자체소방대원의 수에 관한 규정이다. 빈칸에 들어갈 숫자가 바르게 짝지어진 것은?

> 제조소 또는 일반취급소에서 취급하는 제4류 위험물의 최대수량의 합이 지정수량의 24만 배 이상 48만 배 미만인 사업소에는 화학소방자동차 (㉠)대와 자체소방대원 (㉡)인을 두어야 한다.

㉠	㉡
① 2	10
② 2	15
③ 3	10
④ 3	15

🔊 Point

④ 「위험물안전관리법 시행령」[별표 8] 자체소방대에 두는 화학소방자동차 및 인원
제조소 또는 일반취급소에서 취급하는 제4류 위험물의 최대수량의 합이 지정수량의 24만배 이상 48만배 미만인 사업소에는 화학소방자동차 3대와 자체소방대원 15인을 두어야 한다.

Answer 14.① 15.④

16 「소방기본법」상 화재경계지구의 지정에 대한 내용으로 옳지 않은 것은?

① 소방본부장 또는 소방서장은 화재가 발생하는 경우 그로 인하여 피해가 클 것으로 예상되는 지역을 화재경계지구로 지정할 수 있다.

② 석유화학제품을 생산하는 공장이 있는 지역을 화재경계 지구로 지정할 수 있다.

③ 위험물의 저장 및 처리시설이 밀집한 지역을 화재경계 지구로 지정할 수 있다.

④ 공장·창고가 밀집한 지역을 화재경계지구로 지정할 수 있다.

📢⟨Point⟩

① 제13조 제1항 시·도지사는 화재가 발생할 우려가 높거나 화재가 발생하는 경우 그로 인하여 피해가 클 것으로 예상되는 지역을 화재경계지구로 지정할 수 있다.

17 「소방기본법」상 소방청장 또는 시·도지사가 손실보상 심의위원회의 심사·의결에 따라 정당한 손실보상을 하여야 하는 대상으로 옳지 않은 것은?

① 생활안전활동에 따른 조치로 인하여 손실을 입은 자

② 화재가 확대되는 것을 막기 위하여 가스·전기 또는 유류 등의 시설에 대하여 위험물질의 공급을 차단하는 등의 조치로 인하여 손실을 입은 자

③ 소방활동 종사명령으로 인하여 사망하거나 부상을 입은 자

④ 소방활동에 방해가 되는 불법 주차 차량을 제거하거나 이동시키는 처분으로 인하여 손실을 입은 자

📢⟨Point⟩

④ 제25조 제3항 소방본부장, 소방서장 또는 소방대장은 소방활동을 위하여 긴급하게 출동할 때에는 소방자동차의 통행과 소방활동에 방해가 되는 주차 또는 정차된 차량 및 물건 등을 제거하거나 이동시킬 수 있다. 해당 조치로 손실을 입은 자는 보상을 받을 수 있으나, 제49조의2 제3항에 따라 법령을 위반하여 소방자동차의 통행과 소방활동에 방해가 된 경우에는 보상에서 제외된다.

Answer 16.① 17.④

18 「소방기본법」 및 같은법 시행규칙상 소방지원활동으로 옳지 않은 것은?

① 집회·공연 등 각종 행사 시 사고에 대비한 근접대기 등 지원활동

② 소방시설 오작동 신고에 따른 조치활동

③ 방송제작 또는 촬영 관련 지원활동

④ 위해동물, 벌 등의 포획 및 퇴치활동

📢 Point

소방지원활동
㉠ 산불에 대한 예방·진압 등 지원활동
㉡ 자연재해에 따른 급수·배수 및 제설 등 지원활동
㉢ 집회·공연 등 각종 행사 시 사고에 대비한 근접대기 등 지원활동
㉣ 화재, 재난·재해로 인한 피해복구 지원활동
㉤ 그 밖에 행정안전부령으로 정하는 활동 : 군·경찰 등 유관기관에서 실시하는 훈련지원 활동, 소방시설 오작동 신고에 따른 조치활동, 방송제작 또는 촬영 관련 지원활동

19 「소방기본법 시행규칙」상 저수조의 설치기준으로 옳지 않은 것은?

① 지면으로부터의 낙차가 10미터 이하일 것

② 흡수부분의 수심이 0.5미터 이상일 것

③ 흡수관의 투입구가 사각형의 경우에는 한 변의 길이가 60센티미터 이상, 원형의 경우에는 지름이 60센티미터 이상일 것

④ 저수조에 물을 공급하는 방법은 상수도에 연결하여 자동으로 급수되는 구조일 것

📢 Point

저수조의 설치기준
㉠ 지면으로부터의 낙차가 4.5미터 이하일 것
㉡ 흡수부분의 수심이 0.5미터 이상일 것 ㉢ 소방펌프자동차가 쉽게 접근할 수 있도록 할 것
㉣ 흡수에 지장이 없도록 토사 및 쓰레기 등을 제거할 수 있는 설비를 갖출 것
㉤ 흡수관의 투입구가 사각형의 경우에는 한 변의 길이가 60센티미터 이상, 원형의 경우에는 지름이 60센티미터 이상일 것
㉥ 저수조에 물을 공급하는 방법은 상수도에 연결하여 자동으로 급수되는 구조일 것

Answer 18.④ 19.①

20 「소방기본법 시행규칙」상 급수탑 및 지상에 설치하는 소화전·저수조의 소방용수표지 기준으로 옳은 것은?

	문자	내측바탕	외측바탕
①	백색	적색	청색
②	적색	백색	청색
③	청색	백색	청색
④	백색	청색	적색

📢 **Point**

① 「소방기본법 시행규칙」 [별표 2] 소방용수표지
지상에 설치하느 소화전, 저수조 및 급수탑의 경우 소방용수표지 기준은, 안쪽 문자는 흰색, 바깥쪽 문자는 노란색으로, 안쪽 바탕은 붉은색, 바깥쪽 바탕은 파란색으로 하고, 반사재료를 사용해야 한다.

Answer 20.①

1 「소방기본법」상 용어의 정의로 옳지 않은 것은?

① "소방대상물"이란 건축물, 차량, 선박(「선박법」제1조의2 제1항에 따른 선박으로서 항구에 매어둔 선박만 해당한다), 선박 건조 구조물, 산림, 그 밖의 인공 구조물 또는 물건을 말한다.

② "관계지역"이란 소방대상물이 있는 장소 및 그 이웃지역으로서 화재의 예방·경계·진압, 구조·구급 등의 활동에 필요한 지역을 말한다.

③ "소방본부장"이란 특별시·광역시·특별자치시·도 또는 특별자치도에서 화재의 예방·경계·진압·조사 및 구조·구급 등의 업무를 담당하는 부서의 장을 말한다.

④ "소방대"란 화재를 진압하고 화재, 재난·재해, 그 밖의 위급한 상황에서 구조·구급 활동 등을 하기 위하여 소방공무원, 의무소방원, 자위소방대원으로 구성된 조직체를 말한다.

📢 Point

소방대 : 화재를 진압하고 화재, 재난·재해, 그 밖의 위급한 상황에서 구조·구급 활동 등을 하기 위하여 다음의 사람으로 구성된 조직체를 말한다.
㉠ 「소방공무원법」에 따른 소방공무원
㉡ 「의무소방대설치법」에 따라 임용된 의무소방원
㉢ 「의용소방대 설치 및 운영에 관한 법률」에 따른 의용소방대원

Answer 1.④

2 「소방기본법 시행령」상 화재경계지구에 관한 설명으로 옳은 것은?

① 소방청장, 소방본부장 또는 소방서장은 화재경계지구 안의 소방대상물의 위치 · 구조 및 설비 등에 대한 소방특별조사를 연 1회 이상 실시하여야 한다.

② 소방본부장 또는 소방서장은 화재경계지구 안의 관계인에 대하여 소방상 필요한 훈련 및 교육을 연 1회 이상 실시할 수 있다.

③ 소방본부장 또는 소방서장은 소방상 필요한 훈련 및 교육을 실시하고자 하는 때에 화재경계지구 안의 관계인에게 훈련 또는 교육 30일 전까지 그 사실을 통보하여야 한다.

④ 소방청장은 화재경계지구의 지정 현황 등을 화재경계지구 관리대장에 작성하고 관리하여야 한다.

📢 Point

② 소방기본법 시행령 제4조(화재경계지구의 관리) 제3항

① 소방본부장 또는 소방서장은 법 제13조 제3항에 따라 화재경계지구 안의 소방대상물의 위치 · 구조 및 설비 등에 대한 소방특별조사를 연 1회 이상 실시하여야 한다(제2항).

③ 소방본부장 또는 소방서장은 제3항의 규정에 의한 소방상 필요한 훈련 및 교육을 실시하고자 하는 때에는 화재경계지구 안의 관계인에게 훈련 또는 교육 10일 전까지 그 사실을 통보하여야 한다(제4항).

④ 시 · 도지사는 법 제13조 제6항에 따라 다음 각 호의 사항을 행정안전부령으로 정하는 화재경계지구 관리대장에 작성하고 관리하여야 한다(제5항).

1. 화재경계지구의 지정 현황
2. 소방특별조사의 결과
3. 소방설비의 설치 명령 현황
4. 소방교육의 실시 현황
5. 소방훈련의 실시 현황
6. 그 밖에 화재예방 및 경계에 필요한 사항

Answer 2.②

3 「소방기본법」상 소방박물관 등의 설립과 운영에 관한 설명이다. (   ) 안의 내용으로 옳은 것은?

> 소방의 역사와 안전문화를 발전시키고 국민의 안전의식을 높이기 위하여 (가)은/는 소방박물관을, (나)은/는 소방체험관(화재 현장에서의 피난 등을 체험할 수 있는 체험관을 말한다)을 설립하여 운영할 수 있다.

	(가)	(나)
①	소방청장	시 · 도지사
②	소방청장	소방본부장
③	시 · 도지사	소방본부장
④	시 · 도지사	소방청장

🔊 Point

소방박물관 등의 설립과 운영(소방기본법 제5조)
소방의 역사와 안전문화를 발전시키고 국민의 안전의식을 높이기 위하여 소방청장은 소방박물관을, 시 · 도지사는 소방체험관(화재 현장에서의 피난 등을 체험할 수 있는 체험관)을 설립하여 운영할 수 있다.

4 「소방기본법 시행령」상 소방활동구역의 출입자로 옳지 않은 것은?

① 소방활동구역 안에 있는 소방대상물의 관계인
② 구조 · 구급업무에 종사하는 사람
③ 수사업무에 종사하는 사람
④ 시 · 도지사가 출입을 허가한 사람

🔊 Point

소방활동 출입자(시행령 제8조)
㉠ 소방활동구역 안에 있는 소방대상물의 소유자 · 관리자 또는 점유자
㉡ 전기 · 가스 · 수도 · 통신 · 교통의 업무에 종사하는 사람으로서 원활한 소방활동을 위하여 필요한 사람
㉢ 의사 · 간호사 그 밖의 구조 · 구급업무에 종사하는 사람
㉣ 취재인력 등 보도업무에 종사하는 사람
㉤ 수사업무에 종사하는 사람
㉥ 그 밖에 <u>소방대장</u>이 소방활동을 위하여 출입을 허가한 사람

Answer 3.① 4.④

1 「소방시설공사업법」상 소방시설업자가 소방시설공사 등을 맡긴 특정소방대상물의 관계인에게 지체 없이 그 사실을 알려야 하는 사항으로 옳지 않은 것은?

① 소방시설업을 휴업한 경우

② 소방시설업자의 지위를 승계한 경우

③ 소방시설업에 대한 행정처분 중 등록취소 처분을 받은 경우

④ 소방시설업에 대한 행정처분 중 영업정지 또는 경고 처분을 받은 경우

 Point

소방시설업의 운영(소방시설공사업법 제8조 제3항)

㉠ 소방시설업자의 지위를 승계한 경우

㉡ 소방시설업의 등록취소처분 또는 영업정지처분을 받은 경우

㉢ 휴업하거나 폐업한 경우

* 영업정지처분이나 등록취소처분을 받은 소방시설업자는 그 날부터 소방시설공사 등을 하여서는 아니 된다(제8조 제2항).

2 「소방시설공사업법」상 행정처분 전에 청문을 하여야 하는 대상으로 옳지 않은 것은?

① 소방시설업의 등록취소 처분

② 소방기술 인정 자격취소 처분

③ 소방시설업의 영업정지 처분

④ 소방기술 인정 자격정지 처분

Point

청문(소방시설공사업법 제32조)

소방시설업 ㉠ 등록취소처분이나 ㉡ 영업정지처분 또는 ㉢ 소방기술 인정 자격취소처분을 하려면 청문을 하여야 한다.

Answer 1.④ 2.④

3 「소방시설공사업법 시행령」상 소방시설공사가 공사감리 결과보고서대로 완공되었는지를 현장에서 확인할 수 있는 대상으로 옳은 것은?

① 창고시설 또는 수련시설

② 호스릴소화설비를 설치하는 소방시설공사

③ 연면적 1만 제곱미터 이상의 아파트에 설치하는 소방 시설공사

④ 가연성 가스를 제조 · 저장 또는 취급하는 시설 중 지하에 매립된 가연성 가스탱크의 저장용량 합계가 1천 톤 이상인 시설

> 📢 **Point**
>
> **완공검사를 위한 현장 확인 대상 특정소방대상물의 범위**(시행령 제5조)
> ㉠ 문화 및 집회시설, 종교시설, 판매시설, 노유자(老幼者)시설, <u>수련시설</u>, 운동시설, 숙박시설, <u>창고시설</u>, 지하상가 및 「다중이용업소의 안전관리에 관한 특별법」에 따른 다중이용업소
> ㉡ 가스계(이산화탄소 · 할로겐화합물 · 청정소화약제)소화설비(<u>호스릴소화설비는 제외</u>)가 설치되는 것
> ㉢ 연면적 1만 제곱미터 이상이거나 11층 이상인 특정소방대상물(<u>아파트는 제외</u>)
> ㉣ 가연성가스를 제조 · 저장 또는 취급하는 시설 중 <u>지상에 노출된 가연성가스탱크</u>의 저장용량 합계가 1천 톤 이상인 시설

4 「소방시설공사업법」상 (   ) 안에 들어갈 내용으로 옳은 것은?(기출변형)

> 시 · 도지사는 소방시설공사업자가 소방시설 공사현장에 감리원 배치기준을 위반한 경우로서 영업정지가 그 이용자에게 불편을 주거나 그 밖에 공익을 해칠 우려가 있을 때에는 영업정지처분을 갈음하여 (   ) 이하의 과징금을 부과할 수 있다.

① 1억원

② 1억 5천만원

③ 2억원

④ 2억 5천만원

> 📢 **Point**
>
> **과징금 처분**(법 제10조)
> 시 · 도지사는 영업정지가 그 이용자에게 불편을 주거나 그 밖에 공익을 해칠 우려가 있을 때에는 영업정지처분을 갈음하여 2억원이하의 과징금을 부과할 수 있다.

Answer 3.① 4.③

5 「소방시설공사업법 시행령」상 소방시설공사 결과 하자보수 대상과 하자보수 보증기간의 연결이 옳은 것은?

<u>하자보수대상 소방시설</u>　　　　　<u>하자보수 보증기간</u>

① 비상경보설비, 자동소화장치　　　　2년

② 무선통신보조설비, 비상조명등　　　2년

③ 피난기구, 소화활동설비　　　　　　3년

④ 비상방송설비, 간이스프링클러설비　3년

 Point

하자보수 대상 소방시설과 하자보수 보증기간(시행령 제6조)

2년	3년
피난기구, 유도등, 유도표지, 비상경보설비, 비상조명등, 비상방송설비 및 무선통신보조설비	자동소화장치, 옥내소화전설비, 스프링클러설비, 간이스프링클러설비, 물분무등소화설비, 옥외소화전설비, 자동화재탐지설비, 상수도소화용수설비 및 소화활동설비(무선통신보조설비는 제외)

6 「화재예방, 소방시설 설치·유지 및 안전관리에 관한 법률 시행령」상 방염성능기준 이상의 실내장식물 등을 설치하여야 하는 특정소방대상물로 옳지 않은 것은?

① 근린생활 중 숙박시설　　　　　② 의료시설 중 요양병원

③ 노유자시설　　　　　　　　　　④ 운동시설 중 수영장

Point

방염성능기준 이상의 실내장식물 등을 설치하여야 하는 특정소방대상물(시행령 제19조)
㉠ 근린생활시설 중 체력단련장, 숙박시설, 방송통신시설 중 방송국 및 촬영소
㉡ 건축물의 옥내에 있는 시설로서 다음의 시설
　• 문화 및 집회시설
　• 종교시설
　• 운동시설(수영장은 제외한다)
㉢ 의료시설 중 종합병원, 요양병원 및 정신의료기관
㉣ 노유자시설 및 숙박이 가능한 수련시설
㉤ 「다중이용업소의 안전관리에 관한 특별법」에 따른 다중이용업의 영업장
㉥ ㉠부터 ㉤까지의 시설에 해당하지 아니하는 것으로서 층수(「건축법 시행령」에 따라 산정한 층수를 말한다)가 11층 이상인 것(아파트는 제외한다)
㉦ 교육연구시설 중 합숙소

Answer 5.② 6.④

7 「화재예방, 소방시설 설치·유지 및 안전관리에 관한 법률 시행령」상 수용인원 산정방법으로 옳지 않은 것은?

① 침대가 있는 숙박시설은 해당 특정소방물의 종사자 수에 침대 수(2인용 침대는 2개로 산정)를 합한 수로 한다.

② 침대가 없는 숙박시설은 해당 특정소방대상물의 종사자 수에 바닥면적의 합계를 3㎡로 나누어 얻은 수를 합한 수로 한다.

③ 강의실 용도로 쓰이는 특정소방대상물은 해당 용도로 사용하는 바닥면적의 합계를 1.9㎡로 나누어 얻은 수로 한다.

④ 문화 및 집회시설은 해당 용도로 사용하는 바닥면적의 합계를 3㎡로 나누어 얻은 수로 한다.

🔊 **Point**

수용인원의 산정 방법(시행령 제15조 관련)
○ 숙박시설이 있는 특정소방 대상물
   • 침대가 있는 숙박시설 : 해당 특정소방물의 종사자 수에 침대 수(2인용 침대는 2개로 산정한다)를 합한 수
   • 침대가 없는 숙박시설 : 해당 특정소방대상물의 종사자 수에 숙박시설 바닥면적의 합계를 3㎡로 나누어 얻은 수를 합한 수
○ ○ 외의 특정소방 대상물
   • 강의실·교무실·상담실·실습실·휴게실 용도로 쓰이는 특정소방대상물 : 해당 용도로 사용하는 바닥면적의 합계를 1.9㎡로 나누어 얻은 수
   • 강당, 문화 및 집회시설, 운동시설, 종교시설: 해당 용도로 사용하는 바닥면적의 합계를 <u>4.6㎡</u>로 나누어 얻은 수(관람석이 있는 경우 고정식 의자를 설치한 부분은 그 부분의 의자 수로 하고, 긴 의자의 경우에는 의자의 정면너비를 0.45m로 나누어 얻은 수로 한다)
   • 그 밖의 특정소방 대상물 : 해당 용도로 사용하는 바닥면적의 합계를 3㎡로 나누어 얻은 수

8 「위험물안전관리법 시행령」상 위험물의 지정수량이 가장 큰 것은?

① 브롬산염류

② 아염소산염류

③ 과염소산염류

④ 중크롬산염류

🔊 **Point**

제1류 산화성 고체로서 각 지정 수량(시행령 별표1 참고)
• 아염소산염류, 염소산염류, 과염소산염류 : 50킬로그램
• 중크롬산염류 : 1,000킬로그램

Answer 7.④ 8.④

9 「화재예방, 소방시설 설치·유지 및 안전관리에 관한 법률」상 소방시설관리사의 자격의 취소·정지 사유로 옳지 않은 것은?

① 동시에 둘 이상의 업체에 취업한 경우

② 등록사항의 변경신고를 하지 아니한 경우

③ 소방시설관리사증을 다른 자에게 빌려준 경우

④ 소방안전관리 업무를 하지 아니하거나 거짓으로 한 경우

Point

자격의 취소·정지(법 제28조)

㉠ 거짓이나 그 밖의 부정한 방법으로 시험에 합격한 경우(취소사유)

㉡ 소방시설관리사증을 다른 자에게 빌려준 경우(취소사유)

㉢ 동시에 둘 이상의 업체에 취업한 경우(취소사유)

㉣ 피성년후견인, 소방관계법률 등의 위반으로 금고이상의 형을 받고 집행이 완료되거나 면제 된지 2년이 지나지 않았거나 집행유예의 기간 중의 어느 하나에 따른 결격사유에 해당하게 된 경우(취소사유)

10 「화재예방, 소방시설 설치·유지 및 안전관리에 관한 법률 시행령」상 1급 소방안전관리대상물로 옳은 것은?

① 지하구

② 동·식물원

③ 가연성 가스를 1천 톤 이상 저장·취급하는 시설

④ 철강 등 불연성 물품을 저장·취급하는 창고

Point

소방안전관리자를 두어야 하는 특정소방대상물(시행령 제22조)

특정소방대상물 중 특급 소방안전관리대상물을 제외한 다음에 해당하는 것으로서 동·식물원, 철강 등 불연성 물품을 저장·취급하는 창고, 위험물 저장 및 처리 시설 중 위험물 제조소 등, 지하구를 제외한 것(1급 소방안전관리대상물)

㉠ 30층 이상(지하층은 제외한다)이거나 지상으로부터 높이가 120미터 이상인 아파트

㉡ 연면적 1만 5천 제곱미터 이상인 특정소방대상물(아파트는 제외한다)

㉢ ㉡에 해당하지 아니하는 특정소방대상물로서 층수가 11층 이상인 특정소방대상물(아파트는 제외한다)

㉣ 가연성 가스를 1천 톤 이상 저장·취급하는 시설

Answer 9.② 10.③

11 「화재예방, 소방시설 설치·유지 및 안전관리에 관한 법률」상 화재안전정책기본계획 등의 수립 및 시행에 관한 내용으로 옳은 것은?

① 기본계획에는 화재안전분야 국제경쟁력 향상에 관한 사항이 포함되어야 한다.
② 소방본부장은 기본계획을 시행하기 위하여 5년마다 시행계획을 수립·시행하여야 한다.
③ 기본계획은 행정안전부령으로 정하는 바에 따라 소방본부장이 관계 중앙행정기관의 장과 협의하여 수립한다.
④ 국가는 화재안전 기반 확충을 위하여 화재안전정책에 관한 기본계획을 10년마다 수립·시행하여야 한다.

> 🔊 **Point**
>
> 화재안전정책기본계획 등의 수립·시행(법 제2조의3)
> 기본계획에는 다음의 사항이 포함되어야 한다.
> ㉠ 화재안전정책의 기본목표 및 추진방향
> ㉡ 화재안전을 위한 법령·제도의 마련 등 기반 조성에 관한 사항
> ㉢ 화재예방을 위한 대국민 홍보·교육에 관한 사항
> ㉣ 화재안전 관련 기술의 개발·보급에 관한 사항
> ㉤ 화재안전분야 전문인력의 육성·지원 및 관리에 관한 사항
> ㉥ 화재안전분야 국제경쟁력 향상에 관한 사항
> ㉦ 그 밖에 대통령령으로 정하는 화재안전 개선에 필요한 사항

12 「위험물안전관리법」상 신고를 하지 아니하고 위험물의 품명·수량 또는 지정수량의 배수를 변경할 수 있는 경우로 옳은 것은?

① 농예용으로 필요한 건조시설을 위한 지정수량 20배 이하의 취급소
② 축산용으로 필요한 난방시설을 위한 지정수량 20배 이하의 저장소
③ 수산용으로 필요한 건조시설을 위한 지정수량 30배 이하의 저장소
④ 공동주택의 중앙난방시설을 위한 지정수량 30배 이하의 취급소

> 🔊 **Point**
>
> 위험물시설의 설치 및 변경 등(법 제6조 제3항)
> 다음에 해당하는 제조소 등의 경우에는 허가를 받지 아니하고 당해 제조소 등을 설치하거나 그 위치·구조 또는 설비를 변경할 수 있으며, 신고를 하지 아니하고 위험물의 품명·수량 또는 지정수량의 배수를 변경할 수 있다.
> ㉠ 주택의 난방시설(공동주택의 중앙난방시설을 제외한다)을 위한 저장소 또는 취급소
> ㉡ 농예용·축산용 또는 수산용으로 필요한 난방시설 또는 건조시설을 위한 지정수량 20배 이하의 저장소

Answer 11.① 12.②

13 「소방기본법」상 불을 사용하는 설비의 관리기준 등에 대한 설명이다. (   ) 안에 들어갈 숫자로 옳은 것은?

- 보일러 : 보일러와 벽·천장 사이의 거리는 <u>(가)</u>미터 이상 되도록 하여야 한다.
- 난로 : 연통은 천장으로부터 <u>(나)</u>미터 이상 떨어지고, 건물 밖으로 0.6미터 이상 나오게 설치하여야 한다.
- 건조설비 : 건조설비와 벽·천장 사이의 거리는 <u>(다)</u>미터 이상 되도록 하여야 한다.
- 음식조리를 위하여 설치하는 설비 : 열을 발생하는 조리기구는 반자 또는 선반으로부터 <u>(라)</u>미터 이상 떨어지게 해야 한다.

	(가)	(나)	(다)	(라)
①	0.5	0.6	0.6	0.6
②	0.6	0.6	0.5	0.6
③	0.6	0.5	0.6	0.6
④	0.6	0.6	0.5	0.5

📢 **Point**

보일러 등의 위치·구조 및 관리와 화재예방을 위하여 불의 사용에 있어서 지켜야 하는 사항(시행령 제5조 관련)

㉠ 보일러와 벽·천장 사이의 거리는 0.6미터 이상 되도록 하여야 한다.

㉡ 난로의 연통은 천장으로부터 0.6미터 이상 떨어지고, 건물 밖으로 0.6미터 이상 나오게 설치하여야 한다.

㉢ 건조설비와 벽·천장 사이의 거리는 0.5미터 이상 되도록 하여야 한다.

㉣ 음식조리를 위하여 설치하는 설비 중 열을 발생하는 조리기구는 반자 또는 선반으로부터 0.6미터 이상 떨어지게 해야 한다.

14 「위험물안전관리법 시행규칙」상 고인화점위험물을 상온에서 취급하는 경우 제조소의 시설기준 중 일부 완화된 시설기준을 적용할 수 있는데, 고인화점위험물의 정의로 옳은 것은?

① 인화점이 250℃ 이상인 인화성 액체

② 인화점이 100℃ 이상인 제4류 위험물

③ 인화점이 70℃ 이상 200℃ 미만인 제4류 위험물

④ 인화점이 70℃ 이상이고 가연성 액체량이 40중량퍼센트 이상인 제4류 위험물

📢 **Point**

제조소의 위치·구조 및 설비의 기준(시행규칙 별표4 참고)

- 고인화점 위험물 : 인화점이 100℃ 이상인 제4류 위험물
- 고인화점 인화성 액체 : 인화점이 섭씨 23도 이상 섭씨 60도 이하인 액체(인화점이 섭씨 35도를 초과하는 액체로서 연소 계속성으로 인하여 그 액체의 인화점 미만의 온도로 운송되는 경우는 제외한다) 또는 인화점이 섭씨 60도를 초과하는 액체로서 인화점 이상의 온도로 운송되는 액체

Answer 13.② 14.②

12 「화재예방, 소방시설 설치·유지 및 안전관리에 관한 법률 시행령」상 특정소방대상물이 증축되는 경우, 원칙적으로 소방시설기준 적용에 관한 설명으로 옳은 것은?

① 기존 부분을 포함한 특정소방대상물의 전체에 대하여 증축 전 소방시설의 설치에 관한 대통령령 또는 화재안전기준을 적용하여야 한다.

② 기존 부분은 증축 전에 적용되던 소방시설의 설치에 관한 대통령령 또는 화재안전기준을 적용하고 증축 부분은 증축 당시의 소방시설의 설치에 관한 대통령령 또는 화재안전기준을 적용하여야 한다.

③ 증축 부분은 증축 전에 적용되던 소방시설의 설치에 관한 대통령령 또는 화재안전기준을 적용하고 기존 부분은 증축 당시의 소방시설의 설치에 관한 대통령령 또는 화재안전기준을 적용하여야 한다.

④ 기존 부분을 포함한 특정소방대상물의 전체에 대하여 증축 당시의 소방시설의 설치에 관한 대통령령 또는 화재안전기준을 적용하여야 한다.

🔊 Point

특정소방대상물이 증축되는 경우 '기준 부분을 포함한 전체에 대하여', '증축 당시의' 소방시설 설치 관련 대통령령 또는 화재안전기준을 적용하여야 한다(시행령 제17조 참조).

13 「화재예방, 소방시설 설치·유지 및 안전관리에 관한 법률 시행령」상 특정소방대상물의 관계인이 특정소방대상물의 규모·용도 및 수용인원 등을 고려하여 갖추어야 하는 소방시설의 종류 중 단독경보형 감지기를 설치하여야 하는 특정소방대상물로 옳은 것은?

① 연면적 500㎡인 숙박시설

② 연면적 600㎡인 유치원

③ 연면적 2,000㎡인 기숙사

④ 교육연구시설 또는 수련시설 내에 있는 합숙소 또는 기숙사로서 연면적 3,000㎡인 것

🔊 Point

단독경보형 감지기를 설치하여야 하는 특정소방대상물〈시행령 별표5〉

1) 연면적 1천㎡ 미만의 아파트 등
2) 연면적 1천㎡ 미만의 기숙사
3) 교육연구시설 또는 수련시설 내에 있는 합숙소 또는 기숙사로서 연면적 2천㎡ 미만인 것
4) 연면적 600㎡ 미만의 숙박시설
5) 별표5 제2호 라목 7)*에 해당하지 않는 수련시설(숙박시설이 있는 것만 해당한다)
6) 연면적 400㎡ 미만의 유치원

* 별표5 제2호 라목 7) : 노유자 생활시설에 해당하지 않는 노유자 시설로서 연면적 400㎡ 이상인 노유자시설 및 숙박시설이 있는 수련시설로서 수용인원 100명 이상인 것

Answer 12.④ 13.①

14 「화재예방, 소방시설 설치·유지 및 안전관리에 관한 법률 시행령」상 하자보수 대상 소방시설 중 하자보수 보증기간이 다른 것은?

① 비상조명등

② 비상방송설비

③ 비상콘센트설비

④ 무선통신보조설비

「화재예방, 소방시설 설치·유지 및 안전관리에 관한 법률」 시행령 별표1에서 비상콘센트설비는 '소화활동설비'에 속한다. 소방시설공사업법 시행령에 따라 소화활동설비의 하자보수 기간은 3년이다.

※ 하자보수 대상 소방시설과 하자보수 보증기간〈소방시설공사업법 시행령 제6조〉
- 피난기구, 유도등, 유도표지, 비상경보설비, 비상조명등, 비상방송설비 및 무선통신보조설비: 2년
- 자동소화장치, 옥내소화전설비, 스프링클러설비, 간이스프링클러설비, 물분무등소화설비, 옥외소화전설비, 자동화재탐지설비, 상수도소화용수설비 및 소화활동설비(무선통신보조설비 제외): 3년

15 「소방시설공사업법」상 감리업자가 감리를 할 때 위반사항에 대하여 조치하여야 할 사항이다. (   ) 안에 들어갈 용어로 옳은 것은?

> 감리업자는 감리를 할 때 소방시설공사가 설계도서나 화재안전기준에 맞지 아니할 때에는 (가)에게 알리고, (나)에게 그 공사의 시정 또는 보완 등을 요구하여야 한다.

	(가)	(나)
①	관계인	공사업자
②	관계인	소방서장
③	소방본부장	공사업자
④	소방본부장	소방서장

법 제19조(위반사항에 대한 조치) 제1항
감리업자는 감리를 할 때 소방시설공사가 설계도서나 화재안전기준에 맞지 아니할 때에는 관계인에게 알리고, 공사업자에게 그 공사의 시정 또는 보완 등을 요구하여야 한다.

Answer 14.③ 15.①

16 「위험물안전관리법」상 위험물안전관리자의 선임 등에 관한 사항이다. ( ) 안에 들어갈 숫자로 옳은 것은?

- 위험물안전관리자를 선임한 제조소등의 관계인은 그 위험물안전관리자를 해임하거나 위험물안전관리자가 퇴직한 때에는 해임하거나 퇴직한 날부터 (가)일 이내에 다시 위험물안전관리자를 선임하여야 한다.
- 제조소등의 관계인은 위험물안전관리자를 선임한 경우에는 선임한 날부터 (나)일 이내에 행정안전부령으로 정하는 바에 따라 소방본부장 또는 소방서장에게 신고하여야 한다.

	(가)	(나)
①	15	14
②	15	30
③	30	14
④	30	30

📢〈Point〉

법 제15조(위험물안전관리자) 제2항 및 제3항
- 제1항의 규정에 따라 안전관리자를 선임한 제조소 등의 관계인은 그 안전관리자를 해임하거나 안전관리자가 퇴직한 때에는 해임하거나 퇴직한 날부터 <u>30일</u> 이내에 다시 안전관리자를 선임하여야 한다.
- 제조소 등의 관계인은 제1항 및 제2항에 따라 안전관리자를 선임한 경우에는 선임한 날부터 <u>14일</u> 이내에 행정안전부령으로 정하는 바에 따라 소방본부장 또는 소방서장에게 신고하여야 한다.

17 「위험물안전관리법」상 벌칙 기준이 다른 것은?

① 제조소등의 사용정지명령을 위반한 자
② 변경허가를 받지 아니하고 제조소등을 변경한 자
③ 위험물의 저장 또는 취급에 관한 중요기준에 따르지 아니한 자
④ 위험물안전관리자 또는 그 대리자가 참여하지 아니한 상태에서 위험물을 취급한 자

📢〈Point〉

④의 경우 1천만 원 이하의 벌금에 처해진다(법 제37조).
①②③은 법 제36조에 따라 1천 5백만 원 이하의 벌금에 처해진다(각 제4호, 제2호, 제1호).

Answer 16.③ 17.④

18 「위험물안전관리법」상 위험물에 대한 정의이다. (   ) 안에 들어갈 용어로 옳은 것은?

> "위험물"이라 함은 (가) 또는 (나) 등의 성질을 가지는 것으로서 (다)이 정하는 물품을 말한다.

	(가)	(나)	(다)
①	인화성	가연성	대통령령
②	인화성	발화성	대통령령
③	휘발성	가연성	행정안전부령
④	인화성	휘발성	행정안전부령

📢 **Point**

법 제2조 제1호

"위험물"이라 함은 <u>인화성</u> 또는 <u>발화성</u> 등의 성질을 가지는 것으로서 <u>대통령령</u>이 정하는 물품을 말한다.

19 「위험물안전관리법」상 용어의 정의에 관한 내용으로 옳지 않은 것은?

① "취급소"라 함은 지정수량 이상의 위험물을 제조외의 목적으로 취급하기 위한 대통령령이 정하는 장소로서 「위험물안전관리법」에 따른 허가를 받은 장소를 말한다.

② "지정수량"이라 함은 위험물의 종류별로 위험성을 고려하여 대통령령이 정하는 수량으로서 제조소등의 설치허가 등에 있어서 최대의 기준이 되는 수량을 말한다.

③ "제조소등"이라 함은 제조소 · 저장소 및 취급소를 말한다.

④ "저장소"라 함은 지정수량 이상의 위험물을 저장하기 위하여 대통령령이 정하는 장소로서 「위험물안전관리법」에 따른 허가를 받은 장소를 말한다.

📢 **Point**

법 제2조 제2호

"지정수량"이라 함은 위험물의 종류별로 위험성을 고려하여 대통령령이 정하는 수량으로서 제6호의 규정에 의한 제조소등의 설치허가 등에 있어서 <u>최저의</u> 기준이 되는 수량을 말한다.

Answer 18.② 19.②

20 「위험물안전관리법 시행규칙」상 위험물 제조소등(이동탱크저장소를 제외한다)에 설치하는 경보설비로 옳지 않은 것은?

① 확성장치
② 비상방송설비
③ 비상경보설비
④ 자동화재속보설비

 Point

경보설비의 기준〈시행규칙 제42조 참조〉
㉠ 지정수량의 10배 이상의 위험물을 저장 또는 취급하는 제조소 등(이동탱크저장소 제외)에는 화재발생 시 이를 알릴 수 있는 경보설비를 설치하여야 한다.
㉡ 경보설비는 자동화재탐지설비ㆍ비상경보설비(비상벨장치 또는 경종을 포함한다)ㆍ확성장치(휴대용확성기를 포함한다) 및 비상방송설비로 구분한다.

1 「소방기본법」 및 같은 법 시행령상 화재의 예방조치 등으로 옳지 않은 것은?

① 소방본부장 또는 소방서장은 보관기간이 종료되는 때에는 보관하고 있는 위험물 또는 물건을 매각하여야 한다.

② 위험물 또는 물건의 보관기간은 소방본부 또는 소방서의 게시판에 공고하는 기간의 종료일 다음 날부터 7일로 한다.

③ 위험물 또는 물건을 보관하는 경우에는 그 날부터 14일 동안 소방본부 또는 소방서의 게시판에 그 사실을 공고하여야 한다.

④ 시 · 도지사는 폐기된 위험물의 소유자가 보상을 요구하는 경우에는 보상금액에 대하여 소유자와 협의를 거쳐 이를 보상하여야 한다.

Point

④ 소방본부장 또는 소방서장은 「소방기본법 시행령」 제3조 제2항의 규정에 의하여 매각되거나 폐기된 위험물 또는 물건의 소유자가 보상을 요구하는 경우에는 보상금액에 대하여 소유자와 협의를 거쳐 이를 보상하여야 한다〈「소방기본법 시행령」 제3조(위험물 또는 물건의 보관기간 및 보관기간 경과후 처리 등) 제4항〉.

① 소방본부장 또는 소방서장은 「소방기본법 시행령」 제3조 제1항에 따른 보관기간이 종료되는 때에는 보관하고 있는 위험물 또는 물건을 매각해야 한다. 다만, 보관하고 있는 위험물 또는 물건이 부패 · 파손 또는 이와 유사한 사유로 정해진 용도에 계속 사용할 수 없는 경우에는 폐기할 수 있다〈「소방기본법 시행령」 제3조(위험물 또는 물건의 보관기간 및 보관기간 경과후 처리 등) 제2항〉.

② 「소방기본법」 제12조 제5항의 규정에 의한 위험물 또는 물건의 보관기간은 「소방기본법」 제12조 제4항의 규정에 의하여 소방본부 또는 소방서의 게시판에 공고하는 기간의 종료일 다음 날부터 7일로 한다〈「소방기본법 시행령」 제3조(위험물 또는 물건의 보관기간 및 보관기간 경과후 처리 등) 제1항〉.

③ 소방본부장이나 소방서장은 「소방기본법」 제12조 제3항에 따라 위험물 또는 물건을 보관하는 경우에는 그 날부터 14일 동안 소방본부 또는 소방서의 게시판에 그 사실을 공고하여야 한다〈「소방기본법」 제12조(화재의 예방조치 등) 제4항〉.

Answer 1.④

2 「소방기본법 시행규칙」상 소방용수시설의 설치기준으로 옳은 것은?

① 소방용호스와 연결하는 소화전의 연결금속구의 구경은 40밀리미터로 할 것
② 공업지역인 경우 소방대상물과 수평거리를 100미터 이하가 되도록 할 것
③ 저수조에 물을 공급하는 방법은 상수도에 연결하여 수동으로 급수되는 구조일 것
④ 급수탑의 개폐밸브는 지상에서 0.8미터 이상 1.5미터 이하의 위치에 설치하도록 할 것

📢 Point

소방용수시설의 설치기준〈「소방기본법 시행규칙 [별표 3]〉
1. 공통기준
　가. 「국토의 계획 및 이용에 관한 법률」 제36조 제1항 제1호의 규정에 의한 주거지역·상업지역 및 공업지역에 설치하는 경우 : 소방대상물과의 수평거리를 100미터 이하가 되도록 할 것
　나. 가목 외의 지역에 설치하는 경우 : 소방대상물과의 수평거리를 140미터 이하가 되도록 할 것
2. 소방용수시설별 설치기준
　가. 소화전의 설치기준 : 상수도와 연결하여 지하식 또는 지상식의 구조로 하고, 소방용호스와 연결하는 소화전의 연결금속구의 구경은 65밀리미터로 할 것
　나. 급수탑의 설치기준 : 급수배관의 구경은 100밀리미터 이상으로 하고, 개폐밸브는 지상에서 1.5미터 이상 1.7미터 이하의 위치에 설치하도록 할 것
　다. 저수조의 설치기준
　　(1) 지면으로부터의 낙차가 4.5미터 이하일 것
　　(2) 흡수부분의 수심이 0.5미터 이상일 것
　　(3) 소방펌프자동차가 쉽게 접근할 수 있도록 할 것
　　(4) 흡수에 지장이 없도록 토사 및 쓰레기 등을 제거할 수 있는 설비를 갖출 것
　　(5) 흡수관의 투입구가 사각형의 경우에는 한 변의 길이가 60센티미터 이상, 원형의 경우에는 지름이 60센티미터 이상일 것
　　(6) 저수조에 물을 공급하는 방법은 상수도에 연결하여 자동으로 급수되는 구조일 것

Answer 2.②

17 「위험물안전관리법 시행규칙」상 옥외탱크저장소의 위치·구조 및 설비의 기준에 관한 내용이다. 빈칸에 들어갈 숫자로 옳은 것은?

> 가. 지정수량의 650배를 저장하는 옥외탱크저장소의 보유공지는 (㉠)m 이상이다.
> 나. 펌프설비의 주위에는 너비 (㉡) m 이상의 공지를 보유해야 한다. 다만, 방화상 유효한 격벽을 설치하는 경우와 제6류 위험물 또는 지정수량의 (㉢)배 이하 위험물의 옥외저장탱크의 펌프설비에 있어서는 그러하지 아니하다.

	㉠	㉡	㉢
①	3	3	20
②	3	5	10
③	5	3	10
④	5	5	20

📢 **Point**

가. 옥외저장탱크(위험물을 이송하기 위한 배관 그 밖에 이에 준하는 공작물을 제외한다)의 주위에는 그 저장 또는 취급하는 위험물의 최대수량에 따라 옥외저장탱크의 측면으로부터 다음 표에 의한 너비의 공지를 보유하여야 한다〈「위험물안전관리법 시행규칙」[별표 6] Ⅱ 제1호〉.

저장 또는 취급하는 위험물의 최대수량	공지의 너비
지정수량의 500배 이하	3m 이상
지정수량의 500배 초과 1,000배 이하	5m 이상
지정수량의 1,000배 초과 2,000배 이하	9m 이상
지정수량의 2,000배 초과 3,000배 이하	12m 이상
지정수량의 3,000배 초과 4,000배 이하	15m 이상
지정수량의 4,000배 초과	당해 탱크의 수평단면의 최대지름(횡형인 경우에는 긴 변)과 높이 중 큰 것과 같은 거리 이상. 다만, 30m 초과의 경우에는 30m 이상으로 할 수 있고, 15m 미만의 경우에는 15m 이상으로 하여야 한다.

나. 펌프설비의 주위에는 너비 3m 이상의 공지를 보유할 것. 다만, 방화상 유효한 격벽을 설치하는 경우와 제6류 위험물 또는 지정수량의 10배 이하 위험물의 옥외저장탱크의 펌프설비에 있어서는 그러하지 아니하다〈「위험물안전관리법 시행규칙」[별표 6] Ⅳ 제10호 가목〉.

Answer 17.③

18 「위험물안전관리법 시행규칙」상 제조소의 환기설비의 기준에 대한 설명으로 옳지 않은 것은?

① 환기는 기계배기방식으로 할 것

② 환기구는 지상 2m 이상의 높이에 루프팬방식으로 설치할 것

③ 바닥면적이 90m²일 경우 급기구의 면적은 450cm² 이상으로 할 것

④ 급기구는 낮은 곳에 설치하고 가는 눈의 구리망 등으로 인화방지망을 설치할 것

> **Point**
>
> 환기설비는 다음의 기준에 의할 것〈「위험물안전관리법 시행규칙」 [별표 4] Ⅴ 제1호 다목〉
> 1) 환기는 자연배기방식으로 할 것
> 2) 급기구는 당해 급기구가 설치된 실의 바닥면적 150m²마다 1개 이상으로 하되, 급기구의 크기는 800cm² 이상으로 할 것. 다만 바닥면적이 150m² 미만인 경우에는 다음의 크기로 하여야 한다.
>
> | 바닥면적 | 급기구의 면적 |
> |---|---|
> | 60m² 미만 | 150cm² 이상 |
> | 60m² 이상 90m² 미만 | 300cm² 이상 |
> | 90m² 이상 120m² 미만 | 450cm² 이상 |
> | 120m² 이상 150m² 미만 | 600cm² 이상 |
>
> 3) 급기구는 낮은 곳에 설치하고 가는 눈의 구리망 등으로 인화방지망을 설치할 것
> 4) 환기구는 지붕위 또는 지상 2m 이상의 높이에 회전식 고정벤티레이터 또는 루프팬방식으로 설치할 것

19 「위험물안전관리법 시행령」 및 같은 법 시행규칙상 위험물의 성질과 품명이 옳지 않은 것은?

① 가연성 고체 : 적린, 금속분

② 산화성 액체 : 과염소산, 질산

③ 산화성 고체 : 요오드산염류, 과요오드산

④ 자연발화성 및 금수성 물질 : 황린, 아조화합물

> **Point**
>
> ④ 아조화합물은 제5류 위험물인 자기반응성 물질이다. 제3류 위험물인 자연발화성 물질 및 금수성 물질로는 칼륨, 나트륨, 알킬알루미늄, 알킬리튬, 황린, 알칼리금속(칼륨 및 나트륨을 제외한다) 및 알칼리토금속, 유기금속화합물(알킬알루미늄 및 알킬리튬을 제외한다), 금속의 수소화물, 금속의 인화물, 칼슘 또는 알루미늄의 탄화물 등이 있다〈「위험물안전관리법 시행령」 [별표 1].
> ① 제2류 위험물(가연성 고체) : 황화린, 적린, 유황, 철분, 금속분, 마그네슘, 인화성 고체 등
> ② 제6류 위험물(산화성 액체) : 과염소산, 과산화수소, 질산 등
> ③ 제1류 위험물(산화성 고체) : 아염소산염류, 염소산염류, 과염소산염류, 무기과산화물, 브롬산염류, 질산염류, 요오드산염류, 과망간산염류, 중크롬산염류 등

Answer 18.① 19.④

20 「위험물안전관리법 시행령」상 정기점검 대상인 저장소로 옳지 않은 것은?

① 옥내탱크저장소
② 지하탱크저장소
③ 이동탱크저장소
④ 암반탱크저장소

📢 Point

정기점검의 대상인 제조소등〈「위험물안전관리법 시행령」 제16조〉
1. 제15조 각호의 1에 해당하는 제조소등
2. <u>지하탱크저장소</u>
3. <u>이동탱크저장소</u>
4. 위험물을 취급하는 탱크로서 지하에 매설된 탱크가 있는 제조소·주유취급소 또는 일반취급소
※ 「위험물안전관리법 시행령」 제15조(관계인이 예방규정을 정하여야 하는 제조소등)
   1. 지정수량의 10배 이상의 위험물을 취급하는 제조소
   2. 지정수량의 100배 이상의 위험물을 저장하는 옥외저장소
   3. 지정수량의 150배 이상의 위험물을 저장하는 옥내저장소
   4. 지정수량의 200배 이상의 위험물을 저장하는 옥외탱크저장소
   5. <u>암반탱크저장소</u>
   6. 이송취급소
   7. 지정수량의 10배 이상의 위험물을 취급하는 일반취급소. 다만, 제4류 위험물(특수인화물을 제외한다)만을 지정수량의 50배 이하로 취급하는 일반취급소(제1석유류·알코올류의 취급량이 지정수량의 10배 이하인 경우에 한한다)로서 다음 각목의 어느 하나에 해당하는 것을 제외한다.
      가. 보일러·버너 또는 이와 비슷한 것으로서 위험물을 소비하는 장치로 이루어진 일반취급소
      나. 위험물을 용기에 옮겨 담거나 차량에 고정된 탱크에 주입하는 일반취급소

Answer 20.①

PART

03

행정법총론

01. 2018. 10. 13. 시행
02. 2019. 4. 6. 시행
03. 2020. 6. 20 시행
04. 2021. 4. 3. 시행

1 행정쟁송법상의 처분에 관한 설명으로 옳지 않은 것은?(다툼이 있는 경우 판례에 의함)

① 공무수탁사인의 공무를 수행하는 공권력 행사도 처분에 해당한다.

② 처분성이 있는 법규명령의 효력이 있는 행정규칙은 항고소송의 대상이 된다.

③ 구 「청소년보호법」에 따른 청소년유해매체물 결정 및 고시처분은 당해 유해매체물의 소유자 등 특정인만을 대상으로 한 행정처분이 아니라 일반 불특정 다수인을 상대방으로 하여 일률적으로 각종 의무를 발생시키는 행정처분이다.

④ 국가인권위원회의 성희롱결정과 이에 따른 시정조치의 권고는 불가분의 일체로 행하여지는 것인데, 이는 비권력적 사실행위로서 행정소송의 대상이 되는 행정처분이 아니다.

🔊 Point

④ 국가인권위원회의 성희롱 결정과 이에 따른 시정조치의 권고는 불가분의 일체로 행하여지는 것인데 국가인권위원회의 이러한 결정과 시정조치의 권고는 성희롱 행위자로 결정된 자의 인격권에 영향을 미침과 동시에 공공기관의 장 또는 사용자에게 일정한 법률상의 의무를 부담시키는 것이므로 국가인권위원회의 성희롱 결정 및 시정조치권고는 행정소송의 대상이 되는 행정처분에 해당한다(대법원 2005.7.8., 선고, 2005두487).

2 행정질서벌에 관한 설명으로 옳지 않은 것은?

① 「질서위반행위규제법」은 고의 또는 과실이 없는 질서 위반행위는 과태료를 부과하지 않는다고 규정한다.

② 당사자와 검사는 과태료 재판에 대하여 즉시항고를 할 수 있다. 이 경우 항고는 집행정지의 효력이 있다.

③ 신분에 의하여 성립하는 질서위반행위에 신분이 없는 자가 가담한 때에는 신분이 없는 자에 대하여는 질서위반행위가 성립하지 않는다.

④ 신분에 의하여 과태료를 감경 또는 가중하거나 과태료를 부과하지 아니하는 때에는, 그 신분의 효과는 신분이 없는 자에게는 미치지 아니한다.

🔊 Point

③ 「질서위반행위규제법」 제12조(다수인의 질서위반행위 가담) 제2항 신분에 의하여 성립하는 질서위반행위에 신분이 없는 자가 가담한 때에는 신분이 없는 자에 대하여도 질서위반행위가 성립한다.

Answer 1.④ 2.③

3 행정상 강제징수에 관한 설명으로 옳지 않은 것은?

① 국세납부의무의 불이행에 대하여는 「국세징수법」에서 강제징수를 인정하고 있다.

② 독촉은 이후에 행해지는 압류의 적법요건이 되며 최고기간 동안 조세채권의 소멸시효를 중단시키는 법적 효과를 갖는다.

③ 「국세징수법」상의 독촉, 압류, 압류해제거부 및 공매 처분에 대하여는 이의신청을 제기할 수 있고, 심사청구와 심판청구의 결정을 모두 거친 후에 행정소송을 제기할 수 있다.

④ 과세관청이 체납처분으로서 행하는 공매는 우월한 공권력의 행사로서 행정소송의 대상이 되는 공법상의 행정처분이며 공매에 의하여 재산을 매수한 자는 그 공매처분이 취소된 경우에 그 취소처분의 위법을 주장하여 행정소송을 제기할 법률상 이익이 있다.

📢 Point

③ 행정심판 전치주의에 따라 심사청구나 심판청구를 거친 후 행정소송이 가능하며 심사, 심판청구에 앞서 이의신청하는 것은 납세자의 선택이다.

4 행정조사에 관한 설명으로 옳지 않은 것은?(다툼이 있는 경우 판례에 의함)

① 시료채취로 조사대상자에게 손실을 입힌 경우 그 손실보상에 관한 명문규정이 있다.

② 「행정절차법」은 행정조사에 관한 명문의 규정을 마련하고 있다.

③ 행정조사의 성격을 가지는 우편물의 개봉, 시료채취, 성분분석 등의 검사는 압수, 수색영장 없이 가능하다.

④ 세무조사결정은 납세의무자의 권리, 의무에 직접 영향을 미치는 공권력의 행사에 따른 행정작용으로서 항고소송의 대상이 된다.

📢 Point

② 「행정절차법」은 행정조사에 관한 명문의 규정을 마련하고 있지 않다.

① 「행정조사기본법」 제12조(시료채취) 제2항 행정기관의 장은 조사대상자에게 입힌 손실에 대해 대통령령으로 정하는 절차와 방법에 따라 보상하여야 한다.

③ 우편물 통관검사절차에서의 검사는 수출입물품에 대한 적정한 통관을 목적으로 한 행정조사의 성격을 가지고 있다. 이는 수사기관의 강제처분이라고 할 수 없으므로 위법하지 않다.

④ 세무조사결정은 납세의무자의 권리·의무에 직접 영향을 미치는 공권력의 행사에 따른 행정작용으로서 항고소송의 대상이 된다(대법원 2011.3.10., 선고, 2009두23671,23624).

Answer 3.③ 4.②

2 「행정소송법」에 관한 설명으로 옳지 않은 것은?

① 행정청의 처분등의 효력 유무 또는 존재 여부를 확인하는 소송은 무효등 확인소송이다.

② 국가 또는 공공단체의 기관이 법률에 위반되는 행위를 한 때에 직접 자기의 법률상 이익과 관계없이 그 시정을 구하기 위하여 제기하는 소송은 기관소송이다.

③ 「행정소송법」은 행정소송사항에 관하여 개괄주의를 채택하였지만, 민중소송은 예외적으로 열기주의를 채택하였다.

④ 당사자소송에 관하여 법령에 제소기간이 정하여져 있는 경우 그 기간은 불변기간으로 한다.

📣 Point

② 제3조(행정소송의 종류) 제4항
   ㉠ 기관소송 : 국가 또는 공공단체의 기관 상호간에 있어서의 권한의 존부 또는 그 행사에 관한 다툼이 있을 때에 이에 대하여 제기하는 소송. 다만, 헌법재판소법 제2조의 규정에 의하여 헌법재판소의 관장사항으로 되는 소송은 제외한다.
   ㉡ 민중소송 : 국가 또는 공공단체의 기관이 법률에 위반되는 행위를 한 때에 직접 자기의 법률상 이익과 관계없이 그 시정을 구하기 위하여 제기하는 소송.
① 제4조(항고소송) 제2항 무효등 확인소송이란 행정청의 처분 등의 효력 유무 또는 존재여부를 확인하는 소송이다.
③ 행정소송법은 개괄주의, 민중소송은 열기주의를 채택하였다.
④ 제4장 제41조(제소기간) 당사자소송에 관하여 법령에 제소기간이 정하여져 있는 때에는 그 기간은 불변기간으로 한다.

3 국민권익위원회에 관한 설명으로 옳지 않은 것은?

① 18세 이상의 국민은 공공기관의 사무처리가 법령 위반 또는 부패행위로 인하여 공익을 현저히 해하는 경우 대통령령으로 정하는 일정한 수 이상의 국민의 연서로 감사원에 감사를 청구할 수 있다.

② 공직자 행동강령의 시행·운영 및 「행정심판법」에 따른 중앙행정심판위원회의 운영에 관한 업무를 수행한다.

③ 누구든지 부패행위를 알게 된 때에는 이를 위원회에 신고할 수 있다.

④ 위원장과 위원의 임기는 각각 3년으로 하되 1차에 한하여 연임할 수 있다.

📣 Point

① 국민감사청구제도 : 공공기관의 사무가 법령위반 또는 부패행위로 인하여 공익을 현저히 해하는 경우 19세 이상의 국민 300명 이상의 연서로 감사원에 감사를 청구
「부패방지 및 국민권익위원회의 설치와 운영에 관한 법률」
② 제12조(기능) 제14항 공직자 행동강령의 시행·운영 및 그 위반행위에 대한 신고의 접수·처리 및 신고자의 보호
③ 제55조(부패행위의 신고) 누구든지 부패행위를 알게 된 때에는 이를 위원회에 신고할 수 있다.
   제13조(위원회의 구성) 제1항 중앙행정심판위원회의 구성에 관한 사항은 행정심판법에서 정하는 바에 따른다.
④ 「국가인권위원회법」 제7조(위원장 및 위원의 임기) 제1항 위원장과 위원의 임기는 3년으로 하고, 한 번만 연임할 수 있다.

Answer 2.② 3.①

4 행정상 즉시강제에 관한 설명으로 옳지 않은 것은?(다툼이 있는 경우 판례에 의함)

① 「소방기본법」상 소방활동에 방해가 되는 물건 등에 대한 강제처분은 행정상 즉시강제에 해당한다.

② 행정상 즉시강제는 권력적 사실행위이므로, 항고소송의 대상이 되는 처분성이 인정된다.

③ 「식품위생법」상 영업소 폐쇄명령을 받은 자가 영업을 계속할 경우 강제폐쇄하는 조치는 행정상 즉시강제에 해당한다.

④ 행정상 즉시강제에서 그 목적을 달성할 수 없는 지극히 예외적인 경우에만 헌법상 사전영장주의원칙의 예외가 인정된다.

🔊 **Point**

「행정기본법」제30조 제5항 즉시강제란 현재의 급박한 행정상의 장해를 제거하기 위한 경우로,

㉠ 행정청이 미리 행정상 의무 이행을 명할 시간적 여유가 없는 경우.

㉡ 그 성질상 행정상 의무의 이행을 명하는 것만으로는 행정목적 달성이 곤란한 경우. 두 항목의 어느 하나에 해당하는 경우 행정청이 곧바로 국민의 신체 또는 재산에 실력을 행사하여 행정목적을 달성하는 것이다.

③ 「식품위생법」제79조(폐쇄조치 등) 제1항에 따르면 해당영업소의 간판 등 영업 표지물의 제거나 삭제를 하는 등의 조치를 취할 수 있는데, 이는 직접강제에 해당한다.

① 급박성 요건을 충족한다.

5 「개인정보 보호법」에 관한 설명으로 옳지 않은 것은?(다툼이 있는 경우 판례에 의함)

① 개인정보자기결정권의 보호대상이 되는 개인정보는 공적 생활에서 형성되었거나 이미 공개된 개인정보까지도 포함한다.

② 개인정보 분쟁조정위원회는 집단분쟁조정의 당사자인 다수의 정보주체 중 일부의 정보주체가 법원에 소를 제기한 경우에는 그 조정절차를 중지하고, 이를 당사자에게 알려야 한다.

③ 개인정보 분쟁조정위원회 위원장은 위원 중에서 공무원이 아닌 사람으로 개인정보 보호위원회 위원장이 위촉한다.

④ 개인정보를 처리하거나 처리하였던 자로부터 직접 개인정보를 제공받지 아니하더라도, 개인정보를 처리하거나 처리하였던 자가 업무상 알게 된 개인정보를 누설하거나 권한 없이 다른 사람이 이용하도록 제공한 것이라는 사정을 알면서도 영리 또는 부정한 목적으로 개인정보를 제공받은 자라면, 「개인정보 보호법」상 벌칙의 대상자가 된다.

🔊 **Point**

② 집단분쟁조정의 당사자인 다수의 정보주체 중 일부의 정보주체가 법원에 소를 제기한 경우, 조정절차를 중지하지 않고 소를 제기한 일부의 정보주체를 그 절차에서 제외한다.

Answer 4.③ 5.②

6 항고소송의 대상에 관한 설명으로 옳지 않은 것은?(다툼이 있는 경우 판례에 의함)

① 행정행위의 부관은 부담의 경우를 제외하고는 독립하여 항고소송의 대상이 아니다.

② 교도소장이 수형자를 '접견내용 녹음·녹화 및 접견시 교도관 참여대상자'로 지정한 행위는 항고소송의 대상이 된다.

③ 「병역법」상 신체등위판정은 항고소송의 대상이 된다.

④ 건축물대장 소관청의 건축물대장 작성신청 반려행위는 항고소송의 대상이 된다.

> **Point**
>
> 항고소송은 행정청의 처분 등이나 부작위에 대하여 제기하는 소송으로 「행정소송법」 제4조(항고소송)에 따라 취소소송, 무효등 확인소송, 부작위위법확인소송이 있다.
>
> ③ 병역법상 신체등위판정은 행정청이라고 볼 수 없는 군의관이 하도록 되어 있으며, 그 자체만으로 바로 병역법상의 권리의무가 정하여지는 것이 아니라 그에 따라 지방병무청장이 병역처분을 함으로써 비로소 병역의무의 종류가 정하여지는 것이므로 항고소송의 대상이 되는 행정처분이라 보기 어렵다(대법원 1993.8.27., 선고, 93누3356).
>
> ① 행정행위의 부관은 부담의 경우를 제외하고는 독립하여 행정소송의 대상이 될 수 없는 것인바…, 법률효과 일부를 배제하는 부관을 붙인 것이므로 이러한 행정행위의 부관에 대하여는 독립하여 행정소송의 대상으로 삼을 수 없다(대법원 1991.12.13., 선고, 90누8503).
>
> ② 권력적 사실행위로서 처분성이 있으므로 행정소송이 가능하다.
>
> ④ 건축물대장의 작성은 건축물의 소유권을 제대로 행사하기 위한 전제요건으로서 건축물 소유자의 실체적 권리관계에 밀접하게 관련되어 있으므로 건축물대장 소관청의 작성신청 반려행위는 국민의 권리관계에 영향을 미치는 것으로서 항고소송의 대상이 되는 행정처분에 해당한다(대법원 2009.2.12., 선고, 2007두17359).

7 다음 중 공법관계에 해당하지 않는 것은?(다툼이 있는 경우 판례에 의함)

① 「공익사업을 위한 토지 등의 취득 및 보상에 관한 법률」에 따른 협의취득

② 공공하수도의 이용관계

③ 시립합창단원의 위촉

④ 미지급된 공무원 퇴직연금의 지급청구

> **Point**
>
> 공법상의 법률관계로서 법률관계의 변동이 법에 구속되며, 당사자가 대등한 지위에 있는 것이 아니라 행정주체에 법률상 우월한 지위가 인정되고 있다는 점에서 사법관계와 차이가 있다.
>
> ① 해당 지문은 사법에 해당한다. 단 협의가 되지 않아 재결 신청이나 행정소송을 하는 경우 공법상 계약이 된다.
>
> • 사법에 해당하는 법률관계 : 무효인 과세처분에 의한 과오납금반환 채권과 채무, 한국마사회의 기수면허 취소, 재개발조합과 조합임원 사이의 해임에 관한 법률관계, 일반재산인 국유림의 대부관계

Answer 6.③ 7.①

8 행정행위의 하자에 관한 설명으로 옳지 않은 것은?

① 무효인 행정행위에는 공정력, 불가쟁력이 인정되지 않는다.

② 처분의 근거가 되었던 법률규정에 대하여 위헌결정이 내려진 후 행한 처분의 집행행위는 당연무효이다.

③ 선행행위가 무효인 경우에는 후행행위도 당연히 무효이다.

④ 하자 있는 행정행위의 치유는 행정경제를 도모하기 위하여 원칙적으로 허용된다.

📢 Point

행정행위의 하자란 행정행위가 적법요건을 갖추지 못하여 효력이 완전히 발생하지 않는 경우를 말한다. 이는 무효-행정행위의 효력이 처음부터 발생하지 않음-와 취소-하자가 있음에도 권한 있는 기관이 취소하기 전까지 그 효력이 유효-로 구분된다.

④ 치유란 하자있는 행정행위를 사후에 보완하여 그 효력을 유지시키는 것을 말한다. 이는 법치주의의 관점에서 원칙적으로 허용될 수 없으나, 행정행위의 무용한 반복을 피하고 당사자의 법적 안정성을 보호하기 위하여 국민의 권리·이익을 침해하지 않는 범위 내에서 예외적으로만 허용된다.

①③
- 무효 : 공정력X, 불가쟁력X, 선행행위의 하자가 후행행위에 승계.
- 취소 : 공정력 발생, 불가쟁력 발생, 선행행위의 하자가 후행행위에 승계X.

9 「국가배상법」에 관한 설명으로 옳지 않은 것은? (다툼이 있는 경우 판례에 의함)

① 외국인이 피해자인 경우 해당 국가와 상호보증이 있을 때에만 「국가배상법」을 적용한다.

② 가해 공무원에게 경과실이 있는 경우 공무원 개인은 손해배상책임을 부담한다.

③ 배상심의회에 대한 배상신청은 임의절차이다.

④ 국가·지방자치단체의 구상권은 가해 공무원에게 고의 또는 중과실이 있는 경우에 한하여 인정된다.

📢 Point

② 공무원이 직무 수행 중 불법행위로 타인에게 손해를 입힌 경우에 국가나 지방자치단체가 국가배상책임을 부담하는 외에 공무원 개인도 고의 또는 중과실이 있는 경우에는 불법행위로 인한 손해배상책임을 지고, 공무원에게 경과실이 있을 뿐인 경우에는 공무원 개인은 불법행위로 인한 손해배상책임을 부담하지 아니 한다(대법원 2011.9.8., 선고, 2011다34521).

Answer 8.④ 9.②

10 다음은 「행정소송법」과 「행정심판법」의 내용이다. (   ) 안에 들어갈 내용으로 옳은 것은?

- 행정소송에 관하여 「행정소송법」에 특별한 규정이 없는 사항에 대하여는 「법원조직법」과 「민사소송법」 및 ((가))의 규정을 준용한다.
- 취소소송은 처분등이 있은 날부터 ((나))을 경과하면 이를 제기하지 못한다. 다만, 정당한 사유가 있는 때에는 그러하지 아니하다.
- 행정심판은 처분이 있었던 날부터 ((다))이 지나면 청구하지 못한다. 다만, 정당한 사유가 있는 경우에는 그러하지 아니하다.

	(가)	(나)	(다)
①	형사소송법	1년	90일
②	민사집행법	1년	180일
③	형사소송법	180일	90일
④	민사집행법	180일	180일

📢 **Point**

- 「행정소송법」 제8조(법적용예) 제2항 행정소송에 관하여 이 법에 특별한 규정이 없는 사항에 대하여는 「법원조직법」과 「민사소송법」 및 (가)「민사집행법」의 규정을 준용한다.
- 「행정소송법」 제20조(제소기간) 제2항 취소소송은 처분등이 있은 날부터 (나)1년을 경과하면 이를 제기하지 못한다. 다만, 정당한 사유가 있는 때에는 그러하지 아니하다.
- 「행정심판법」 제27조(심판청구의 기간) 제3항 행정심판은 처분이 있었던 날부터 (다)180일이 지나면 청구하지 못한다. 다만, 정당한 사유가 있는 경우에는 그러하지 아니하다.

Answer 10.②

11 「공공기관의 정보공개에 관한 법률」에 관한 설명으로 옳지 않은 것은?(다툼이 있는 경우 판례에 의함)

① 국가안전보장·국방·통일·외교관계 분야 업무를 주로 하는 국가기관의 정보공개심의회 구성시 최소한 3분의 1 이상은 외부전문가로 위촉하여야 한다.

② 공개될 경우 부동산 투기로 특정인에게 이익 또는 불이익을 줄 우려가 있다고 인정되는 정보는 비공개대상에 해당한다.

③ 학교폭력대책자치위원회의 회의록은 「공공기관의 정보 공개에 관한 법률」 제9조제1항제1호의 '다른 법률 또는 법률이 위임한 명령에 의하여 비밀 또는 비공개 사항으로 규정된 정보'에 해당하지 않는다.

④ 정보공개청구에 대하여 공공기관이 비공개결정을 한 경우, 청구인이 이에 불복한다면 이의신청절차를 거치지 않고 행정심판을 청구할 수 있다.

📢 **Point**

③ 학교폭력대책자치위원회의 회의록은 「공공기관의 정보공개에 관한 법률」 제9조 제1항 제1호에 의해 비공개 사항으로 규정된 정보에 해당한다(대법원 2010.6.10., 선고, 2010두2913).

② 해당법률 제9조(비공개 대상 정보) 제1항에 따라 비공개 대상은 다음과 같다.

ㄱ 다른 법률 또는 법률에서 위임한 명령(국회규칙·대법원규칙·헌법재판소규칙·중앙선거관리위원회규칙·대통령령 및 조례로 한정한다)에 따라 비밀이나 비공개 사항으로 규정된 정보

ㄴ 국가안전보장·국방·통일·외교관계 등에 관한 사항

ㄷ 공개될 경우 국민의 생명·신체 및 재산의 보호에 현저한 지장을 초래할 수 있는 정보

ㄹ 진행 중인 재판에 관련된 정보와 범죄의 예방, 수사, 공소의 제기 및 유지, 형의 집행, 교정, 보안처분에 관한 사항

ㅁ 감사·감독·검사·시험·규제·입찰계약·기술개발·인사관리에 관한 사항이나 의사결정 과정 또는 내부검토 과정에 있는 사항

ㅂ 주민등록번호 등 「개인정보 보호법」 제2조 제1호에 따른 개인정보

ㅅ 법인·단체 또는 개인의 경영상·영업상 비밀에 관한 사항

ㅇ 공개될 경우 부동산 투기, 매점매석 등으로 특정인에게 이익 또는 불이익을 줄 우려가 있다고 인정되는 정보

Answer 11.③

12 행정조사에 관한 설명으로 옳지 않은 것은?(다툼이 있는 경우 판례에 의함)

① 세무조사결정은 항고소송의 대상이 된다.

②「행정조사기본법」에 의하면, 조사목적달성을 위한 시료채취로 조사대상자에게 손실이 발생하였더라도 행정기관의 장은 이에 대한 보상책임을 지지 않는다.

③「행정절차법」은 행정조사에 관한 명문의 규정을 두고 있지 않다.

④ 우편물 통관검사절차에서 이루어지는 성분분석 등의 검사가 압수·수색영장 없이 이루어졌다 하더라도 특별한 사정이 없는 한 위법하지 않다.

> 🔊 Point
>
> ②「행정조사기본법」제12조(시료채취) 제2항 행정기관의 장은 조사대상자에게 입힌 손실에 대해 대통령령으로 정하는 절차와 방법에 따라 보상하여야 한다.
> ① 세무조사결정은 납세의무자의 권리·의무에 직접 영향을 미치는 공권력의 행사에 따른 행정작용으로서 항고소송의 대상이 된다(대법원 2011.3.10., 선고, 2009두23671,23624).
> ③「행정절차법」은 행정조사에 관한 명문의 규정을 두고 있지 않다.
> ④ 우편물 통관검사절차에서의 검사는 수출입물품에 대한 적정한 통관을 목적으로 한 행정조사의 성격을 가지고 있다. 이는 수사기관의 강제처분이라고 할 수 없으므로 위법하지 않다.

13 다음 설명 중 옳은 것만을 모두 고른 것은?(다툼이 있는 경우 판례에 의함)

> ㉠ 건축허가는 대물적 허가의 성질을 가진다.
> ㉡ 지방경찰청이 횡단보도를 설치하여 보행자 통행방법 등을 규제하는 것은 행정처분이다.
> ㉢「행정절차법」은 불가쟁력이 발생한 행정행위에 대한 재심사청구를 규정하고 있다.
> ㉣ 철회권이 유보된 경우의 철회에는 이익형량의 원칙이 적용되지 않는다.

① ㉠, ㉡   ② ㉠, ㉣

③ ㉡, ㉢   ④ ㉢, ㉣

> 🔊 Point
>
> ㉠ 건축 허가의 경우 그 허가의 효과는 해당 건물 등에 적용되므로 대물적 허가의 성질을 가진다.
> ㉡ 횡단보도를 설치하여 보행자 통행방법을 규제하는 것은 행정처분에 해당한다.
> ㉢ 행정절차법은 불가쟁력이 발생한 행정행위에 재심사청구를 규정하고 있지 않다.
> ㉣ 철회권이 유보된 경우의 철회에는 이익형량의 원칙이 적용된다.

Answer 12.② 13.①

14 다음 설명으로 옳지 않은 것은?(다툼이 있는 경우 판례에 의함)

> A : 사립학교법인 임원의 선임에 대한 승인
> B : 정비조합 정관변경에 대한 인가
> C : 공유수면사용에 대한 허가

① A 행위는 기본행위의 효력을 완성시켜 주는 형성적 행위이다.
② B 행위는 기본행위의 효력을 완성시켜 주는 보충적 행위이다.
③ C 행위는 법률관계의 존부를 확인하는 행위이다.
④ 기본행위가 무효이면 A 행위는 무효가 된다.

📢 **Point**

- 주요 행정행위 : 허가 · 예외적 승인 · 특허 · 인가
- 기타 행정행위 : 하명 · 면제 · 공법상 대리 · 확인 · 공증 · 통지 · 수리
③ 공유수면사용에 대한 허가는 '특허'에 해당한다. 공유수면 이용권이라는 독점적 권리를 설정하여 주는 처분으로서 처분 여부 및 내용의 결정은 원칙적으로 행정청의 재량에 속한다(대법원 2017.4.28., 선고, 2017두30139, 판결). 법률관계의 존부를 확인하는 행위는 확인, 공증에 해당한다.
①②④ 각각 기본행위의 효력을 완성해주는 형성적 행위, 보충적 행위인 '인가'에 해당한다.
'인가'의 경우 기본행위가 무효라면 인가도 무효가 된다. 다만 기본행위는 적법하고 인가 자체에만 하자가 있다면 그 인가의 무효나 취소를 주장할 수 있다.

Answer 14.③

15 판례상 행정처분으로 인정되는 것은?

① 어업권면허에 선행하는 우선순위결정
② 계약직공무원 채용계약해지의 의사표시
③ 행정규칙에 의한 불문경고조치
④ 국가공무원 당연퇴직의 인사발령

🔈 Point

③ 행정규칙에 의한 '불문경고조치'가 비록 법률상의 징계처분은 아니지만… 항고소송의 대상이 되는 행정처분에 해당한다고 한 사례(대법원 2002.7.26., 선고, 2001두3532).

① 어업권면허에 선행하는 우선순위결정은 행정청이 우선권자로 결정된 자의 신청이 있으면 어업권면허처분을 하겠다는 것을 약속하는 행위로서 강학상 확약에 불과, 행정처분은 아니다(대법원 1995.1.20., 선고, 94누6529).

② 계약직공무원에 관한 현행 법령의 규정에 비추어 볼 때, 계약직 공무원 채용계약해지의 의사표시는 일반 공무원에 대한 징계처분과는 달라서 항고소송의 대상이 되는 처분 등의 성격을 가진 것으로 인정되지 아니 한다(대법원 2002.11.26., 선고, 2002두5948).

④ 「국가공무원법」 제69조에 의하면 공무원이 제33조 각 호의 1에 해당할 때에는 당연히 퇴직한다고 규정하고 있으므로, 국가공무원법상 당연퇴직은 공무원관계를 소멸시키기 위한 별도의 행정처분을 요하는 것이 아니며, 인사발령 역시 관념의 통지에 불과, 공무원의 신분을 상실시키는 새로운 형성적 행위가 아니므로 행정소송의 대상이 되는 독립한 행정처분이라고 할 수 없다(대법원 1995.11.14., 선고, 95누2036).

Answer 15.③

16 신뢰보호원칙에 관한 설명으로 옳지 않은 것은?(다툼이 있는 경우 판례에 의함)

① 신뢰보호원칙은 판례뿐만 아니라 실정법상의 근거를 가지고 있다.

② 수익적 행정행위가 수익자의 귀책사유가 있는 신청에 의해 행하여졌다면 그 신뢰의 보호가치성은 인정되지 않는다.

③ 행정기관의 선행조치로서의 공적인 견해 표명은 반드시 명시적인 언동이어야 한다.

④ 처분청 자신의 공적 견해 표명이 있어야만 하는 것은 아니며, 경우에 따라서는 보조기관인 담당 공무원의 공적인 견해 표명도 신뢰의 대상이 될 수 있다.

🔊 **Point**

③④ 선행조치로서의 공적견해표명은 명시적 언동뿐만 아니라 묵시적 언동도 포함한다. 이에 따라 행정청 소속 담당공무원이 한 선행조치도 신뢰의 대상이 될 수 있다.

① 「국세기본법」 제18조(세법해석의 기분, 소급과세의 금지), 「행정절차법」 제4조(신의성실 및 신뢰보호)

② 부정행위 개입(사기·강박·증뢰·허위신고), 사전에 위법성 인지, 중대한 과실로 위법성 부지 등 당사자의 귀책사유가 있는 경우에 신뢰의 보호가치성은 인정되지 않는다.

Answer 16.③

17 행정상 손실보상에 관한 설명으로 옳지 않은 것은?(다툼이 있는 경우 판례에 의함)

① 헌법 제23조 제3항에 규정된 '정당한 보상'은 상당보상을 의미한다는 것이 헌법재판소의 입장이다.

② 토지수용으로 인한 보상액을 산정함에 있어서 당해 공공사업과 관계없는 다른 사업의 시행으로 인한 개발이익은 이를 배제하지 아니한 가격으로 평가하여야 한다.

③ 「공익사업을 위한 토지 등의 취득 및 보상에 관한 법률」상의 잔여지수용청구는 매수에 관한 협의가 성립되지 아니한 경우에만 할 수 있으며, 그 사업의 공사완료일까지 하여야 한다.

④ 사업시행자의 이주대책 수립·실시의무를 정하고 있는 「공익사업을 위한 토지 등의 취득 및 보상에 관한 법률」상 규정은 당사자의 합의에 의하여 적용을 배제할 수 없는 강행법규이다.

🔊 Point

① '정당한 보상'은 완전보상−피침해재산의 객관적인 가치를 완전하게 보상하는 것으로, 보상 금액뿐만 아니라 보상의 시기, 방법에 제한을 두어서는 아니 된다−을 의미한다.

② 토지수용으로 인한 손실보상액을 산정함에 있어서 당해 공공사업의 시행을 직접목적으로 하는 계획의 승인, 고시로 인한 가격변동은 이를 고려함이 없이 수용재결 당시의 가격을 기준으로 하여 적정가격을 정하여야 하나, 당해 공공사업과는 관계없는 다른 사업의 시행으로 인한 개발이익은 이를 배제하지 아니한 가격으로 평가하여야 한다(대법원 1992.2.11., 선고, 91누7774).

③ 「공익사업을 위한 토지 등의 취득 및 보상에 관한 법률」(이하 '공익사업법'이라 한다) 제73조 및 제74조는 잔여지와 관련하여, 토지소유자는 사업시행자에게 잔여지를 매수하여 줄 것을 청구할 수 있으며, 사업인정 이후에는 그 사업의 공사완료일까지 관할 토지수용위원회에 수용을 청구할 수 있다고 규정하고 있다(서울고등법원 2012.9.21., 선고, 2011누21234).

④ 구 공익사업법 제78조 제1항은 물론 이주대책의 내용에 관하여 규정하고 있는 같은 조 제4항에 따라 당사자의 합의 또는 사업시행자의 재량에 의하여 적용을 배제할 수 없는 강행법규이다(대법원 2011.6.23., 선고, 2007다63089,63096).

18 판례상 행정행위에 관한 설명으로 옳지 않은 것은?

① 「출입국관리법」상 체류자격 변경허가는 설권적 처분의 성격을 가지므로, 허가권자는 허가 여부를 결정할 수 있는 재량을 가진다.

② 유기장 영업허가는 유기장영업권을 설정하는 설권행위이다.

③ 한의사면허는 경찰금지를 해제하는 명령적 행위에 해당한다.

④ 개인택시운송사업면허는 특정인에게 권리나 이익을 부여하는 재량행위이다.

📢 Point

② 유기장영업허가는 유기장 경영권을 설정하는 설권행위가 아니고 일반적 금지를 해제하는 영업자유의 회복이라 할 수 있다(대법원 1986.11.25., 선고, 84누147).

① 체류자격 변경허가는 신청인에게 당초의 체류 자격과 다른 체류 자격에 해당하는 활동을 할 수 있는 권한을 부여하는 일종의 설권적 처분의 성격을 가지므로, 허가권자는 신청인이 관계 법령에서 정한 요건을 충족하였더라도, 신청인의 적격성, 체류 목적, 공익상의 영향 등을 참작하여 허가 여부를 결정할 수 있는 재량을 가진다(대법원 2016.7.14., 선고, 2015두48846).

③ 한의사 면허는 경찰금지를 해제하는 명력적 행위(강학상 허가)에 해당한다(대법원 1998.3.10., 선고, 97누4289).

④ 개인택시운송사업면허는 특정인에게 권리나 이익을 부여하는 행정해위로서 법령에 특별한 규정이 없는 한 재량행위이다(대법원 2007.2.8., 선고, 2006두13886).

19 「행정절차법」의 적용이 배제되는 경우가 아닌 것은?(다툼이 있는 경우 판례에 의함)

① 헌법재판소의 심판을 거쳐 행하는 사항

② 지방의회의 의결을 거치거나 동의 또는 승인을 받아 행하는 사항

③ 감사원이 감사위원회의의 결정을 거쳐 행하는 사항

④ 육군3사관학교의 사관생도에 대한 퇴학처분

📢 Point

④ 행정절차법 시행령 제2조 제8호는 '학교·연수원 등에서 교육·훈련의 목적을 달성하기 위하여 학생·연수생들을 대상으로 하는 사항'을 행정절차법의 적용이 제외되는 경우로 규정하고 있으나, 이는 교육과정과 내용의 구체적 결정, 과제의 부과, 성적의 평가, 공식적 징계에 이르지 아니한 질책·훈계 등과 같이 교육·훈련의 목적을 직접 달성하기 위하여 행하는 사항을 말하는 것으로 보아야 하고, 생도에 대한 퇴학처분과 같이 신분을 박탈하는 징계처분은 여기에 해당한다고 볼 수 없다(대법원 2018.3.13., 선고, 2016두33339).

• 「행정절차법」 제3조(적용범위) 제2항 행정절차법에 적용하지 않는 사항

① 제3호 헌법재판소의 심판을 거쳐 행하는 사항

② 제1호 국회 또는 지방의회의 의결을 거치거나 동의 또는 승인을 받아 행하는 사항

③ 제5호 감사원이 감사위원회의의 결정을 거쳐 행하는 사항쳐 행하는 사항

Answer 18.② 19.④

20 「국가배상법」제2조에서 규정하는 '공무원'으로 볼 수 없는 것은?(다툼이 있는 경우 판례에 의함)

① 「의용소방대 설치 및 운영에 관한 법률」에 따라 소방서장이 임명한 의용소방대원
② 구청 소속 청소차량 운전원
③ 지방자치단체에 근무하는 청원경찰
④ 지방자치단체로부터 어린이보호 등의 공무를 위탁받아 집행하는 교통할아버지

📢 **Point**

「국가배상법」제2조에서 규정하는 '공무원'이란 「국가공무원법」이나 「지방공무원법」에 의하여 공무원으로서의 신분을 가진 자에 국한하지 않고, 기간에 상관없이 널리 공무를 위탁받아 실질적으로 공무에 종사하고 있는 일체의 자를 말한다.

① 「소방법」 제63조의 규정에 의하여 시, 읍, 면이 소방서장의 소방업무를 보조하게 하기 위하여 설치한 의용소방대를 국가기관이라고 할 수 없음은 물론 또 그것이 이를 설치한 시, 읍, 면에 예속된 기관이라고도 할 수 없다(대법원 1978.7.11., 선고, 78다584).

② 서울시 산하 구청소속의 청소차량 운전원이 지방잡급직원규정에 의하여 단순노무제공만을 행하는 기능직 잡급직원이라면 이는 「지방공무원법」 제2조 제2항 제7호 소정의 단순한 노무에 종사하는 별정직 공무원이다(대법원 1980.9.24., 선고, 80다1051).

③ 국가나 지방자치단체에 근무하는 청원경찰은 「국가공무원법」이나 「지방공무원법」상의 공무원은 아니지만, 다른 청원경찰과는 달리 그 임용권자가 행정기관의 장이고, 국가나 지방자치단체로부터 보수를 받으며, [산업재해보상보험법」이나 근로기준법이 아닌 「공무원연금법」에 따른 재해보상과 퇴직급여를 지급받고, 직무상 불법행위에 대하여도 민법이 아닌 「국가배상법」이 적용되는 등 특징이 있다(대법원 1993.7.13., 선고, 92다47564 / 부산고법 2011.11.2., 선고, 2011누1870).

④ 지방자치단체가 '교통할아버지 봉사활동 계획'을 수립한 후 관할 동장으로 하여금 '교통할아버지'를 선정하게 하여 어린이 보호, 교통안내, 거리질서 확립 등의 공무를 위탁한 것이므로 「국가배상법」에서 규정하는 '공무원'으로 볼 수 있다(대법원 2001.1.5., 선고, 98다39060).

Answer 20.①

1 기속행위와 재량행위에 대한 설명으로 옳은 것은?(다툼이 있는 경우 판례에 의함)

① 법원은 최근 기존의 입장을 변경하여 재량행위 외에 기속행위나 기속적 재량행위에도 부관을 붙일 수 있는것으로 보고 있고, 이러한 부관이 있는 경우 특별한 사정이 없는 한 당사자는 부관의 내용을 이행하여야 할 의무를 진다.

② 건축허가를 하면서 일정 토지를 기부채납하도록 하는 내용의 허가조건을 붙였다면 원칙상 취소사유로 보아야 한다.

③ 「건축법」상 건축허가신청의 경우 심사 결과 그 신청이 법정요건에 합치하는 경우라 할지라도 소음공해, 먼지 발생, 주변인 집단 민원 등의 사유가 있는 경우 이를 불허가 사유로 삼을 수 있고, 그러한 불허가처분이 비례원칙등을 준수하였다면 처분 자체의 위법성은 인정될 수 없다.

④ 법이 과징금 부과처분에 대한 임의적 감경규정을 두었다면 감경 여부는 행정청의 재량에 속한다고 할 것이나, 행정청이 감경사유가 있음에도 이를 전혀 고려하지 않았거나 감경사유에 해당하지 않는다고 오인한 나머지 과징금을 감경하지 않았다면 그 과징금 부과처분은 재량권을 일탈하거나 남용한 위법한 처분으로 보아야 한다.

📢 **Point**

④ 실권리자명의 등기의무를 위반한 명의신탁자에 대하여 부과하는 과징금의 감경에 관한 「부동산 실권리자명의 등기에 관한 법률 시행령」 제3조의2 단서는 임의적 감경규정임이 명백하므로, 그 감경사유가 존재하더라도 과징금 부과관청이 감경사유까지 고려하고도 과징금을 감경하지 않은 채 과징금 전액을 부과하는 처분을 한 경우에는 이를 위법하다고 단정할 수는 없으나, 위 감경사유가 있음에도 이를 전혀 고려하지 않았거나 감경사유에 해당하지 않는다고 오인한 나머지 과징금을 감경하지 않았다면 그 과징금 부과처분은 재량권을 일탈·남용한 위법한 처분이라고 할 수밖에 없다(대판 2010. 7. 15 2010두7031).

①② 일반적으로 기속행위나 기속적 재량행위에는 부관을 붙일 수 없고 가사 부관을 붙였다 하더라도 무효이다(대판 1995. 6. 13. 94다56883). 따라서 기속행위나 기속적 재량행위에 부관을 붙였다 하더라도 이를 이행할 의무가 있는 것은 아니다.

③ 건축허가권자는 건축허가신청이 건축법 등 관계 법령에서 정하는 어떠한 제한에 배치되지 않는 이상 같은 법령에서 정하는 건축허가를 하여야 하고, 중대한 공익상의 필요가 없음에도 불구하고 요건을 갖춘 자에 대한 허가를 관계 법령에서 정하는 제한사유 이외의 사유를 들어 거부할 수는 없다(대판 2009. 9. 24. 2009두8946).

Answer 1.④

2 「행정절차법」상 행정절차에 대한 설명으로 옳은 것은?

① 행정청은 처분을 할 때 필요하다고 인정하는 경우에 청문을 할 수 있다.

② 행정청은 해당 처분의 영향이 광범위하여 널리 의견을 수렴할 필요가 있다고 인정하는 경우에 청문을 실시할 수 있다.

③ 행정청이 당사자에게 의무를 부과하거나 권익을 제한하는 처분을 함에 있어 청문이나 공청회를 거치지 않은 경우에는 당사자에게 의견제출의 기회를 주어야 한다.

④ 행정청이 처분을 할 때에는 긴급히 처분을 할 경우를 제외하고는 모든 경우에 있어 당사자에게 그 근거와 이유를 제시하여야 한다.

📢 **Point**

「행정절차법」
③ 제22조(의견청취) 행정청이 당사자에게 의무를 부과하거나 권익을 제한하는 처분을 할 때 제1항 또는 제2항의 경우 외에는 당사자등에게 의견제출의 기회를 주어야 한다.

①② 제22조(의견청취) ①행정청이 처분을 할 때 다음 각 호의 어느 하나에 해당하는 경우에는 청문을 한다.
1. 다른 법령등에서 청문을 하도록 규정하고 있는 경우
2. 행정청이 필요하다고 인정하는 경우
3. 다음 각 목의 처분 시 제21조 제1항 제6호에 따른 의견제출기한 내에 당사자등의 신청이 있는 경우
  가. 인허가 등의 취소
  나. 신분·자격의 박탈
  다. 법인이나 조합 등의 설립허가의 취소

④ 제23조(처분의 이유 제시) 제1항 행정청은 처분을 할 때에는 다음 각 호의 어느 하나에 해당하는 경우를 제외하고는 당사자에게 그 근거와 이유를 제시하여야 한다.
1. 신청 내용을 모두 그대로 인정하는 처분인 경우
2. 단순·반복적인 처분 또는 경미한 처분으로서 당사자가 그 이유를 명백히 알 수 있는 경우
3. 긴급히 처분을 할 필요가 있는 경우

Answer 2.③

15 다음 중 특허에 해당하지 않는 것은?(다툼이 있는 경우 판례에 의함)

① 귀화허가

② 공무원임명

③ 개인택시운송사업면허

④ 사립학교 법인이사의 선임행위

📢 Point

④ 「사립학교법」 제20조 제2항에 의한 학교법인의 임원에 대한 감독청의 취임승인은 학교법인의 임원선임행위를 보충하여 그 법률상의 효력을 완성케 하는 보충적 행정행위이므로 기본행위인 학교법인의 임원선임행위가 불성립 또는 무효인 경우에는 비록 그에 대한 감독청의 취임승인이 있었다 하여도 이로써 무효인 그 선임행위가 유효한 것으로 될 수는 없는 것이다(대판 1987. 8. 18. 86누152).

① 국적은 국민의 자격을 결정짓는 것이고, 이를 취득한 자는 국가의 주권자가 되는 동시에 국가의 속인적 통치권의 대상이 되므로, 귀화허가는 외국인에게 대한민국 국적을 부여함으로써 국민으로서의 법적 지위를 포괄적으로 설정하는 행위에 해당한다(대판 2010. 10. 28. 2010두6496).

② 강학상 특허는 상대방에게 포괄적인 법률관계를 설정해주는 것인데 「국가공무원법」 등에 의하여 상대방을 공무원으로 임명하는 것은 전형적인 포괄적 법률관계의 형성이다.

③ 「여객자동차 운수사업법」에 의한 개인택시운송사업의 면허는 특정인에게 권리나 이익을 부여하는 행정청의 재량행위이다(대판 2004. 11. 12. 2004두9463).

16 다음 설명 중 옳지 않은 것은?(다툼이 있는 경우 판례에 의함)

① 일정한 행정목적을 실현하기 위하여 상대방인 국민에게 임의적인 협력을 요청하는 비권력적 사실행위를 행정지도라 한다.

② 행정지도를 하는 자는 그 상대방에게 그 행정지도의 취지 및 내용을 밝혀야 하지만 신분은 생략할 수 있다.

③ 상대방의 의사에 반하여 부당하게 강요하는 행정지도는 위법하다.

④ 행정지도에는 법률의 근거가 필요하지 않다는 것이 판례의 태도이다.

📢 Point

「행정절차법」

② 제49조(행정지도의 방식) 제1항 행정지도를 하는 자는 그 상대방에게 그 행정지도의 취지 및 내용과 신분을 밝혀야 한다.

① 제2조(정의) 이 법에서 사용하는 용어의 뜻은 다음과 같다.
"행정지도"란 행정기관이 그 소관 사무의 범위에서 일정한 행정목적을 실현하기 위하여 특정인에게 일정한 행위를 하거나 하지 아니하도록 지도, 권고, 조언 등을 하는 행정작용을 말한다.

③ 제48조(행정지도의 원칙) 제1항 행정지도는 그 목적 달성에 필요한 최소한도에 그쳐야 하며, 행정지도의 상대방의 의사에 반하여 부당하게 강요하여서는 아니 된다.

④ 행정절차법은 행정지도에 대해 상대방의 동의를 전제하고 규정하고 있으므로 이는 비권력적 사실행위이고 개별법의 근거가 없어도 가능하다는 것이 통설이다. 만일 행정지도에 불응하여 불이익을 받게 된다면 이는 위법한 행정지도 혹은 행정지도가 아니라 권력적 사실행위에 해당한다고 보아야 한다.

Answer 15.④ 16.②

17 행정법의 일반원칙과 관련한 판례의 태도로 옳은 것은?

① 연구단지 내 녹지구역에 위험물저장시설인 주유소와 LPG충전소 중에서 주유소는 허용하면서 LPG충전소를 금지하는 시행령 규정은 LPG충전소 영업을 하려는 국민을 합리적 이유 없이 자의적으로 차별하여 결과적으로 평등원칙에 위배된다는 것이 헌법재판소의 태도이다.

② 하자 있는 처분이 국민에게 권리나 이익을 부여하는 이른바 수익적 행정행위인 때에는 취소하여야 할 공익상 필요와 취소로 인하여 당사자가 입게 될 기득권과 신뢰보호 및 법률생활안정의 침해 등 불이익을 비교 교량한 후 공익상 필요가 당사자가 입을 불이익을 정당화할 만큼 강하지 않아도 이를 취소할 수 있다는 것이 판례의 태도이다.

③ 숙박시설 건축허가 신청을 반려한 처분에 관해 학생들의 교육환경과 인근 주민들의 주거환경 보호라는 공익이 그 신청인이 잃게 되는 이익의 침해를 정당화 할 수 있을 정도로 크므로, 위 반려처분은 신뢰보호의 원칙에 위배되지 않는다는 것이 판례의 태도이다.

④ 옥외집회의 사전신고의무를 규정한 구 「집회 및 시위에 관한 법률」 제6조 제1항 중 '옥외집회'에 관한 부분은 과잉금지원칙에 위배하여 집회의 자유를 침해하는 것으로 볼 수 있다는 것이 헌법재판소의 태도이다.

🔊 Point

③ 학생들의 교육환경과 인근 주민들의 주거환경 보호라는 공익이 숙박시설 건축허가신청을 반려한 처분으로 그 신청인이 잃게 되는 이익의 침해를 정당화할 수 있을 정도로 크므로, 위 반려처분이 신뢰보호의 원칙에 위배되지 않는다고 한 원심의 판단을 수긍한 사례(대판 2005. 11. 25. 2004두6822).

① 주유소와 LPG충전소는 '위험물저장시설'이라는 점에서 공통점이 있으나, LPG는 석유보다 위험성이 훨씬 크다. LPG는 상온·상압에서 쉽게 기화되고, 인화점이 낮으며 공기보다 무거워 누출되어도 쉽게 확인되지 않아 화재 및 폭발의 위험성이 매우 크다. 이에 반하여 석유는 액체상태로 저장되고 공급되기 때문에 적은 양이 누출되는 경우에도 쉽게 확인이 가능하고 LPG에 비하여 인화점이 높으며 무엇보다도 점화원이 없이는 자체적으로 폭발의 위험성이 상존하지는 않는다. 위와 같은 점을 종합해 보면, LPG는 석유에 비하여 화재 및 폭발의 위험성이 훨씬 커서 주택 및 근린생활시설이 들어설 지역에 LPG충전소의 설치금지는 불가피하다할 것이고 석유와 LPG의 위와 같은 차이를 고려하여 연구단지내 녹지구역에 LPG충전소의 설치를 금지한 것은 위와 같은 합리적 이유에 근거한 것이므로 이 사건 시행령 규정이 평등원칙에 위배된다고 볼 수 없다(헌재 2004. 7. 15. 2001헌마646).

② 행정처분에 의하여 국민이 일정한 이익과 권리를 취득하였을 경우에 종전의 행정처분을 취소하는 행정처분은 이미 취득한 국민의 기존이익과 권리를 박탈하는 별개의 행정처분으로서 그 취소될 행정처분에 하자 또는 취소하여야 할 공공의 필요가 있어야 하고, 나아가 행정처분에 하자 등이 있더라도 취소하여야 할 공익상 필요와 취소로 인하여 당사자가 입게 될 기득권과 신뢰보호 및 법률생활안정의 침해 등 불이익을 비교·교량한 후 공익상 필요가 당사자가 입을 불이익을 정당화할 만큼 강한 경우에 한하여 취소할 수 있으며, 그 하자나 취소하여야 할 필요성에 대한 증명책임은 기존의 이익과 권리를 침해하는 처분을 한 그 행정청에 있다(대판 2015. 1. 29. 2012두6889)

④ 심판대상조항의 신고사항은 여러 옥외집회·시위가 경합되지 않도록 하기 위해 필요한 사항이고, 질서유지 등 필요한 조치를 할 수 있도록 하는 중요한 정보이다. 옥외집회·시위에 대한 사전신고 이후 기재사항의 보완, 금지통고 및 이의절차 등이 원활하게 진행되기 위하여 늦어도 집회가 개최되기 48시간 전까지 사전신고를 하도록 규정한 것이 지나치다고 볼 수 없다. (헌재 2018. 6. 28. 2017헌바373).

Answer 17.③

18 행정행위의 부관에 대한 설명으로 옳지 않은 것은?(다툼이 있는 경우 판례에 의함)

① 사정변경으로 인하여 당초에 부담을 부가한 목적을 달성할 수 없게 된 경우에도 부관의 사후변경은 그 목적 달성에 필요한 범위 내에서 예외적으로 허용된다는 것이 판례의 태도이다.

② 행정행위의 부관의 유형 중에서 장래의 불확실한 사실에 의해서 행정행위의 효력을 소멸시키는 것은 해제조건이다.

③ 지방국토관리청장이 일부 공유수면매립지에 대하여 한 국가 또는 직할시(현 광역시) 귀속처분은 법률효과의 일부배제에 해당하는 것으로 행정행위의 부관의 유형으로 볼 수 없다는 것이 판례의 태도이다.

④ 부담과 조건의 구별이 명확하지 않은 경우에는 부담으로 보는 것이 행정행위의 상대방에게 유리하다고 본다.

📢 **Point**

③ 행정행위의 부관은 부담의 경우를 제외하고는 독립하여 행정소송의 대상이 될 수 없는 것인바, 지방국토관리청장이 일부 공유수면매립지에 대하여 한 국가 또는 직할시 귀속처분은 매립준공인가를 함에 있어서 매립의 면허를 받은 자의 매립지에 대한 소유권취득을 규정한 공유수면매립법 제14조의 효과 일부를 배제하는 부관을 붙인 것이고, 이러한 행정행위의 부관은 위 법리와 같이 독립하여 행정소송 대상이 될 수 없다(대판 1993. 10. 8. 93누2032).

① 행정처분에 이미 부담이 부가되어 있는 상태에서 그 의무의 범위 또는 내용 등을 변경하는 부관의 사후변경은, 법률에 명문의 규정이 있거나 그 변경이 미리 유보되어 있는 경우 또는 상대방의 동의가 있는 경우에 한하여 허용되는 것이 원칙이지만, 사정변경으로 인하여 당초에 부담을 부가한 목적을 달성할 수 없게 된 경우에도 그 목적달성에 필요한 범위 내에서 예외적으로 허용된다(대판 1997. 5. 30. 97누2627).

② 조건이란 장래의 불확실한 상황에 대하여 의존하는 것을 의미하고 그 중에서 해제조건이란 일정한 사실이 성취와 동시에 그 효력이 상실되는 것을 의미한다.

④ 부담과 조건의 구별이 모호한 경우에는 부관의 독립쟁송가능성 등에서 당사자에게 보다 유리한 부담으로 보는 것이 통설의 입장이다.

19 행정강제수단에 대한 설명으로 옳지 않은 것은?(다툼이 있는 경우 판례에 의함)

① 행정기관은 법령 등에서 행정조사를 규정하고 있는 경우에 한하여 행정조사를 실시할 수 있지만 조사대상자의 자발적인 협조를 얻어 실시하는 경우에는 그러하지 아니하다.

② 화재진압작업을 위해서 화재발생현장에 불법주차차량을 제거하는 것은 급박성을 이유로 법적 근거가 없더라도 최후수단으로서 실행이 가능하다.

③ 해가 지기 전에 대집행을 착수한 경우에는 야간에 대집행 실행이 가능하다.

④ 「건축법」상 이행강제금 납부의 최초 독촉은 항고소송의 대상이 되는 행정처분에 해당한다는 것이 판례의 태도이다.

🔊 Point

「행정조사기본법」

① 제5조(행정조사의 근거) 행정기관은 법령등에서 행정조사를 규정하고 있는 경우에 한하여 행정조사를 실시할 수 있다. 다만, 조사대상자의 자발적인 협조를 얻어 실시하는 행정조사의 경우에는 그러하지 아니하다.

「소방기본법」

② 제25조(강제처분 등) ③ 소방본부장, 소방서장 또는 소방대장은 소방활동을 위하여 긴급하게 출동할 때에는 소방자동차의 통행과 소방활동에 방해가 되는 주차 또는 정차된 차량 및 물건 등을 제거하거나 이동시킬 수 있다.

「행정대집행법」

③ 제4조(대집행의 실행 등) ① 행정청(제2조에 따라 대집행을 실행하는 제3자를 포함한다. 이하 이 조에서 같다)은 해가 뜨기 전이나 해가 진후에는 대집행을 하여서는 아니 된다. 다만, 다음 각 호의 어느 하나에 해당하는 경우에는 그러하지 아니하다.

2. 해가 지기 전에 대집행을 착수한 경우

④ 이행강제금 부과처분을 받은 자가 이행강제금을 기한 내에 납부하지 아니한 때에는 그 납부를 독촉할 수 있으며, 납부독촉에도 불구하고 이행강제금을 납부하지 않으면 체납절차에 의하여 이행강제금을 징수할 수 있고, 이때 이행강제금 납부의 최초 독촉은 징수처분으로서 항고소4송의 대상이 되는 행정처분이 될 수 있다고 할 것이다(대판 1999. 7. 13. 97누119).

Answer 19.②

20 국가배상에 대한 판례의 태도로 옳지 않은 것은?

① 성폭력범죄의 수사를 담당하거나 수사에 관여하는 경찰관이 피해자의 인적사항 등을 공개 또는 누설함으로써 피해자가 손해를 입은 경우, 국가의 배상책임이 인정된다는 것이 판례의 태도이다.

② 음주운전으로 적발된 주취운전자가 도로 밖으로 차량을 이동하겠다며 단속 경찰관으로부터 보관 중이던 차량 열쇠를 반환받아 몰래 차량을 운전하여 가던 중 사고를 일으킨 경우, 국가배상책임이 인정되지 않는다는 것이 판례의 태도이다.

③ 지방자치단체장이 설치하여 관할 지방경찰청장에게 관리권한이 위임된 교통신호기의 고장으로 인하여 교통사고가 발생한 경우, 지방자치단체뿐만 아니라 국가도 손해배상책임을 부담한다는 것이 판례의 태도이다.

④ 군수 또는 그 보조 공무원이 농수산부장관으로부터 도지사를 거쳐 군수에게 재위임된 국가사무(기관위임사무)인 개간허가 및 그 취소사무를 처리함에 있어 고의 또는 과실로 타인에게 손해를 가한 경우, 「국가배상법」 제6조에 의하여 지방자치단체인 군이 비용을 부담한다고 볼 수 있는 경우에 한하여 국가와 함께 손해배상 책임을 부담한다.

📢 Point

② 음주운전으로 적발된 주취운전자가 도로 밖으로 차량을 이동하겠다며 단속경찰관으로부터 보관중이던 차량열쇠를 반환받아 몰래 차량을 운전하여 가던 중 사고를 일으킨 경우, 국가배상책임을 인정한 사례(대판 1998. 5. 8. 97다54482).

① 성폭력범죄의 수사를 담당하거나 수사에 관여하는 경찰관이 위와 같은 직무상 의무에 반하여 피해자의 인적사항 등을 공개 또는 누설하였다면 국가는 그로 인하여 피해자가 입은 손해를 배상하여야 한다(대판 2008. 6. 12. 2007다64365).

③ 관할 지방경찰청장에게 위임되어 지방자치단체 소속 공무원과 지방경찰청 소속 공무원이 합동근무하는 교통종합관제센터에서 그 관리업무를 담당하던 중 위 신호기가 고장난 채 방치되어 교통사고가 발생한 경우, 교통신호기를 관리하는 지방경찰청장 산하 경찰관들에 대한 봉급을 부담하는 국가도 국가배상법 제6조 제1항에 의한 배상책임을 부담한다(대판 1999. 6. 25. 99다11120).

④ 도지사로부터 하위 지방자치단체장인 군수에게 재위임되었으므로 이른바 기관위임사무라 할 것이고, 이러한 경우 군수는 그 사무의 귀속 주체인 국가 산하 행정기관의 지위에서 그 사무를 처리하는 것에 불과하므로, 군수 또는 군수를 보조하는 공무원이 위임사무처리에 있어 고의 또는 과실로 타인에게 손해를 가하였다 하더라도 원칙적으로 군에는 국가배상책임이 없고 그 사무의 귀속 주체인 국가가 손해배상책임을 지는 것이며, 다만 국가배상법 제6조에 의하여 군이 비용을 부담한다고 볼 수 있는 경우에 한하여 국가와 함께 손해배상책임을 부담한다(대판 2000. 5. 12. 99다70600).

Answer 20.②

1 **행정벌에 대한 설명으로 옳지 않은 것은?(다툼이 있는 경우 판례에 의함)**

① 과태료는 행정상의 질서유지를 위한 행정질서벌에 해당할 뿐 형벌이라 할 수 없어 죄형법정주의의 규율대상에 해당하지 않는다.

② 행정형벌은 행정법상 의무위반에 대한 제재로 과하는 처벌로 법인이 법인으로서 행정법상 의무자인 경우 그 의무위반에 대하여 형벌의 성질이 허용하는 한도 내에서 그 법인을 처벌하는 것은 당연하며, 행정범에 관한 한 법인의 범죄능력을 인정함이 일반적이나, 지방자치단체와 같은 공법인의 경우는 범죄능력 및 형벌능력 모두 부정된다.

③ 과태료 재판은 이유를 붙인 결정으로써 하며, 결정은 당사자와 검사에게 고지함으로써 효력이 발생하고, 당사자와 검사는 과태료 재판에 대하여 즉시항고 할 수 있으며 이 경우 항고는 집행정지의 효력이 있다.

④ 행정청이 질서위반행위에 대하여 과태료를 부과하고자 하는 때에는 미리 당사자에게 과태료 부과의 원인이 되는 사실, 과태료 금액 및 적용법령 등을 통지하고 10일 이상의 기간을 정하여 의견을 제출할 기회를 주어야한다.

📢 Point

② 「헌법」제117조, 「지방자치법」제3조 제1항, 제9조, 제93조, 「도로법」제54조, 제83조, 제86조의 각 규정을 종합하여 보면, 국가가 본래 그의 사무의 일부를 지방자치단체의 장에게 위임하여 그 사무를 처리하게 하는 기관위임사무의 경우에는 지방자치단체는 국가기관의 일부로 볼 수 있는 것이지만, 지방자치단체가 그 고유의 자치사무를 처리하는 경우에는 지방자치단체는 국가기관의 일부가 아니라 국가기관과는 별도의 독립한 공법인이므로, 지방자치단체 소속 공무원이 지방자치단체 고유의 자치사무를 수행하던 중 도로법 제81조 내지 제85조의 규정에 의한 위반행위를 한 경우에는 지방자치단체는 도로법 제86조의 양벌규정에 따라 처벌대상이 되는 법인에 해당한다(대법원 2005. 11. 10. 선고 2004도2657 판결).

① 헌재 1998. 5. 28. 96헌바83

③ 과태료 재판은 이유를 붙인 결정으로써 한다〈「질서위반행위규제법」제36조(재판) 제1항〉. 결정은 당사자와 검사에게 고지함으로써 효력이 생긴다〈동법 제37조(결정의 고지) 제1항〉. 당사자와 검사는 과태료 재판에 대하여 즉시항고를 할 수 있다. 이 경우 항고는 집행정지의 효력이 있다〈동법 제38조(항고) 제1항〉.

④ 행정청이 질서위반행위에 대하여 과태료를 부과하고자 하는 때에는 미리 당사자(제11조 제2항에 따른 고용주등을 포함한다)에게 대통령령으로 정하는 사항을 통지하고, 10일 이상의 기간을 정하여 의견을 제출할 기회를 주어야 한다. 이 경우 지정된 기일까지 의견 제출이 없는 경우에는 의견이 없는 것으로 본다〈「질서위반행위규제법」제16조(사전통지 및 의견 제출 등) 제1항〉.

Answer 1.②

14 행정대집행에 관한 설명으로 옳지 않은 것은?(다툼이 있는 경우 판례에 의함)

① 대집행의 근거법으로는 대집행에 관한 일반법인 「행정대집행법」과 대집행에 관한 개별법 규정이 있다.

② 대집행의 요건을 충족한 경우에 행정청이 대집행을 할 것인지 여부에 관해서 소수설은 재량행위로 보나, 다수설과 판례는 기속행위로 본다.

③ 대집행의 절차인 '대집행의 계고'의 법적 성질은 준법률행위적 행정행위이므로 계고 그 자체가 독립하여 항고소송의 대상이나, 2차 계고는 새로운 철거의무를 부과하는 것이 아니고 대집행기한의 연기 통지에 불과하므로 행정처분으로 볼 수 없다는 판례가 있다.

④ 계고처분의 후속절차인 대집행에 위법이 있다고 하여 그와 같은 후속절차에 위법성이 있다는 점을 들어 선행절차인 계고처분이 부적법하다는 사유로 삼을 수는 없다.

📢 Point

② 대집행의 요건을 충족한 경우에 행정청이 대집행을 할 것인지 여부에 관해서 소수설은 기속행위로 보나, 다수설과 판례는 재량행위로 본다.

① 대집행의 근거법으로는 대집행에 관한 일반법인 「행정대집행법」이 있다. 다만, 대집행의 요건과 절차 등에 관하여 「행정대집행법」에 대한 특례를 규정하려고 할 경우에는 개별법에 그에 관한 규정을 두도록 한다.

③ 시장이 무허가건물소유자인 원고들에게 일정기간까지 철거할 것을 명함과 아울러 불이행할 때에는 대집행한다는 내용의 철거대집행계고처분을 고지한 후 원고들이 불응하자 다시 2차 계고서를 발송하여 일정기간까지의 자진철거를 촉구하고 불이행하면 대집행을 한다는 뜻을 고지하였다면 원고들의 행정대집행법상의 건물철거의무는 제1차 철거명령 및 계고처분 으로서 발생하였고 제2차의 계고처분은 원고들에게 새로운 철거의무를 부과하는 것이 아니고 다만 대집행기한의 연기통지에 불과하므로 행정처분이 아니다(대법원 1991. 1. 25. 선고 판결).

④ 계고처분의 후속절차인 대집행에 위법이 있다고 하더라도, 그와 같은 후속절차에 위법성이 있다는 점을 들어 선행절차인 계고처분이 부적법하다는 사유로 삼을 수는 없다(대판 1997. 2. 14. 96누15428).

Answer 14.②

15 행정조사에 관한 설명으로 옳은 것(O)과 옳지 않은 것(×)을 바르게 표기한 것은?(다툼이 있는 경우 판례에 의함)

> ㉠ 행정조사는 그 실효성 확보를 위해 수시조사를 원칙으로 한다.
> ㉡ 「행정절차법」은 행정조사절차에 관한 명문의 규정을 일부 두고 있다.
> ㉢ (구)「국세기본법」에 따른 금지되는 재조사에 기초한 과세처분은 특별한 사정이 없는 한 위법하다.
> ㉣ 우편물 통관검사절차에서 이루어지는 우편물의 개봉, 시료채취, 성분분석 등의 검사는 행정조사의 성격을 가지는 것으로 압수·수색영장 없이 진행되었다고 해도 특별한 사정이 없는 한 위법하다고 볼 수 없다.

	㉠	㉡	㉢	㉣			㉠	㉡	㉢	㉣
①	×	×	O	O		②	×	O	×	O
③	O	×	O	×		④	×	O	O	O

📢 (Point)

㉠ [X] 행정조사는 법령등 또는 행정조사운영계획으로 정하는 바에 따라 <u>정기적으로 실시함을 원칙으로 한다.</u> 다만, 다음 각 호 중 어느 하나에 해당하는 경우에는 수시조사를 할 수 있다〈「행정조사기본법」 제7조(조사의 주기)〉.
　1. 법률에서 수시조사를 규정하고 있는 경우
　2. 법령등의 위반에 대하여 혐의가 있는 경우
　3. 다른 행정기관으로부터 법령등의 위반에 관한 혐의를 통보 또는 이첩받은 경우
　4. 법령등의 위반에 대한 신고를 받거나 민원이 접수된 경우
　5. 그 밖에 행정조사의 필요성이 인정되는 사항으로서 대통령령으로 정하는 경우

㉡ [X] 「행정절차법」은 행정조사절차에 관한 <u>명문의 규정을 두고 있지 않다.</u>

㉢ [O] 「국세기본법」은 제81조의4 제1항에서 "세무공무원은 적정하고 공평한 과세를 실현하기 위하여 필요한 최소한의 범위에서 세무조사를 하여야 하며, 다른 목적 등을 위하여 조사권을 남용해서는 아니 된다."라고 규정하고 있다. 이 조항은 세무조사의 적법 요건으로 객관적 필요성, 최소성, 권한 남용의 금지 등을 규정하고 있는데, 이는 법치국가 원리를 조세절차법의 영역에서도 관철하기 위한 것으로서 그 자체로서 구체적인 법규적 효력을 가진다. 따라서 세무조사가 과세자료의 수집 또는 신고내용의 정확성 검증이라는 <u>본연의 목적이 아니라 부정한 목적을 위하여 행하여진 것이라면 이는 세무조사에 중대한 위법사유가 있는 경우에 해당하고 이러한 세무조사에 의하여 수집된 과세자료를 기초로 한 과세처분 역시 위법하다.</u> 세무조사가 국가의 과세권을 실현하기 위한 행정조사의 일종으로서 과세자료의 수집 또는 신고내용의 정확성 검증 등을 위하여 필요불가결하며, 종국적으로는 조세의 탈루를 막고 납세자의 성실한 신고를 담보하는 중요한 기능을 수행하더라도 만약 남용이나 오용을 막지 못한다면 납세자의 영업활동 및 사생활의 평온이나 재산권을 침해하고 나아가 과세권의 중립성과 공공성 및 윤리성을 의심받는 결과가 발생할 것이기 때문이다(대법원 2016. 12. 15. 선고 2016두47659).

㉣ [O] 「관세법」 제246조 제1항, 제2항, 제257조, '국제우편물 수입통관 사무처리'(2011. 9. 30. 관세청고시 제2011-40호) 제1-2조 제2항, 제1-3조, 제3-6조, 구 '수출입물품 등의 분석사무 처리에 관한 시행세칙'(2013. 1. 4. 관세청훈령 제1507호로 개정되기 전의 것) 등과 관세법이 관세의 부과·징수와 아울러 수출입물품의 통관을 적정하게 함을 목적으로 한다는 점(관세법 제1조)에 비추어 보면, <u>우편물 통관검사절차에서 이루어지는 우편물의 개봉, 시료채취, 성분분석 등의 검사는 수출입물품에 대한 적정한 통관 등을 목적으로 한 행정조사의 성격을 가지는 것으로서 수사기관의 강제처분이라고 할 수 없으므로, 압수·수색영장 없이 우편물의 개봉, 시료채취, 성분분석 등 검사가 진행되었다 하더라도 특별한 사정이 없는 한 위법하다고 볼 수 없다</u>(대법원 2013. 9. 26. 선고 2013도7718).

Answer 15.①

16 행정행위에 관한 설명으로 옳지 않은 것은? (다툼이 있는 경우 판례에 의함)

① 행정행위의 부관 중 행정행위에 부수하여 그 상대방에게 일정한 의무를 부과하는 행정청의 의사표시인 부담은 그 자체만으로 행정소송의 대상이 될 수 있다.

② 현역입영대상자는 현역병입영통지처분에 따라 현실적으로 입영을 하였다 할지라도, 입영 이후의 법률관계에 영향을 미치고 있는 현역병입영통지처분을 한 관할 지방병무청장을 상대로 위법을 주장하여 그 취소를 구할 수 있다.

③ 재량행위가 법령이나 평등원칙을 위반한 경우뿐만 아니라 합목적성의 판단을 그르친 경우에도 위법한 처분으로서 행정소송의 대상이 된다.

④ 허가의 신청 후 법령의 개정으로 허가기준이 변경된 경우에는 신청할 당시의 법령이 아닌 행정행위 발령 당시의 법령을 기준으로 허가 여부를 판단하는 것이 원칙이다.

Point

③ 편의(공익, 합목적) 재량의 경우에 한 처분에 있어 관계공무원이 공익성, 합목적성의 인정, 판단을 잘못하여 그 재량권의 범위를 넘어선 행정행위를 한 경우가 있다 하더라도 공익성 및 합목적성의 적절여부의 판단기준은 구체적 사안에 따라 각각 동일하다 할 수 없을 뿐만 아니라 구체적인 경우 어느 행정처분을 할 것인가에 관하여 행정청 내부에 일응의 기준을 정해 둔 경우 그 기준에 따른 행정처분을 하였다면 이에 관여한 공무원에게 그 직무상의 과실이 있다고 할 수 없다(대법원 1984. 7. 24. 선고 84다카597 판결).

① 행정행위의 부관은 행정행위의 일반적인 효력이나 효과를 제한하기 위하여 의사표시의 주된 내용에 부가되는 종된 의사표시이지 그 자체로서 직접 법적 효과를 발생하는 독립된 처분이 아니므로 현행 행정쟁송제도 아래서는 부관 그 자체만을 독립된 쟁송의 대상으로 할 수 없는 것이 원칙이나 행정행위의 부관 중에서도 행정행위에 부수하여 그 행정행위의 상대방에게 일정한 의무를 부과하는 행정청의 의사표시인 부담의 경우에는 다른 부관과는 달리 행정행위의 불가분적인 요소가 아니고 그 존속이 본체인 행정행위의 존재를 전제로 하는 것일 뿐이므로 부담 그 자체로서 행정쟁송의 대상이 될 수 있다(대법원 1992. 1. 21. 선고 91누1264 판결).

② 「병역법」 제2조 제1항 제3호에 의하면 '입영'이란 병역의무자가 징집·소집 또는 지원에 의하여 군부대에 들어가는 것이고, 같은 법 제18조 제1항에 의하면 현역은 입영한 날부터 군부대에서 복무하도록 되어 있으므로 현역병입영통지처분에 따라 현실적으로 입영을 한 경우에는 그 처분의 집행은 종료되지만, 한편, 입영으로 그 처분의 목적이 달성되어 실효되었다는 이유로 다툴 수 없도록 한다면, 병역법상 현역입영대상자로서는 현역병입영통지처분이 위법하다 하더라도 법원에 의하여 그 처분의 집행이 정지되지 아니하는 이상 현실적으로 입영을 할 수밖에 없으므로 현역병입영통지처분에 대하여는 불복을 사실상 원천적으로 봉쇄하는 것이 되고, 또한 현역입영대상자가 입영하여 현역으로 복무하는 과정에서 현역병입영통지처분 외에는 별도의 다른 처분이 없으므로 입영한 이후에는 불복할 아무런 처분마저 없게 되는 결과가 되며, 나아가 입영하여 현역으로 복무하는 자에 대한 병적을 당해 군 참모총장이 관리한다는 것은 입영 및 복무의 근거가 된 현역병입영통지처분이 적법함을 전제로 하는 것으로서 그 처분이 위법한 경우까지를 포함하는 의미는 아니라고 할 것이므로, 현역입영대상자로서는 현실적으로 입영을 하였다고 하더라도, 입영 이후의 법률관계에 영향을 미치고 있는 현역병입영통지처분 등을 한 관할지방병무청장을 상대로 위법을 주장하여 그 취소를 구할 소송상의 이익이 있다(대법원 2003. 12. 26. 선고 2003두1875 판결).

④ 허가 등의 행정처분은 원칙적으로 처분시의 법령과 허가기준에 의하여 처리되어야 하고 허가신청 당시의 기준에 따라야 하는 것은 아니며, 비록 허가신청 후 허가기준이 변경되었다 하더라도 그 허가관청이 허가신청을 수리하고도 정당한 이유 없이 그 처리를 늦추어 그 사이에 허가기준이 변경된 것이 아닌 이상 변경된 허가기준에 따라서 처분을 하여야 한다(대법원 1996. 8. 20. 선고 95누10877 판결).

Answer 16.③

17 행정지도에 관한 설명으로 옳지 않은 것은?(다툼이 있는 경우 판례에 의함)

① 행정지도란 행정기관이 그 소관 사무의 범위에서 일정한 행정목적을 실현하기 위하여 특정인에게 일정한 행위를 하거나 하지 아니하도록 지도, 권고, 조언 등을 하는 행정작용을 말한다.

② 행정지도 중 규제적·구속적 행정지도의 경우에는 법적 근거가 필요하다는 견해가 있다.

③ 교육인적자원부장관(현 교육부장관)의 (구)공립대학 총장들에 대한 학칙시정요구는 고등교육법령에 따른 것으로, 그 법적 성격은 대학총장의 임의적인 협력을 통하여 사실상의 효과를 발생시키는 행정지도의 일종으로 헌법소원의 대상이 되는 공권력의 행사로 볼 수 없다.

④ 행정지도가 강제성을 띠지 않은 비권력적 작용으로서 행정지도의 한계를 일탈하지 아니하였다면, 그로 인해 상대방에게 어떤 손해가 발생하였다고 해도 행정기관은 그에 대한 손해배상책임이 없다.

🔊 **Point**

③ 교육인적자원부장관의 대학총장들에 대한 이 사건 학칙시정요구는 고등교육법 제6조 제2항, 동법시행령 제4조 제3항에 따른 것으로서 그 법적 성격은 대학총장의 임의적인 협력을 통하여 사실상의 효과를 발생시키는 행정지도의 일종이지만, 그에 따르지 않을 경우 일정한 불이익조치를 예정하고 있어 사실상 상대방에게 그에 따를 의무를 부과하는 것과 다를 바 없으므로 단순한 행정지도로서의 한계를 넘어 규제적·구속적 성격을 상당히 강하게 갖는 것으로서 헌법소원의 대상이 되는 공권력의 행사라고 볼 수 있다[헌재 2003. 6. 26. 2002헌마337, 2003헌마7·8(병합)].

① "행정지도"란 행정기관이 그 소관 사무의 범위에서 일정한 행정목적을 실현하기 위하여 특정인에게 일정한 행위를 하거나 하지 아니하도록 지도, 권고, 조언 등을 하는 행정작용을 말한다.〈「행정절차법」제2조(정의)제3호〉

② 규제적·구속적 행정지도의 경우 법적 근거가 필요하다는 견해는 침해유보설의 입장에서 행정지도의 내용에 따라 법률의 근거 여부를 결정해야 한다는 입장이라고 할 수 있다.

④ 행정지도가 강제성을 띠지 않은 비권력적 작용으로서 행정지도의 한계를 일탈하지 아니하였다면, 그로 인하여 상대방에게 어떤 손해가 발생하였다 하더라도 행정기관은 그에 대한 손해배상책임이 없다(대판 2008. 9. 25. 2006다18228).

Answer

18 행정행위의 하자에 관한 설명으로 옳지 않은 것은?(다툼이 있는 경우 판례에 의함)

① 행정처분의 대상이 되는 법률관계나 사실관계가 있는 것으로 오인할 만한 객관적인 사정이 있고 사실관계를 정확히 조사하여야만 그 대상이 되는지 여부가 밝혀질 수 있는 경우에는 비록 그 하자가 중대하더라도 명백하지 않아 무효로 볼 수 없다.

② 조례 제정권의 범위를 벗어나 국가사무를 대상으로 한 무효인 조례의 규정에 근거하여 지방자치단체의 장이 행정처분을 한 경우 그 행정처분은 하자가 중대하나, 명백하지는 아니하므로 당연무효에 해당하지 아니한다.

③ 보충역편입처분에 하자가 있다고 할지라도 그것이 중대하고 명백하지 않는 한, 그 하자를 이유로 공익근무요원소집처분의 효력을 다툴 수 없다.

④ 부동산에 관한 취득세를 신고하였으나 부동산매매계약이 해제됨에 따라 소유권 취득의 요건을 갖추지 못한 경우에는 그 하자가 중대하지만 외관상 명백하지 않아 무효는 아니며 취소할 수 있는 데 그친다.

📢 **Point**

④ 취득세 신고행위는 납세의무자와 과세관청 사이에 이루어지는 것으로서 취득세 신고행위의 존재를 신뢰하는 제3자의 보호가 특별히 문제되지 않아 그 신고행위를 당연무효로 보더라도 법적 안정성이 크게 저해되지 않는 반면, 과세요건 등에 관한 중대한 하자가 있고 그 법적 구제수단이 국세에 비하여 상대적으로 미비함에도 위법한 결과를 시정하지 않고 납세의무자에게 그 신고행위로 인한 불이익을 감수시키는 것이 과세행정의 안정과 그 원활한 운영의 요청을 참작하더라도 <u>납세의무자의 권익구제 등의 측면에서 현저하게 부당하다고 볼 만한 특별한 사정이 있는 때에는 예외적으로 이와 같은 하자 있는 신고행위가 당연무효라고 함이 타당하다</u>(대법원 2009. 2. 12. 선고 2008두11716 판결).

① 일반적으로 과세대상이 되는 법률관계나 소득 또는 행위 등의 사실관계가 전혀 없는 사람에게 한 과세처분은 그 하자가 중대하고도 명백하다고 할 것이지만 과세대상이 되지 아니하는 어떤 법률관계나 사실관계에 대하여 이를 과세대상이 되는 것으로 오인할 만한 객관적인 사정이 있는 경우에 그것이 과세대상이 되는지의 여부가 그 사실관계를 정확히 조사하여야 비로소 밝혀질 수 있는 경우라면 그 하자가 중대한 경우라도 외관상 명백하다고 할 수 없어 그와 같이 과세요건사실을 오인한 위법의 과세처분을 당연무효라고 볼 수 없다(대법원 2002. 9. 4. 선고 2001두7268 판결).

② [다수의견] 조례 제정권의 범위를 벗어나 국가사무를 대상으로 한 무효인 서울특별시행정권한위임조례의 규정에 근거하여 구청장이 건설업영업정지처분을 한 경우, 그 처분은 결과적으로 적법한 위임 없이 권한 없는 자에 의하여 행하여진 것과 마찬가지가 되어 그 하자가 중대하나, 지방자치단체의 사무에 관한 조례와 규칙은 조례가 보다 상위 규범이라고 할 수 있고, 또한 헌법 제107조 제2항의 "규칙"에는 지방자치단체의 조례와 규칙이 모두 포함되는 등 이른바 규칙의 개념이 경우에 따라 상이하게 해석되는 점 등에 비추어 보면 위 처분의 위임 과정의 하자가 객관적으로 명백한 것이라고 할 수 없으므로 이로 인한 하자는 결국 당연무효사유는 아니라고 봄이 상당하다(대법원 1995. 7. 11. 선고 94누4615 전원합의체판결).

③ 구 병역법(1999. 12. 28. 법률 제6058호로 개정되기 전의 것) 제2조 제1항 제2호, 제9호, 제5조, 제11조, 제12조, 제14조, 제26조, 제29조, 제55조, 제56조의 각 규정에 의하면, 보충역편입처분 등의 병역처분은 구체적인 병역의무부과를 위한 전제로서 징병검사 결과 신체등위와 학력·연령 등 자질을 감안하여 역종을 부과하는 처분임에 반하여, 공익근무요원소집처분은 보충역편입처분을 받은 공익근무요원소집대상자에게 기초적 군사훈련과 구체적인 복무기관 및 복무분야를 정한 공익근무요원으로서의 복무를 명하는 구체적인 행정처분이므로, 위 두 처분은 후자의 처분이 전자의 처분을 전제로 하는 것이기는 하나 각각 단계적으로 별개의 법률효과를 발생하는 독립된 행정처분이라고 할 것이므로, 따라서 보충역편입처분의 기초가 되는 신체등위 판정에 잘못이 있다는 이유로 이를 다투기 위하여는 신체등위 판정을 기초로 한 보충역편입처분에 대하여 쟁송을 제기하여야 할 것이며, 그 처분을 다투지 아니하여 이미 불가쟁력이 생겨 그 효력을 다툴 수 없게 된 경우에는, 병역처분변경신청에 의하는 경우는 별론으로 하고, 보충역편입처분에 하자가 있다고 할지라도 그것이 당연무효라고 볼만한 특단의 사정이 없는 한 그 위법을 이유로 공익근무요원소집처분의 효력을 다툴 수 없다(대법원 2002. 12. 10. 선고 2001두5422 판결).

Answer 18.④

19 다음 설명 중 옳지 않은 것은?(다툼이 있는 경우 판례에 의함)

① 지방자치단체가 옹벽시설공사를 업체에게 주어 공사를 시행하다가 사고가 일어난 경우, 옹벽이 공사 중이고 아직 완성되지 아니하여 일반 공중의 이용에 제공되지 않았다면 「국가배상법」 제5조 소정의 영조물에 해당한다고 할 수 없다.

② 김포공항을 설치·관리함에 있어 항공법령에 따른 항공기 소음기준 및 소음대책을 준수하려는 노력을 하였더라도, 공항이 항공기 운항이라는 공공의 목적에 이용됨에 있어 그와 관련하여 배출하는 소음 등의 침해가 인근주민들에게 통상의 수인한도를 넘는 피해를 발생하게 하였다면 공항의 설치·관리상에 하자가 있다고 보아야한다.

③ 가변차로에 설치된 두 개의 신호기에서 서로 모순되는 신호가 들어오는 고장으로 인하여 사고가 발생한 경우, 그 고장이 현재의 기술 수준상 부득이한 것으로 예방할 방법이 없는 것이라면 손해발생의 예견가능성이나 회피가능성이 없어 영조물의 하자를 인정할 수 없다.

④ 영조물 설치자의 재정사정이나 영조물의 사용목적에 의한 사정은, 안전성을 요구하는 데 대한 참작사유는 될지언정 안전성을 결정지을 절대적 요건은 아니다.

📢 (Point)

③ 가변차로에 설치된 신호등의 용도와 오작동시에 발생하는 사고의 위험성과 심각성을 감안할 때, 만일 <u>가변차로에 설치된 두 개의 신호기에서 서로 모순되는 신호가 들어오는 고장을 예방할 방법이 없음에도 그와 같은 신호기를 설치하여 그와 같은 고장을 발생하게 한 것이라면</u>, 그 고장이 자연재해 등 외부요인에 의한 불가항력에 기인한 것이 아닌 한 그 자체로 설치·관리자의 방호조치의무를 다하지 못한 것으로서 신호등이 그 용도에 따라 통상 갖추어야 할 안전성을 갖추지 못한 상태에 있었다고 할 것이고, 따라서 설령 적정전압보다 낮은 저전압이 원인이 되어 위와 같은 오작동이 발생하였고 그 고장은 현재의 기술수준상 부득이한 것이라고 가정하더라도 <u>그와 같은 사정만으로 손해발생의 예견가능성이나 회피가능성이 없어 영조물의 하자를 인정할 수 없는 경우라고 단정할 수 없다</u>(대법원 2001. 7. 27. 선고 2000다56822).

① 지방자치단체가 비탈사면인 언덕에 대하여 현장조사를 한 결과 붕괴의 위험이 있음을 발견하고 이를 붕괴위험지구로 지정하여 관리하여 오다가 붕괴를 예방하기 위하여 언덕에 옹벽을 설치하기로 하고 소외 회사에게 옹벽시설공사를 도급 주어 소외 회사가 공사를 시행하다가 깊이 3m의 구덩이를 파게 되었는데, 피해자가 공사현장 주변을 지나가다가 흙이 무너져 내리면서 위 구덩이에 추락하여 상해를 입게 된 사안에서, <u>위 사고 당시 설치하고 있던 옹벽은 소외 회사가 공사를 도급받아 공사 중에 있었을 뿐만 아니라 아직 완성도 되지 아니하여 일반 공중의 이용에 제공되지 않고 있었던 이상 국가배상법 제5조 제1항 소정의 영조물에 해당한다고 할 수 없다</u>(대판 1998. 10. 23. 98다17381).

② 설령 피고가 김포공항을 설치·관리함에 있어 <u>항공법령에 따른 항공기 소음기준 및 소음대책을 준수하려는 노력을 경주하였다고 하더라도</u>, 김포공항이 항공기 운항이라는 공공의 목적에 이용됨에 있어 <u>그와 관련하여 배출하는 소음 등의 침해가 인근 주민인 선정자들에게 통상의 수인한도를 넘는 피해를 발생하게 하였다면 김포공항의 설치·관리상에 하자가 있다고 보아야 할 것</u> … 김포공항에서 발생하는 소음 등으로 인근 주민들이 입은 피해는 사회통념상 수인한도를 넘는 것으로서 김포공항의 설치·관리에 하자가 있다(대판 2005. 1. 27. 2003다49566).

④ 영조물 설치의 '하자'라 함은 영조물의 축조에 불완전한 점이 있어 이 때문에 영조물 자체가 통상 갖추어야 할 완전성을 갖추지 못한 상태에 있음을 말한다고 할 것인바 그 '하자' 유무는 객관적 견지에서 본 안전성의 문제이고 그 설치자의 재정사정이나 영조물의 사용목적에 의한 사정은 안전성을 요구하는데 대한 정도 문제로서 참작사유에는 해당할지언정 안전성을 결정지을 절대적 요건에는 해당하지 아니한다 할 것이다(대판 1967. 2. 21. 66다1723).

Answer 19.③

20 국가배상책임에 관한 설명으로 옳지 않은 것은?(다툼이 있는 경우 판례에 의함)

① 「국가배상법」에서는 공무원 개인의 피해자에 대한 배상책임을 인정하는 명시적인 규정을 두고 있지 않다.

② 공무원증 발급업무를 담당하는 공무원이 대출을 받을 목적으로 다른 공무원의 공무원증을 위조하는 행위는 「국가배상법」 제2조 제1항의 직무집행 관련성이 인정되지 않는다.

③ 군교도소 수용자들이 탈주하여 일반 국민에게 손해를 입혔다면 국가는 그로 인하여 피해자들이 입은 손해를 배상할 책임이 있다.

④ 「국가배상법」 제2조 제1항 단서에 의해 군인 등의 국가배상청구권이 제한되는 경우, 공동불법행위자인 민간인은 피해를 입은 군인 등에게 그 손해 전부에 대하여 배상하여야 하는 것은 아니며 자신의 부담부분에 한하여 손해배상의무를 부담한다.

📢 **Point**

　② 인사업무담당 공무원이 다른 공무원의 공무원증 등을 위조한 행위는 행위 자체의 외관을 객관적으로 관찰하여 공무원의 직무행위로 보여지므로 비록 그것이 실질적으로 직무행위가 아니거나 또는 행위자로서는 주관적으로 공무집행의 의사가 없었다고 하더라도 그 행위는 공무원이 '직무를 집행함에 당하여' 한 것으로 보아야 한다는 것이 판례의 입장이다.

　① 「국가배상법」에서는 공무원 개인의 피해자에 대한 배상책임을 인정하는 명시적인 규정을 두고 있지 않다.

　※ 「국가배상법」 제2조(배상책임) 제1항 전단 … <u>국가나 지방자치단체는</u> 공무원 또는 공무를 위탁받은 사인(이하 "공무원"이라 한다)이 직무를 집행하면서 고의 또는 과실로 법령을 위반하여 타인에게 손해를 입히거나, 자동차손해배상 보장법」에 따라 손해배상의 책임이 있을 때에는 이 법에 따라 그 <u>손해를 배상하여야 한다.</u>

　③ 군행형법과 군행형법시행령이 군교도소나 미결수용실(이하 '교도소 등'이라 한다)에 대한 경계 감호를 위하여 관련 공무원에게 각종 직무상의 의무를 부과하고 있는 것은 일차적으로는 그 수용자들을 격리보호하고 교정교화함으로써 공공 일반의 이익을 도모하고 교도소 등의 내부 질서를 유지하기 위한 것이라 할 것이지만, 부수적으로는 그 수용자들이 탈주한 경우에 그 도주과정에서 일어날 수 있는 2차적 범죄행위로부터 일반 국민의 인명과 재화를 보호하고자 하는 목적도 있다고 할 것이므로, 국가공무원들이 위와 같은 직무상의 의무를 위반한 결과 수용자들이 탈주함으로써 일반 국민에게 손해를 입히는 사건이 발생하였다면, <u>국가는 그로 인하여 피해자들이 입은 손해를 배상할 책임이 있다</u>(대법원 2003. 2. 14. 선고 2002다62678 판결).

　④ 공동불법행위자 등이 부진정연대채무자로서 각자 피해자의 손해 전부를 배상할 의무를 부담하는 공동불법행위의 일반적인 경우와 달리 예외적으로 민간인은 피해 군인 등에 대하여 그 손해 중 국가 등이 민간인에 대한 구상의무를 부담한다면 그 내부적인 관계에서 부담하여야 할 부분을 제외한 나머지 자신의 부담부분에 한하여 손해배상의무를 부담하고, 한편 국가 등에 대하여는 그 귀책부분의 구상을 청구할 수 없다고 해석함이 상당하다 할 것이고, 이러한 해석이 손해의 공평·타당한 부담을 그 지도원리로 하는 손해배상제도의 이상에도 맞는다 할 것이다(대법원 2001. 2. 15. 선고 96다42420 전원합의체 판결).

Answer 20.②

PART

04

한국사

1 다음 밑줄 친 '이 나라'에 대한 설명으로 옳은 것은?

> <u>이 나라</u>는 산천을 중요시하여 산과 내마다 각기 구분이 있어 함부로 들어가지 않는다. 같은 씨족끼리 결혼하지 않는다.
> … (중략) … 부락을 함부로 침범하면 벌로 노비와 소·말을 부과하는데, 이를 책화라 한다.

① 사출도가 존재하였다.
② 서옥제라는 혼인 풍습이 있었다.
③ 무천이라는 제천 행사를 거행하였다.
④ 소도라고 불린 신성 구역이 존재하였다.

🔊 **Point**

책화를 통해 밑줄 친 이 나라가 동예임을 알 수 있다.
① 부여 ② 고구려 ④ 삼한

2 자료의 제도를 시행한 나라에 대한 설명으로 옳은 것은?

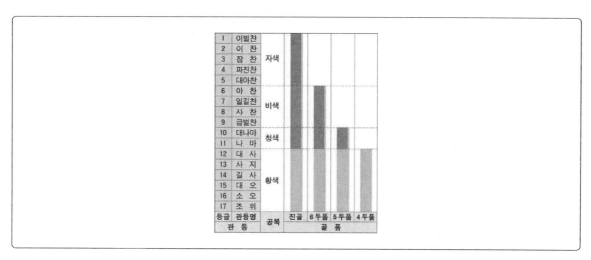

① 22담로에 왕족을 파견하였다.

② 화랑도를 국가적 조직으로 운영하였다.

③ 3성 6부의 중앙 정치 조직을 갖추었다.

④ 천리장성을 쌓아 당의 침입에 대비하였다.

 Point

제시된 자료는 신라의 골품제에 대한 것이다.
① 백제 ③ 발해 ④ 고구려

16 다음 상황이 나타난 시기에 볼 수 있었던 모습으로 가장 적절한 것은?

> 식량 배급제가 실시되어 우리 가족들 모두 배급 통장을 가지고 있었고, 애국반을 통해 한 반에 한두 켤레씩 제공된 고무신은 차례를 정해 지급받았다. 힘겨운 생활은 이것으로 그치지 않았다. 언니는 여자 정신 근로령에 따라 군수 공장에서 강제 노동에 시달렸고, 옆집 오빠는 징용되어 사할린으로 간 지 1년이 되었는데 생사도 알 길이 없다고 한다.

① 치안 유지법을 제정하는 관리
② 황국 신민 서사를 암송하는 학생
③ 제복을 입고 칼을 차고 있는 교원
④ 조선인에게 태형을 가하는 헌병 경찰

📢 **Point**
> 제시된 내용은 민족말살정책이 추진된 1930년대 상황이다.
> ① 1925년
> ③④ 1910년대 무단통치

17 다음 글을 쓴 역사학자에 대한 설명으로 옳은 것은?

> 옛 사람이 말하기를 나라는 멸망할 수 있으나 그 역사는 결코 없어질 수 없다고 했으니, 이는 나라가 형체라면 역사는 정신이기 때문이다. 이제 우리나라의 형체는 없어져 버렸지만, 정신은 살아남아야 할 것이다.

① 진단학회에 소속되어 활동하였다.
② 식민사관의 정체성론을 비판하였다.
③ 「한국독립운동지혈사」를 저술하였다.
④ 유물사관의 입장에서 한국사를 연구하였다.

📢 **Point**
> 제시된 내용은 박은식의 『한국통사』 서문 중 일부이다.
> ① 진단학회 소속으로 활동한 대표적인 인물로는 이병도, 김상기 등이 있다.
> ②④ 백남운에 대한 설명이다.

Answer 16.② 17.③

18 자료에 제시된 '위원회'에 대한 설명으로 옳은 것은?

〈위원회 개요〉
- 결성 : 조선 건국 동맹을 기반으로 결성
- 활동 : 전국에 지부 설치, 치안대 조직
- 해체 : 좌익 세력이 주도권 장악, 우익 세력의 이탈, 조선 인민 공화국 선포 후 해체

① 좌우 합작 7원칙을 발표하였다.　　　② 5 · 10 총선거 실시를 결정하였다.

③ 반민족 행위 처벌법을 제정하였다.　　④ 여운형, 안재홍 등이 중심 인물이었다.

Point

자료에 제시된 위원회는 1945년 8 · 15광복 후 여운형이 중심이 되어 조직한 최초의 건국준비단체인 조선건국준비위원회이다.
① 좌우합작위원회에 대한 설명이다.
② 유엔소총회에 대한 설명이다.
③ 반민족 행위 처벌법은 대한민국 정부 수립 이후인 1948년 9월에 제정되었다.

19 다음 선언문을 발표한 회담의 결과로 옳은 것은?

1. 남과 북은 나라의 통일 문제를 그 주인인 우리 민족끼리 서로 힘을 합쳐 자주적으로 해결해 나가기로 하였다.
2. 남과 북은 나라의 통일을 위한 남측의 연합제 안과 북측의 낮은 단계의 연방제 안이 서로 공통성이 있다고 인정하고 앞으로 이 방향에서 통일을 지향시켜 나가기로 하였다.

① 남북 조절 위원회가 설치되었다.

② 남북한이 유엔에 동시 가입하였다.

③ 경의선 철도 복구 사업을 추진하였다.

④ 최초의 남북 적십자 회담이 개최되었다.

Point

제시된 내용은 6 · 13 남북정상회담(2000) 이후 발표한 6 · 15 남북공동선언문의 일부이다.
① 7 · 4 남북공동성명(1972)
② 1991년
④ 1971년

Answer 18.④ 19.③

20 다음 선언문이 발표된 민주화운동에 대한 설명으로 옳은 것은?

> 1. 마산, 서울 기타 각지의 학생 데모는 주권을 빼앗긴 국민의 울분을 대신하여 궐기한 학생들의 순진한 정의감의 발로이며 부정과 불의에 항거하는 민족 정기의 표현이다.
> 2. 데모를 공산당의 조종이나 야당의 사주로 보는 것은 고의의 곡해이며 학생들의 정의감에 대한 모독이다.
> 5. 3·15 선거는 불법 선거이다. 공명선거에 의하여 정·부통령 선거를 다시 실시하라.

① 대통령의 하야 발표를 이끌어냈다.
② 6·29 선언이 발표되는 계기가 되었다.
③ 신군부 세력의 권력 장악을 막고자 하였다.
④ 시위대가 시민군을 조직하여 계엄군에 맞섰다.

Point

제시된 선언문이 발표된 민주화운동은 4·19혁명(1960)이다.
② 6월 민주항쟁(1987)
③④ 5·18 민주화운동(1980)

1 밑줄 친 '이 시대'의 유물로 옳은 것은?

> <u>이 시대</u>에는 인류가 농경과 목축을 시작하여 스스로 식량을 생산하는 단계에 이르렀다. 한반도 일대에 살았던 <u>이 시대</u> 사람들은 주로 강가나 바닷가에 움집을 짓고 마을을 이루었으며, 부족 사회를 형성해 갔다.

①

②

③

④

🔊 Point

농경과 목축이 처음 시작된 시대는 신석기 시대이다. 농경과 목축이 가능해지면서 강가나 바닷가 근처에서 사람들은 씨족 단위로 정착생활을 하기 시작했다. 또한 식량을 저장하기 위한 토기도 제작하였는데 빗살무늬토기, 이른민무늬토기 등이 있다.
① 앙부일구(해시계, 조선 세종)
② 청동방울(청동기)
③ 비파형동검(청동기)
④ 빗살무늬토기(신석기)

Answer 1.④

2 밑줄 친 '왕'의 업적으로 옳은 것은?

> 왕 13년 여름 6월 우산국이 항복하여 매년 토산물을 공물로 바치기로 하였다. 우산국은 명주의 정동쪽 바다에 있는 섬인데, 울릉도라고도 한다. 그 섬은 사방 일백리인데, 그들은 지세가 험한 것을 믿고 항복하지 않았다. 이찬 이사부가 …(중략)… 우산국의 해안에 도착하였다. 그는 거짓말로 "너희들이 만약 항복하지 않는다면 이 맹수를 풀어 너희들을 밟아 죽이도록 하겠다."라고 말하였다. 우산국의 백성들이 두려워하여 곧 항복하였다.
>
> － 삼국사기 －

① 불교를 공인하였다.　　　　　　　　② 대가야를 정복하였다.
③ 국호를 신라로 정하였다.　　　　　④ 이사금을 왕호로 사용하였다.

🔖 **Point**

　6세기 초 신라 지증왕(500~514)에 대한 업적이다. 지증왕의 업적으로는 우산국 복속, 국호를 신라로 확정, '왕'이라는 호칭 사용, 우경 보급 등이 있다.
　① 법흥왕(514~540)
　② 진흥왕(540~576)
　④ 유리왕(24~57)

3 밑줄 친 '이것'에 대한 설명으로 옳은 것은?

> 이것은 고려 최초의 대장경으로 거란의 침입을 받았던 현종 때 부처의 힘을 빌려 이를 물리치려는 염원에서 만들기 시작하였다.

① 몽골의 침입 때 불타 버렸다.
② 현재 합천 해인사에 보관되어 있다.
③ 흥왕사에 교장도감을 설치하여 간행하였다.
④ 대장도감을 설치하여 16년에 걸쳐 판각하였다.

🔖 **Point**

　고려 시대 최초의 대장경은 초조대장경으로 현종 때 거란의 침입을 막기 위해 제작되었다. 후일 몽고의 침입으로 대부분이 소실되었지만 재조대장경(팔만대장경)과 더불어 호국불교 정신을 상징하는 대표적인 목판인쇄물이다.
　②③④ 재조대장경(팔만대장경)에 대한 설명이다.

Answer 2.③ 3.①

4 (개) 나라에 대한 설명으로 옳은 것은?

> 부여씨와 고씨가 망한 다음에 김씨의 신라가 남에 있고 대씨의 [(개)]이/가 북에 있으니 이것이 남북국이다. 여기에는 마땅히 남북국사가 있어야 할 터인데 고려가 편찬하지 않은 것은 잘못이다. 저 대씨는 어떤 사람인가. 바로 고구려 사람이다. 그들이 차지하고 있던 땅은 어떤 땅인가. 바로 고구려의 땅이다.

① 22담로에 왕족을 파견하였다.
② 최고 교육 기관으로 주자감을 두었다.
③ 특별 행정 구역인 5소경을 설치하였다.
④ 사회 질서를 유지하기 위한 8조법이 있었다.

✎ Point

> 조선 후기 실학자인 유득공의 〈발해고〉 중 일부이다. 유득공은 고구려 유장 출신인 대조영이 건국한 발해를 고구려의 역사를 계승한 우리 민족의 역사로 인식하였다. 발해의 중앙관제는 당의 3성 6부제를 도입하였으나 명칭과 운영에 있어 발해의 독자성이 나타나있고, 최고 교육 기관으로 주자감을 설치하였다. 이외에 관리 감찰 기구로 중정대, 서적 및 문서 관리 기관으로 문적원을 설치하여 운영하였다.

① 백제 무령왕(521~523)
③ 신라 신문왕(681~691)
④ 고조선

5 다음 유훈을 남긴 왕의 업적으로 옳은 것은?

제1조 우리나라의 대업은 부처께서 지켜 주는 힘에 의지한 것이니, 후세에 간신들이 정권을 잡아, 승려들의 청에 따라 각자 맡은 사원을 다투어 서로 빼앗지 못하게 하라.

제2조 모든 사원은 도선이 세울 곳을 정해 개창하였으니 함부로 더 짓지 마라.

제6조 연등회와 팔관회를 가감하지 말고 시행하라.

제7조 신하의 의견을 존중하고 백성의 부역과 세금을 경감하라.

— 고려사 —

---

① 정계와 계백료서를 지어 관리의 규범을 제시하였다.

② 노비안검법을 실시하여 호족의 경제력을 약화시켰다.

③ 전국의 주요 지역에 12목을 설치하고 지방관을 파견하였다.

④ 중국에서 귀화한 쌍기의 건의를 받아들여 과거제를 시행하였다.

Point

고려 태조 왕건이 후대의 왕들에게 내린 〈훈요 10조〉에 관한 내용이다. 왕건은 건국 초 호족을 통합하기 위한 정책으로 정략혼인, 사성정책, 사심관 제도, 기인 제도 등을 시행하였으며, 고구려 계승을 위한 북진정책을 시행하였다. 민생 안정책으로는 조세 경감을 통한 취민유도 정책과 흑창을 설치하였다. 신하들이 지켜야 할 예법에 관한 〈계백료서〉를 편찬하기도 하였다.

②④ 고려 광종(949~975)

③ 고려 성종(981~997)

발해에 관한 설명이다. 발해는 대조영이 건국한 이후 소수의 고구려 출신이 지배층, 다수의 말갈족이 피지배층을 형성하였다. 전국을 5경 15부 62주로 정비하였으며 중앙 행정체제는 당의 3성 6부제를 모방하였으나 그 운영 방식과 기구의 명칭은 독자성을 유지하였다. 중앙 행정은 정당성을 중심으로 운영되었으며 정당성의 대내상이 국정을 총괄하였다. 관리들을 감찰하기 위한 기구로 중정대를 설치하여 운영하였다.
④ 외사정은 신라의 지방 세력 감찰기구이다.

5 (가) 부대에 대한 설명으로 옳은 것은?

> 개경으로 환도하면서 날짜를 정하여 기일 내에 돌아가게 하였으나 (가) 은/는 다른 마음이 있어 따르지 아니하였다. 그리하여 (가) 은/는 난을 일으키고 나라를 지키려는 자는 모이라고 하였다.

① 근거지를 옮기며 몽골에 저항하였다.
② 처인성에서 적장 살리타를 사살하였다.
③ 신기군, 신보군, 항마군으로 구성되었다.
④ 포수, 사수, 살수 등 삼수병으로 조직되었다.

(가)는 고려 최씨 무신정권기에 조직된 삼별초이다. 13세기 몽고의 침략으로 고려 조정은 강화도로 천도를 하고 대몽항쟁을 이어나갔지만 몽고의 기세에 개경으로 환도를 하게 되었다. 이 과정에서 삼별초는 개경 환도를 거부하고 이후 강화도에서 진도, 제주도로 이동하면서 대몽항쟁을 이어나갔다.
② 김윤후가 이끈 처인성 전투
③ 윤관의 별무반
④ 조선 후기 훈련도감

Answer 5.①

6 다음 인물에 대한 설명으로 옳은 것은?

> • 승과 합격
> • 승려 10여 명과 신앙 결사를 약속
> • 결사문 완성
> • 신앙 결사 운동 전개
> • 돈오점수 · 정혜쌍수 강조

① 『천태사교의』를 저술하였다.　　　　② 조계산에서 수선사를 개창하였다.

③ 속장경의 제작에 주도적으로 참여하였다.　　④ 참회수행과 염불을 통한 백련결사를 주장하였다.

(Point)

고려 후기 지눌이다. 지눌은 불교의 세속화와 종파 대립을 비판하고 신앙결사 운동을 전개하였다. 그는 정혜결사를 조직하고 수선사를 중심으로 신앙 결사 운동을 전개하면서 돈오점수(頓悟漸修), 정혜쌍수(定慧雙修)를 주장하였다. 참선을 강조하였으며 혜심(유불 일치설), 요세(만덕사 → 백련결사 제창) 등에 의해 발전하였다.

① 고려 전기 고승 제관이 천태종의 중심사상을 요약한 불교경전

③ 초조대장경을 보완한 것으로 의천이 주도하였다.

④ 고려 후기 승려 요세

7 밑줄 친 '이 왕'의 재위기간에 있었던 사실로 옳은 것은?

> <u>이 왕</u>이 원의 제국대장공주와 결혼하여 고려는 원의 부마국이 되었고, 도병마사는 도평의사사로 개편되었다.

① 만권당을 설치하였다.　　　　② 정동행성을 설치하였다.

③ 정치도감을 설치하였다.　　　　④ 입성책동 사건이 일어났다.

(Point)

고려 후기 충렬왕이다. 원의 내정 간섭을 받기 시작하면서 고려는 원의 부마국으로 전락하고 왕실 용어도 격하되었다. 기존의 2성 6부 체제는 첨의부와 4사 체제로 전환되었고, 중추원은 밀직사로 변경되는 등의 관제에도 변화가 나타났다. 뿐만 아니라 고려 조정을 감시하기 위해 정동행성이 설치되고 감찰관인 다루가치가 상주하였다.

① 고려 후기 충선왕 때 원나라 연경(북경)에 설치한 독서당

③ 고려 후기 충목왕 때 설치된 정치개혁 기구

④ 고려 후기 충선왕 때 정동행성과 별개의 행성을 설치하는 친원세력의 제안

Answer 6.② 7.②

8 다음 자료에 나타난 토지제도에 대한 설명으로 옳은 것은?

> 자삼(紫衫) 이상은 18품으로 나눈다. …… 문반 단삼(丹衫) 이상은 10품으로 나눈다. …… 비삼(緋衫) 이상은 8품으로
> 나눈다. …… 녹삼(綠衫) 이상은 10품으로 나눈다. …… 이하 잡직 관리들에게도 각각 인품에 따라서 차이를 두고 나누
> 어 주었다.
>
> — 『고려사』

① 토지를 전지와 시지로 분급하였다.
② 관료들의 수조지는 경기도에 한정되었다.
③ 관(官)에서 수조지의 조세를 거두어 관리들에게 지급하였다.
④ 인품과 행동의 선악, 공로의 대소를 고려하여 토지를 차등 있게 주었다.

🔊 Point

고려 경종 때 시행된 시정전시과이다. 시정전시과는 관리들의 관품과 인품을 고려하여 관리들에게 전지와 시지를 차등
지급하였다. 이후 개정전시과(목종), 경정전시과(문종)을 거치면서 전시과 체제는 정비되었다.
② 고려 말에 시행된 과전법이다.
③ 조선 전기에 시행된 관수관급제이다.
④ 고려 초에 시행된 역분전이다.

9 (가) 왕이 실시한 정책으로 옳은 것은?

> [가] 은/는 붕당 사이의 대립이 심해지면서 왕권이 불안해지자 국왕을 중심으로 정치 세력 간의 균형을 유지하려 하
> 였다. 또한 붕당의 근거지였던 서원을 정리하고, 민생 안정을 위해 신문고를 부활시키는 등의 정책을 실시하였다.

① 비변사를 철폐하였다.   ② 속대전을 편찬하였다.
③ 장용영을 설치하였다.   ④ 삼정이정청을 설치하였다.

🔊 Point

조선 후기 영조이다. 영조는 붕당정치의 폐단을 개혁하고 왕권을 강화하기 위해 탕평책을 시행하였다. 이를 위해 탕평
파를 육성하고 서원을 정리, 이조전랑직의 권한 축소, 산림의 공론 축소를 시행하였고 속대전을 편찬하였다. 또한 민생
안정을 위해 신문고를 부활하는 등의 정책을 시행하였다.
① 세도정치의 폐단을 개혁하기 위해 흥선대원군이 시행하였다.
③ 조선 후기 왕권 강화를 위해 정조가 시행하였다.
④ 조선 후기 삼정의 문란을 시정하기 위하여 철종이 설치하였다.

Answer　8.① 9.②

10 다음 건축물과 관련 있는 학자에 대한 설명으로 옳은 것은?

〈오죽헌〉

〈자운서원〉

① 『주자서절요』를 저술하였다.

② 양명학을 수용하여 강화학파를 형성하였다.

③ 주자의 학설을 비판하여 사문난적으로 몰렸다.

④ 이(理)는 두루 통하고 기(氣)는 국한된다고 하였다.

Point

율곡 이이와 관련된 건축물이다. 서인의 대표적 성리학자였던 이이는 주기론(主氣論)을 주장하면서 경험적 세계의 현실 문제의 개혁을 중시하였다. 그는 이기일원론(理氣一元論)을 주장하면서 이통기국론(理通氣局論), 이기지묘설(理氣至妙說), 사회경장론(社會更張論)을 강조하였다. 대표적인 저서로는 성학집요, 격몽요결 등이 있다.

① 이황

② 정제두

③ 윤휴, 박세당

Answer 10.④

11 다음의 지도가 편찬된 당시에 재위한 왕의 업적으로 옳은 것은?

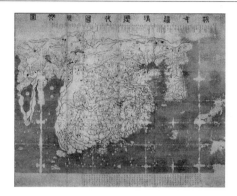

> 이 지도는 아라비아 지도학의 영향을 받아 만들어진 원나라의 세계 지도를 참고하고 여기에 한반도와 일본 지도를 첨가한 것이다. 현재 원본은 전하지 않으며 후대에 그린 모사본이 일본에 전한다.

① 집현전을 설치하였다.
② 호패법을 실시하였다.
③ 『경국대전』을 반포하였다.
④ 진관 체제를 도입하였다.

 Point

조선 태종 대에 제작된 혼일강리역대국도 지도이다. 혼일강리역대국도 지도는 당시의 세계관을 반영한 세계지도로 조선과 중국, 일본, 아프리카, 유럽, 인도 등이 묘사되어 있다. 태종 대에는 강력한 중앙집권체제를 확립하기 위하여 6조 직계제를 실시하고 사병을 혁파하였다. 또한 백성 통제를 위해 호패법을 실시하기도 하였다.
① 조선 세종 ③ 조선 성종 ④ 조선 세조

Answer 11.②

12 밑줄 친 발언을 한 인물에 대한 설명으로 옳은 것은?

> 어느 공회 석상에서 음성을 높여 여러 대신에게 말하기를 "나는 천리(千里)를 끌어다 지척(咫尺)을 삼겠으며 태산(泰山)을 깎아 내려 평지를 만들고 또한 남대문을 3층으로 높이려 하는데, 여러 공들은 어떠시오"라고 하였다. …… 대저 천리 지척이라 함은 종친을 높인다는 뜻이요, 남대문 3층이라 함은 남인을 천거하겠다는 뜻이요, 태산 평지라 함은 노론을 억압하겠다는 뜻이다.
>
> － 『매천야록』

① 평시서를 설치하였다.　　　　　　② 소격서를 폐지하였다.
③ 삼군부를 부활시켰다.　　　　　　④ 『대전통편』을 편찬하였다.

🔊 Point

홍선대원군의 세도정치 폐단의 개혁에 관한 내용이다. 홍선대원군은 세도정치를 혁파하여 왕권강화 정책을 시도하였다. 이를 위해 비변사 철폐, 서원 정리, 의정부와 삼군부의 기능을 부활시켰다. 뿐만 아니라 민생 안정을 위해 삼정의 문란을 시정했지만, 경복궁 중건 과정에서 부역 노동 강화, 당백전 발행 등은 사회적 혼란과 민심 이반을 초래하였다.
① 조선 세조 때 설치된 물가 조절 기구
② 조선 중종 때 조광조의 개혁정치에서 시행
④ 조선 정조

13 다음 자료가 발표되기 이전에 나타난 정책으로 옳은 것은?

> • 청국에 의존하는 관념을 버리고 자주독립의 기초를 세운다.
> • 왕실 사무와 국정 사무는 반드시 분리하여 서로 뒤섞이는 것을 금한다.
> • 조세의 부과와 징수, 경비의 지출은 모두 탁지아문에서 관할한다.

① 대한국국제를 발표하였다.　　　　② 태양력을 사용하도록 하였다.
③ 6조를 8아문으로 개편하였다.　　 ④ 건양이라는 연호를 제정하였다.

🔊 Point

1894년 갑오 2차 개혁 당시 고종이 반포한 '홍범 14조'이다. 갑오 2차 개혁은 김홍집, 박영효 연립내각이 수립되어 정치적으로는 내각 제도 실시(의정부), 8아문을 7부로 개편, 지방 행정 체계 개편(8도→23부), 지방관 권한 축소, 재판소 설치(사법권을 행정권에서 분리) 등이 이루어졌다.
③ 6조를 8아문으로 개편한 것은 갑오 1차 개혁에서 이루어졌다.
① 대한제국 수립 직후(1899)
②④ 을미개혁(1895)

Answer　12.③　13.③

14 다음을 선언한 민족 운동에 대한 설명으로 옳은 것은?

> • 금일 오인(吾人)의 이 거사는 정의 인도 생존 존영을 위하는 민족적 요구이니, 오직 자유적 정신을 발휘할 것이요, 결코 배타적 감정으로 일주(逸走)지 말라.
> • 최후의 한사람까지, 최후의 한순간까지 민족의 정당한 의사를 쾌히 발표하라.
> • 일체의 행동은 가장 질서를 존중하여 오인의 주장과 태도로 하여금 어디까지든지 광명정대하게 하라.

① 대한매일신보의 후원을 받았다.
② 신간회의 지원을 받아 전국으로 확산되었다.
③ 대한민국 임시 정부 수립의 계기가 되었다.
④ 원산 노동자들의 총파업을 이끈 운동이었다.

 Point

   1919년 3.1 운동의 계기가 된 기미독립선언서 '공약 3장'이다. 3.1 운동은 계급을 초월한 전민족적 운동으로 그 결과 일제의 식민통치 방식이 문화 통치를 바뀌고, 중국 및 동남아시아의 독립운동에 영향을 주었다. 또한 조직적인 민족 독립 운동의 열망 속에 1919년 12월에는 상하이 임시정부가 수립되는 계기가 되었다.
   ① 신민회(1907~1911)
   ② 광주학생항일운동(1929)
   ④ 사회주의 노동운동(1920년대 후반)

15 다음 글을 저술한 인물에 대한 설명으로 옳은 것은?

> 대개 국교 · 국학 · 국어 · 국문 · 국사는 혼(魂)에 속하는 것이요, 전곡 · 군대 · 성지 · 함선 · 기계 등은 백(魄)에 속하는 것으로 혼의 됨됨은 백에 따라서 죽고 사는 것이 아니다. 그러므로 국교와 국사가 망하지 않으면 그 나라도 망하지 않는 것이다. 오호라! 한국의 백은 이미 죽었으나 소위 혼은 남아 있는 것인가?

① 유교구신론을 발표하여 유교 개혁을 주장하였다.
② 조선심을 강조하며 역사 대중화를 위해 노력하였다.
③ 의열단의 기본 정신이 나타난 조선혁명선언을 저술하였다.
④ 민족 문화의 고유성과 세계성을 찾으려는 조선학 운동에 참여하였다.

Point

   민족의 혼(정신)을 강조한 대표적 민족주의 역사학자 박은식이다. 박은식은 성리학 중심의 보수적 유교 질서 체제를 비판하고 실천적 유학 정신을 강조하면서 '유교구신론'(1909)을 저술하였다. 이후 일제강점기에도 민족 정신을 강조하면서 '한국통사', '한국독립운동지혈사'를 저술하였다.
   ② 문일평 ③ 신채호 ④ 정인보

Answer 14.③ 15.①

16 (가)~(라)의 사건들을 발생 순서대로 옳게 나열한 것은?

> (가) 조선민족전선연맹 산하에 조선의용대를 창설하였다.
> (나) 대한독립군단이 자유시에서 참변을 당하였다.
> (다) 한국독립군이 한 · 중연합 작전으로 쌍성보에서 전투를 전개하였다.
> (라) 임시 정부에서 한국광복군을 조직하였다.

① (가) → (나) → (다) → (라)   ② (가) → (나) → (라) → (다)

③ (나) → (가) → (다) → (라)   ④ (나) → (다) → (가) → (라)

🔊 Point

(나) 대한독립군단이 자유시에서 소련의 적군에 의해 참변을 당함(1921)
(다) 지청천이 이끈 한국독립군이 중국 호로군과 연합하여 한 · 중연합 작전 전개(1932)
(가) 김원봉이 중심이 되어 중국의 한커우에서 창립되었고 중국 관내에서 결성된 우리나라 최초의 독립군 부대(1938)
(라) 임시 정부가 충칭으로 이동한 이후 한국광복군 조직(1940)

17 (가), (나) 자료에 나타난 사건 사이에 있었던 사실로 옳지 않은 것은?

> (가) 우리 국모의 원수를 생각하며 이미 이를 갈았는데, 참혹한 일이 더하여 우리 부모에게서 받은 머리털을 풀 베듯이 베어 버리니 이 무슨 변고란 말인가.
> (나) 군사장 허위는 미리 군비를 신속히 정돈하여 철통과 같이 함에 한 방울의 물도 샐 틈이 없는지라. 이에 전군에 전령하여 일제히 진군을 재촉하여 동대문 밖으로 진격하였다.

① 외교권이 박탈되고 통감부가 설치되었다.
② 고종이 강제로 퇴위되고 군대가 해산되었다.
③ 안중근이 하얼빈에서 이토 히로부미를 저격하였다.
④ 헤이그에 이상설, 이준, 이위종을 특사로 파견하였다.

🔊 Point

(가)는 을미사변과 단발령에 반발하여 발생한 을미의병(1895)이고 (나)는 을사늑약 체결에 반발하여 발생한 을사의병(1905)이다. 안중근이 하얼빈에서 이토 히로부미를 저격한 것은 1909년이다.
① 을사늑약(1905)
②④ 헤이그 특사 파견이 발각된 이후 일제는 고종의 강제퇴위와 군대를 강제 해산(1907)

Answer 16.④ 17.③

18 (개)~(래) 시기에 해당하는 사실로 옳은 것은?

(개)	(내)	(대)	(래)
조선건국준비 위원회 결성	제1차 미·소 공동위원회 개최	5·10 총선거 실시	

① (개): 모스크바 3국 외상회의가 개최되었다.

② (내): 반민족행위특별조사위원회가 설치되었다.

③ (대): 김구와 김규식이 남북 협상을 제안하여 평양에서 회의가 개최되었다.

④ (래): 좌우합작 7원칙이 발표되었다.

📢 Point

조선건국준비위원회는 해방 직후 여운형과 안재홍이 주도하여 결성한 건국 준비 단체(1945), 제1차 미소공동위원회는 모스크바 3상 회의에서 결정된 한반도 신탁 통치안을 둘러싼 문제 해결을 위해 개최(1946), 5.10 총선거는 UN 소총회의에서 남한만의 단독 총선거가 실시가 결정되고 나서 제헌 의원 선출(1948).

③ (대) 김구와 김규식은 남한만의 단독 총선거에 반대하면서 김일성과 남북협상을 진행

① (개) 1945년 12월 16일

② (내) 제헌의회에서 관련 법률 제정(1948)

④ (래) 좌우합작위원회(1946)

Answer 18.③

19 (개) 시기에 있었던 사실로 옳은 것은?

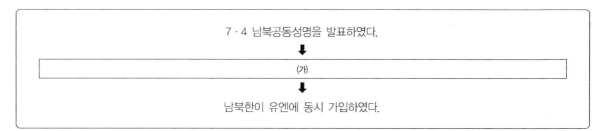

7 · 4 남북공동성명을 발표하였다.

↓

(개)

↓

남북한이 유엔에 동시 가입하였다.

① 금강산 해로 관광이 시작되었다.
② 6 · 15 남북공동선언이 발표되었다.
③ 최초로 이산가족 상봉을 위한 남북 적십자 회담이 열렸다.
④ 민족자존과 통일 번영을 위한 특별 선언(7 · 7선언)이 발표되었다.

📢 Point

7.4 남북공동성명(1972)은 박정희 정부 때 체결된 남북합의문으로 평화 통일 3대 원칙인 자주 통일, 평화 통일, 민족적 대화합의 원칙을 제시하였다. 남북한이 동시에 유엔에 가입한 시기는 노태우 정부 때인 1991년이다. 7.7선언(1988)은 소련을 중심으로 하는 공산권 국가들이 개혁 개방을 선언하던 시대적 흐름에 따라 남북관계와 북방정책에 관한 노태우 정부의 방향이 제시된 특별선언이다.
① 김대중 정부(1998)
② 김대중 정부(2000)
③ 박정희 정부(1971)

Answer 19.④

17 다음 법령과 관련된 사업의 결과로 옳지 않은 것은?

> 제4조 토지 소유자는 조선 총독이 정하는 기간 내에 주소, 성명, 명칭 및 소유지의 소재, …… 결수를 임시 토지 조사 국장에게 신고해야 한다.
> 제17조 임시 토지 조사국은 토지 대장 및 지적도를 작성하고, 토지의 조사 및 측량에 대해 사정으로 확정한 사항 또는 재결을 거친 사항을 이에 등록 한다.
>
> – 조선 총독부, 『조선 총독부 관보』

① 조선 총독부의 지세 수입이 증가하였다.
② 소작인들이 경작권을 인정받지 못하였다.
③ 일본인 농업 이주민이 지주로 성장할 수 있었다.
④ 토지 소유권을 인정하는 증명서로 지계를 발급하였다.

📢 **Point**

제시된 사료는 일제가 1912년에 공포한 토지 조사령의 일부로, 1910~1918년까지 식민지적 토지 소유관계를 공고히 하고자 시행한 토지 조사 사업과 관련된다.
④ 양전 사업에 대한 설명이다.

18 다음을 주장한 인물에 대한 설명으로 옳은 것은?

> 역사란 무엇이뇨? 인류 사회의 아(我)와 비아(非我)의 투쟁이 시간부터 발전하며 공간부터 확대하는 정신적 활동상태의 기록이니 …… 조선 역사라 함은 조선 민족의 그리되어 온 상태의 기록인 것이다.

① 『대한매일신보』에 「독사신론」을 발표하여 민족주의 사학의 연구방향을 제시하였다.
② 정약용 서거 99주년을 기념하며 『여유당전서』를 간행하면서 조선학을 제창하였다.
③ 진단학회를 조직하고 철저한 문헌고증으로 한국사를 객관적으로 서술하려 하였다.
④ 유물 사관에 바탕을 두고 한국사가 세계사의 보편 법칙에 따라 발전하였다는 점을 강조하였다.

📢 **Point**

제시된 사료는 신채호가 쓴 『조선상고사』의 일부이다.
② 1930년대에 안재홍, 정인보 등이 전개한 조선학 운동에 대한 설명이다.
③ 진단학회는 1934년 이병도, 손진태 등을 중심으로 조직되었다.
④ 백남운에 대한 설명이다.

Answer 17.④ 18.①

19 다음 강령을 발표한 단체에 대한 설명으로 옳은 것은?

> 1. 우리는 정치 · 경제적 각성을 촉구한다.
> 2. 우리는 단결을 공고히 한다.
> 3. 우리는 기회주의를 일체 부인한다.

① 민족 협동 전선의 성격을 표방하였다.

② 고등 교육 기관인 대학을 설립하고자 하였다.

③ 백정에 대한 차별을 철폐하는 운동을 전개하였다.

④ 어린이날을 제정하고, 잡지 『어린이』를 발간하였다.

Point

제시된 사료는 신간회의 강령이다. 신간회는 1927년 2월 '민족유일당 민족 협동 전선'이라는 표어 아래 좌 · 우익 세력
이 합작하여 결성한 항일단체이다.
② 민립 대학 설립 운동 – 민립 대학 기성회(1923년)
③ 형평 운동 – 조선 형평사(1923년)
④ 소년 운동 – 천도교 소년회(1921년)

Answer 19.①

20 다음 헌법이 적용된 시기에 일어난 사건으로 옳은 것은?

> 제39조 대통령은 통일 주체 국민 회의에서 토론 없이 무기명 투표로 선거한다.
> 제40조 통일 주체 국민 회의는 국회의원 정수의 3분의 1에 해당하는 수를 선거한다.
> 제53조 대통령은 천재지변 또는 중대한 재정·경제상의 위기에 처하거나, 국가의 안전 보장 또는 공공의 안녕질서가 중대한 위협을 받을 우려가 있어 신속한 조치를 할 필요가 있다고 판단할 때에는 내정·외교·국방·경제 등 국정 전반에 걸쳐 필요한 긴급 조치를 할 수 있다.

① 윤보선이 대통령직에서 물러났다.
② 국가 재건 최고 회의를 만들었다.
③ 3·1 민주 구국 선언을 발표하였다.
④ 고위 공무원의 재산 등록을 의무화하였다

◀ Point

제시된 사료는 1972년 10월 17일에 선포되어 동년 12월 27일에 공포·시행된 유신헌법(제7차 개헌)의 일부이다. 유신헌법은 제8차 개헌이 이루어진 1980년 10월 27일까지 적용되었다.
③ 1976년 3월 1일 윤보선, 김대중 등이 긴급조치 철폐와 민주 인사 석방 등을 요구하는 3·1 민주 구국 선언을 발표하였다.
① 윤보선이 대통령직에서 물러난 것은 1962년 3월이다.
② 5·16으로 정권을 장악한 박정희는 군사혁명위원회를 구성하여 입법·사법·행정의 3권을 장악하여 국회와 지방의회를 해산하였는데, 이후 5월 19일 군사 혁명 위원회를 국가 재건 최고 회의라고 개칭하였다.
④ 고위 공무원의 재산 등록을 의무화한 것은 김영삼 정부(1993년 2월~1998년 2월) 때의 일이다.

Answer 20.③

PART

05

영어

01. 2018. 10. 13. 시행
02. 2019. 4. 6. 시행
03. 2020. 6. 20. 시행
04. 2021. 4. 3. 시행

1 다음 글의 빈칸에 들어갈 말로 가장 적절한 것은?

> If someone has a cardiac arrest, he will suddenly become _____ and show no signs of breathing or a pulse.

① selfish

② sensible

③ unconscious

④ tremendous

 Point

cardiac arrest 심장 마비

① 이기적인 ② 합리적인 ③ 의식이 없는 ④ 엄청난

「만일 누군가가 심장마비를 일으킨다면, 그는 갑자기 <u>의식을 잃고</u>, 호흡이나 맥박의 신호가 보이지 않을 것이다.」

2 다음 글의 빈칸에 들어갈 말로 가장 적절한 것은?

> Fire can destroy your house and all of your possessions in less than an hour, and it can reduce an entire forest to a pile of ash. It's a(n) _____ weapon, with nearly unlimited destructive power.

① subtle

② ordinary

③ hilarious

④ terrifying

Point

possessions 소지품, 가재도구

① 미묘한, 교묘한 ② 평범한 ③ 재미있는 ④ 무서운

「불은 한 시간도 안 되어서 당신의 집과 전 재산을 파괴할 수 있다. 그리고 숲 전체를 잿더미로 없애버릴 수 있다. 그것은 거의 무한정의 파괴적인 힘을 가진 <u>무서운</u> 무기다.」

Answer 1.③ 2.④

3 다음 글의 빈칸에 들어갈 말로 가장 적절한 것은?

Our desire to control is so powerful that people often act as though they can control the uncontrollable. For instance, people bet more money on games of chance when their opponents seem incompetent than competent, as though they believed they could control the _____ drawing of cards from a deck and thus take advantage of a weak opponent. Likewise, people feel more certain that they will win a lottery if they can pick their lottery ticket numbers.

* deck 카드 한 벌

① random
② popular
③ planned
④ intentional

 Point

uncontrollable 통제할 수 없는   opponents 반대자   incompetent 무능한, 무능력자   games of chance 기술보다 운에 좌우되는 게임   Likewise 비슷하게   lottery 복권, 도박
① 무작위의 ② 인기 있는 ③ 계획된 ④ 의도적인
「통제하고자 하는 우리의 욕망은 너무 강력하기 때문에 사람들은 종종 마치 통제할 수 없는 것들을 통제할 수 있는 것처럼 행동한다. 예를 들어, 사람들은 그들의 반대자가 유능한 것보다 무능해 보일 때 운에 좌우되는 게임에 더 많은 돈을 건다, 그들이 마치 한 벌의 카드로부터 무작위의 카드 뽑기를 통제할 수 있고 그래서 약한 상대를 이용하는 것처럼 믿는다. 비슷하게, 사람들은 만약 그들이 그들의 복권 번호를 고른다면 복권에 당첨이 될 것이라고 좀 더 확신을 느낀다.」

4 다음 글의 빈칸에 들어갈 말로 가장 적절한 것은?

_____ is the process of removing heated gasses or smoke from a building. This makes the building more tenable and helps to prevent such things as flashover or backdraft. This can be accomplished by several methods, from opening a window to cutting a hole in the roof.

① Ignition
② Ventilation
③ Conduction
④ Evaporation

 Point

tenable 유지되는   accomplish 완수하다, 성취하다
① 점화 장치 ② 통풍, 환기 장치 ③ (전기나 열의) 전도 ④ 증발
「통풍은 가열된 가스와 연기를 빌딩으로부터 제거하는 과정이다. 이것은 건물을 좀 더 잘 유지할 수 있게 만들고, 플래시오버나 백드래프트 같은 것들을 예방할 수 있게 도와준다. 이것은 창문을 여는 것에서부터 지붕에 구멍을 내는 것까지 여러 가지 방법으로 완수할 수 있다.」

Answer 3.① 4.②

19 다음 주어진 문장이 들어가기에 가장 적절한 곳은?

> However, if the same fire spreads in an uncontrolled manner, it can be a vicious enemy for the mankind, property and any living creature nearby.

> Fire may occur anytime anywhere and in any kind of facility. (①) No one denies that fire is nothing but a chemical reaction ignited by heat energy where the presence of oxygen in the air facilitates the substance to burn. (②) No doubt, it is a great friend of humanity when used in a controlled and safe manner. (③) Thus, a fire-fighting system assumes importance for a building, a public place or an industrial house, etc. (④) Unfortunately, it is a fact that a fire-fighting system is not a priority item while raising a building or holding an event for a certain purpose.

Point

vicious 잔인한 **facility** 시설, 기능 **ignite** 불이 붙다 **assume** (양상을) 띠다 **priority** 우선사항

「불은 언제 어디서나 그리고 어떤 종류의 시설에서도 발생할 수 있다. 아무도 불이 공기 중에 있는 산소의 존재가 탈 수 있는 물질이 열에너지에 의해 발화하기 용이하게 해주는 화학반응에 지나지 않음을 부인하지 않는다. 의심할 여지없이, 통제되고 안전한 방식으로 사용이 되었을 때는 불은 인간의 매우 좋은 친구이다. ③그러나, 만약 불이 통제되지 않는 방식으로 퍼진다면, 그것은 인간, 재산 그리고 주변에 살아있는 생물에게 잔인한 적이 될 수 있다. 그래서 방재시스템은 빌딩과 공공장소 또는 산업시설 등등에서 중요성을 띤다. 불행하게도, 방재시스템은 빌딩을 올리고 특정 목적의 이벤트를 개최하는 동안에는 우선사항이 아니다.」

Answer 19.③

20 다음에 이어질 글의 순서로 가장 적절한 것은?

The twentieth century has been labeled the Plastic Age, and for good reason. In 1909, New York chemist Leo Baekeland introduced Bakelite, the world's synthetic plastic. Bakelite was a durable substance that could be molded into almost anything; by the 1930's, manufacturers were producing 90,000 tons of it every year.

(A) Nylon fabrics for parachutes, for example, were turned into ladies' stockings. Today, plastic is replacing metal in buildings and machines, and almost all electronic data is stored on plastic.

(B) After the war, plastic synthetics used for military purposes were adapted for everyday life.

(C) During World War Ⅱ, shortages of natural resources increased the demand for plastic even more. The result was vinyl, a rubber substitute that provided soldiers with tents and boots.

① (B) – (A) – (C)
② (B) – (C) – (A)
③ (C) – (A) – (B)
④ (C) – (B) – (A)

 Point

synthetic 합성한 **durable** 내구성이 있는 **substitute** 대용품 **adapt for** ~용으로 조정하다 **parachute** 낙하산

「20세기는 플라스틱의 시대로 불려 왔고, (거기엔) 좋은 이유가 있다. 1909년 뉴욕의 화학자 Leo Baekeland는 Bakelite라는 세계의 합성 플라스틱을 소개했다. Bakelite는 거의 어떤 형태로든 주조될 수 있는 내구성이 있는 물질이었다; 1930년대에는, 제조업자들이 매년 90,000톤을 생산하고 있었다.
(C) 제2차 세계대전 동안, 천연자원의 고갈이 플라스틱의 수요를 훨씬 더 증가시켰다. 그 결과는 군인들에게 텐트와 부츠를 제공해 주는 고무 대용품인 비닐이었다.
(B) 전쟁이 끝난 후, 군사목적으로 쓰였던 플라스틱 화합물은 일상생활용으로 조정되었다.
(A) 예를 들어, 낙하산을 위한 나일론 섬유는 여성의 스타킹으로 바뀌게 되었다. 오늘날, 플라스틱은 빌딩과 기계에서 금속을 대체하고 있다. 그리고 거의 모든 전자 데이터는 플라스틱 위에 저장된다.」

Answer 20.④

1 다음 밑줄 친 부분과 의미가 가장 가까운 것은?

> The ability to communicate effectively is often listed as a required <u>attribute</u> in many job advertisements.

① nutrition

② qualification

③ distribution

④ compensation

 Point

effectively 효과적으로 **advertisements** 광고

① 영양 ② 자격 ③ 분배 ④ 보상

「효과적으로 의사소통할 수 있는 능력은 종종 많은 구직 광고에서 요구되는 <u>특성</u>으로 목록에 올라있다.」

2 다음 빈칸에 들어갈 말로 가장 적절한 것은?

> Fire departments are dedicated to saving lives and property from the _____ of fire. Saving lives is the highest priority at the incident scene.

① perils

② shelters

③ overviews

④ sanctuaries

 Point

be dedicated to... ...에 헌신하다 **property** 재산 **priority** 우선하는 것 **incident** 사건

① 위험 ② 피난처 ③ 개관 ④ 보호구역

「소방국은 화재의 <u>위험</u>으로부터 생명과 재산을 지키는데 헌신한다. 생명을 구하는 것은 사고현장에서 가장 우선시되는 것이다.」

Answer 1.② 2.①

3 다음 빈칸에 들어갈 말로 가장 적절한 것은?

One of the biggest problems in a high-rise fire is the _____ use of the stairwells for fire suppression activities and occupant evacuation. Many training materials have attempted to direct firefighters to establish one stairwell for evacuation and another for fire suppression. This does not work due to the occupants leaving via the closest exit.

① ingenious

② simultaneous

③ pretentious

④ meticulous

> **Point**
>
> **high-rise** 고층건물 **stairwell** 계단통 **suppression** 진압 **activity** 활동 **occupant** 거주자 **evacuation** 대피 **materials** 자료 **direct** 지시하다 **establish** 확립(확보)하다 **due to** … 때문에 **via** …를 통해서 **exit** 출구
>
> ① 독창적인
> ② 동시의
> ③ 자만하는
> ④ 꼼꼼한
>
> 「고층건물 화재에 있어서 가장 큰 문제 중 하나는 화재 진압활동과 거주자의 대피를 위해서 계단통을 <u>동시에</u> 사용하는 것이다. 많은 훈련 자료들은 소방관이 대피를 위해서 하나의 개단통과 화재 진압을 위한 다른 계단통을 확보하라고 지시 하도록 한다. 이것은 가장 가까운 출구를 통해서 나가는 거주민 때문에 효과가 없다.」

Answer 3.②

4 다음 밑줄 친 he[him]가 가리키는 대상이 나머지 셋과 다른 것은?

Victor is a motorman for the Chicago Transit Authority. "Thank you for riding with me this evening. Don't lean against the doors, I don't want to lose you," ① he tells passengers over the intercom as the train departs. As the train makes its way north, ② he points out notable sites, including which connecting buses are waiting in the street below. People compliment ③ him all the time, telling the city he's the best motorman. Why does he have such a positive approach to his job? "My father is a retired motorman, and one day he took me to work with ④ him and I was so impressed looking out that window," he says, speaking of the city skyline. "Ever since I was five years old, I knew I wanted to run the train."

Point

①, ②, ③은 Victor ④는 Victor의 아빠

motorman 전차 운전병 **Transit Authority** 교통당국 **lean** 기대다 **passenger** 승객 **depart** 출발하다 **notable** 눈에 띄는 **compliment** 칭찬하다 **approach** 접근 **retired** 은퇴한 **impressed** 감명 받은 **skyline** 지평선

「Victor는 시카고 운송당국의 전차 운전자이다. "오늘밤 우리 열차를 이용하여 주셔서 감사합니다. 문에 기대지 마십시오. 나는 당신을 잃기를 원하지 않습니다." 그는 기차가 떠날 때 인터폰으로 승객들에게 안내방송을 한다. 기차가 북쪽을 향해 가면서 어떤 환승 버스가 아래 거리에서 기다리는지를 포함해서 그는 유명한 명소를 언급한다. 사람들은 시당국에게 그가 최고의 기차운전자라고 말하면서 항상 그를 칭찬한다. 왜 그는 그의 직업에 대해서 그렇게 긍정적인 접근을 갖게 되었나? "나의 아버지는 퇴직 전차 운전입니다. 그리고 어느 날 그는 나를 일터로 데려갔습니다. 그리고 나는 창밖을 보면서 매우 감명 받았습니다. 도시의 지평선에 대해서 말하면서 그가 말했습니다. 내가 5살이 된 이후로 나는 내가 기차를 운행하기를 원한다는 것을 알았습니다."」

Answer 4.④

14 다음 빈칸에 들어갈 말로 가장 적절한 것은?

A large body of evidence suggests that a single decision to vote in fact increases the likelihood that others will vote. It is well known that when you decide to vote it also increases the chance that your friends, family, and coworkers will vote. This happens in part because they imitate you and in part because you might make direct appeals to them. And we know that direct appeals work. If I knock on your door and ask you to head to the polls, there is an increased chance that you will. This simple, old-fashioned, person-to-person technique is still the primary tool used by the sprawling political machines in modern-day elections. Thus, we already have a lot of evidence to indicate that _____ may be the key to solving the voting puzzle.

① financial aid

② social connections

③ political stance

④ cultural differences

📢 **Point**

한사람의 투표가 직/간접적으로 주위의 친구, 가족과 같이 사회적으로 연결되어 있는 사람들로 하여금 투표하도록 독려하는 역할을 한다는 내용의 글이므로 ②번에 사회적 연결성이 정답이다.

evidence 증거 **vote** 투표하다 **likelihood** 가능성 **chance** 가능성, 기회 **coworker** 직장 동료 **in part** 부분적으로 **imitate** 모방하다 **appeal** 호소(하다) **knock on** 노크하다 **ask... to~** ...에게 ~할 것을 요청하다 **old-fashioned** 구식의 **person-to-person** 직접 대면하는 **primary** 주요한 **sprawling** 제 멋대로 뻗어 나가는 **political** 정치적인 **modern-day** 현대의 **election** 선거 **thus** 그래서

① 재정적인 도움 ② 사회적 연계성 ③ 정치적 입장 ④ 문화적인 차이점들

「많은 증거가 실제 투표하고자 하는 한 사람의 결정이 다른 사람들이 투표할 가능성을 높여준다는 것을 암시한다. 당신이 투표하기로 결정할 때 그것이 당신의 친구들, 가족, 그리고 동료들이 투표할 가능성을 증가시켜 준다는 것은 잘 알려져 있다. 이것은 부분적으로 그들이 당신을 모방하기 때문에 일어나고, 또 부분적으로는 당신이 직접적인 호소를 그들에게 보내기 때문이다. 그리고 우리는 직접적인 호소가 효과가 있다는 것을 알고 있다. 만약에 내가 당신의 문을 두드리고 당신에게 투표장으로 향하라고 요청한다면, 당신이 그렇게 할 가능성이 증가한다. 이 간단하고 옛날 방식이며 직접 대면하는 기법은 현대 시대의 선거에 있어서 아무렇게나 뻗어 나가는 정당 조직에 의해 여전히 사용되는 주된 도구이다. 그래서, 우리는 이미 <u>사회적 연결성</u>들이 선거 퍼즐을 해결하는 열쇠가 될지도 모른다는 것을 나타내는 많은 증거를 가지고 있다.」

Answer 14.②

15 다음 빈칸에 들어갈 말로 가장 적절한 것은?

In *The Joy of Stress*, Dr. Peter Hanson described an experiment in which two groups of office workers were exposed to a series of loud and distracting background noises. One group had desks equipped with a button that could be pushed at any time to shut out the annoying sounds. The other group had no such button. Not surprisingly, workers with the button were far more productive than those without. But what's remarkable is that no one in the button group actually pushed the button. Apparently, the knowledge that they could shut out the noise if they wanted to was enough to enable them to work productively in spite of the distractions. Their sense of _____ resulted in a reduction in stress and an increase in productivity.

---

① humor

② achievement

③ control

④ responsibility

 Point

One group had desks equipped with a button that could be pushed at any time to shut out the annoying sounds.에서 생산성이 높은 직원들의 특징이 소음에 대한 통제력을 가지고 있는 직원들임을 알 수 있다.

describe 묘사하다 **experiment** 실험하다 **expose** 노출시키다 **a series of** 일련의 **distract** 산만하게 하다 **background** 배경(의) **shut out** 가로막다 **annoying** 짜증나는 **not surprisingly** 당연히 **productive** 생산적인 **remarkable** 눈에 띄는 **apparently** 분명히 **knowledge** 지식 **enable... to~** ...가 ~할수 있게 하다 **productively** 생산적으로 **in spite of** ~에도 불구하고 **distraction** 주의산만(하게 하는 것) **result in** 결과적으로 ~이 되다 **reduction** 감소 **productivity** 생산성

① 유머 ② 성취 ③ 통제력 ④ 책임

「"스트레스의 기쁨"이라는 책속에서, Peter Hanson 박사는 두 그룹의 사무실 직원들이 일련의 시끄럽고 산만한 배경의 소음에 노출된 실험을 묘사했다. 한 그룹은 누르기만 하면 어느 때든지 짜증나게 하는 소리를 멈출 수 있는 버튼이 장착된 책상을 가지고 있었다. 또 다른 그룹은 그러한 버튼을 가지고 있지 않았다. 당연히, 버튼이 있는 노동자들은 버튼이 없는 노동자들보다 훨씬 더 생산적이었다. 하지만 눈에 띄는 것은 버튼을 가지고 있는 어느 누구도 버튼을 누르지 않았다는 것이다. 분명히, 원한다면 그들이 그 소음을 끌 수 있다고 알고 있는 것이 방해하는 소음에도 불구하고 충분히 그들이 생산적으로 일할 수 있도록 하였다는 것이다. 그들의 통제력은 스트레스에 있어서의 감소와 생산성에 있어서 증가를 야기했다는 것이다.」

Answer 15.③

16 다음 밑줄 친 부분 중 문맥상 낱말의 쓰임이 적절하지 않은 것은?

Individuals with low self—esteem may be locking on events and experiences that happened years ago and tenaciously ① refusing to let go of them. Perhaps you've heard religious and spiritual leaders say that it's important to ② forgive others who have hurt you in the past. Research also suggests it's important to your own mental health and sense of well—being to ③ recollect old wounds and forgive others. Looking back at what we can't change only reinforces a sense of helplessness Constantly replaying ④ negative experiences in our mind serves to make our sense of worth more difficult to change. Becoming aware of the changes that have occurred and can occur in your life can help you develop a more realistic assessment of your value.

📢 **Point**

정신 건강과 행복감에서 중요한 것은 다른 사람을 용서해주고 오래된 상처를 기억해 내는 것이 아닌 잊는(let go of, forget)임을 알 수 있다.

individual 개인 **self-esteem** 자존감 **lock on** 자동 추적하다, 연결하다 **tenaciously** 집요하게, 끈질기게 **refuse** 거부하다 **let go of** 놓아주다 **forgive** 용서하다 **sense of well being** 행복감 **recollect** 기억해내다 **wound** 상처 **reinforce** 강화하다 **helplessness** 무력감 **replay** 재연하다 **serve** 역할을 하다, 도움을 주다 **become aware of** 알다, 인지하다 **occur** 발생하다 **realistic** 현실적인 **assessment** 평가

「낮은 자존감을 가지고 있는 개인은 몇 년 전에 발생한 사건이나 경험을 계속 기억해 내고 집요하게 그것들을 놓아주는 것을 거부할지도 모른다. 아마도 당신은 종교적 그리고 정신적 지도자가 과거에 당신에게 상처 입힌 사람을 용서하는 것이 중요하다고 말하는 것을 들었을지도 모른다. 연구는 또한 오래된 상처를 <u>기억해내고(→잊고)</u> 다른 사람들을 용서하는 것이 당신 자신의 정신건강과 행복감에 중요하다고 제안한다. 우리가 바꿀 수 없는 것을 되돌아보는 것은 무기력감을 강화한다. 우리의 마음에 부정적인 경험들을 끊임없이 다시 재현하는 것은 우리의 자존감을 바꾸기에 더 어렵게 만든다. 당신의 삶에 발생해왔고 발생 할 수 있는 변화를 아는 것은 당신이 당신 가치의 더 현실적인 평가를 발달시키는데 도움을 줄 수 있다.」

Answer 16.③

17 다음 주어진 문장이 들어가기에 가장 적절한 곳은?

> But what if one year there was a drought and there wasn't much corn to go around?

> When people bartered, most of the time they knew the values of the objects they exchanged. (①) Suppose that three baskets of corn were generally worth one chicken. (②) Two parties had to persuade each other to execute the exchange, but they didn't have to worry about setting the price. (③) Then a farmer with three baskets of corn could perhaps bargain to exchange them for two or even three chickens. (④) Bargaining the exchange value of something is a form of negotiating.

🔊 **Point**

가뭄이 있었다는 내용과 함께 옥수수가 많지 않다는 주어진 문장은 3바구니의 옥수수와 2~3마리의 치킨과 바꿀 수 있다는 내용의 앞에 와야 한다. 따라서 정답은 ③번이다.

barter (물물) 교환하다 **value** 가치 **object** 물건 **exchange** 교환하다 **basket** 바구니 **worth** 가치있는 **persuade** 설득하다 **each other** 서로서로 **execute** 처형하다, 실행하다 **what if** ~라면 어떨까? **drought** 가뭄 **corn** 옥수수 **go around** (사람들에게 몫이) 돌아가다 **bargain** 흥정하다 **negotiate** 협상하다

「사람들이 물물교환을 할 때, 대부분 그들은 그들이 교환하는 사물의 가치를 안다. 옥수수가 들어있는 3개의 바구니가 일반적으로 닭 한 마리의 값어치가 있다고 가정해 보자. 두 사람이 서로에게 교환을 실행하도록 설득해야 하지만, 그들은 가격을 정하는 것에 대해서는 걱정할 필요가 없다. 하지만 일 년 동안 가뭄이 있었고 사람들에게 돌아갈 옥수수가 많지 않다면 어떨까? 그러면 옥수수 3바구니를 가지고 있는 한 농부는 아마 그것들을 2마리나 심지어 3마리의 치킨과 교환할 것을 흥정 할 수도 있다. 어떤 것을 교환 가치를 흥정하는 것은 협상의 한 형태이다.」

18 다음 빈칸 (A), (B)에 들어갈 말로 가장 적절한 것은?

> Balloons should never be given to children under eight years old. Always supervise children of any age around balloons; they are easily popped, and if inhaled, small pieces can ____(A)____ the airway and hinder respiration. Balloons are not visible on X-rays, so if a child has swallowed a piece of balloon the reason for distress may not be ____(B)____.

	(A)		(B)
①	block	⋯	apparent
②	block	⋯	undetectable
③	expand	⋯	apparent
④	expand	⋯	undetectable

📢 **Point**

balloon 풍선 **supervise** 감독하다 **pop** 터지다 **inhale** 삼키다 **airway** 기도 **hinder** 방해하다 respiration 호흡 **visible** 보이는 **swallow** 삼키다 **distress** 고통 **expand** 확대하다 **apparent** 분명한 **undetectable** 탐지 할 수 없는

「풍선은 결코 8살 아래의 아이들에게 주어서는 안된다. 항상 풍선 주위에서 어떤 나이의 아이든지 감독해라. 그것들은 쉽게 터지고, 만약 삼켜지면, 작은 조각들이 기도를 막을 수 있고 호흡을 방해 할 수 있다. 풍선은 엑스레이로는 보이지 않아서 만약에 아이가 풍선 조각을 삼킨다면 고통에 대한 이유가 명확하지 않을 지도 모른다.」

19 다음 빈칸 (A), (B)에 들어갈 말로 가장 적절한 것은?

Culture consists of the rules, norms, values, and mores of a group of people, which have been learned and shaped by successive generations. The meaning of a symbol such as a word can change from culture to culture. To a European, _____(A)_____, a "Yankee" is someone from the United Sates; to a player on the Boston Red Sox, a "Yankee" is an opponent; and to someone from the American South, a "Yankee" is someone from the American North. A few years ago, one American car company sold a car called a Nova. In English, nova means bright star — an appropriate name for a car. In Spanish, _____(B)_____, the spoken word nova sounds like the words "no va," which translate "It does not go." As you can imagine, this name was not a great sales tool for the Spanish-speaking market.

       (A)   (B)

① for example ⋯ as a result

② for example ⋯ however

③ similarly ⋯ moreover

④ similarly ⋯ in fact

📢 **Point**

문화마다 단어의 의미가 달라질수 있다는 내용이 나오고 다음에 구체적인 내용이 나오기 때문에 "예를 들어"라는 의미의 "for example"이 적절하다. nova라는 이름이 영어로는 "밝을 별"을 의미하지만 스페인어로는 반대의 의미인 "가지 않는다"는 것을 의미하기 때문에 역접을 나타내는 "however"가 적절하다.

consist of 이루어져 있다 **rule** 규칙 **norm** 규범 **value** 가치 **mores** 관습 **successive** 연속적인 **opponent** 상대 **appropriate** 적절한 **nova** 신성 **translate** 번역하다 **for example** 예를 들어서 **as a result** 결과적으로 **however** 하지만 **similarly** 마찬가지로 **moreover** 더욱이 **in fact** 사실

「문화는 연속적인 세대들에 의해 학습되고, 형성되는 규칙, 규범, 가치 그리고 한 그룹의 사람들의 사회적 관습으로 구성된다. 단어와 같은 상징의 의미는 문화마다 바뀔 수 있다. 예를 들어 한 유럽인에게, "양키"는 미국 출신의 사람이다. 보스턴 레드삭스에서 뛰는 한 선수에게, "양키"는 상대방 선수이다. 그리고 미국 남부 출신의 사람에게, "양키"는 미국 북부 출신의 사람이다. 몇 년 전에, 한 미국 자동차 회사가 노바라는 이름의 자동차를 팔았다. 영어로, 노바는 밝은 별을 의미하는데, 자동차에 있어서는 적절한 이름이다. 하지만 스페인어로, 구어체로의 노바는 "그것은 가지 않는다"로 번역되는 "노 바"단어처럼 소리가 난다. 당신이 상상 할 수 있듯이, 이 이름은 스페인어를 말하는 시장에서는 훌륭한 도구가 아니었다.」

Answer 19.②

20 주어진 글 다음에 이어질 글의 순서로 가장 적절한 것은?

When people eat, they tend to confuse or combine information from the tongue and mouth (the sense of taste, which uses three nerves to send information to the brain) with what is happening in the nose (the sense of smell, which utilizes a different nerve input).

(A) With your other hand, pinch your nose closed. Now pop one of the jellybeans into your mouth and chew, without letting go of your nose. Can you tell what flavor went into your mouth?

(B) It's easy to demonstrate this confusion. Grab a handful of jellybeans of different flavors with one hand and close your eyes.

(C) Probably not, but you most likely experienced the sweetness of the jellybean. Now let go of your nose. Voil — the flavor makes its appearance.

① (B) — (A) — (C)
② (B) — (C) — (A)
③ (C) — (A) — (B)
④ (C) — (B) — (A)

🔊 **Point**

주어진 글 후반부에 혼란스러워(confuse)하는 경향이 있다는 내용이 (B)에 confusion으로 받고 있다. 또한 후반부에 한 손으로 젤리빈을 움켜 쥐라는 내용과 함께, 다른 손으로 코를 막으라는 내용이 나오는 (A)가 오는 것이 자연스럽고, 후반부에 이어지는 질문에 대한 답이 나오는 (C)가 마지막에 오는 것이 가장 자연스럽다.

confuse 혼란스럽게 하다 **combine** 결합하다 **tongue** 혀 **nerve** 신경 **utilize** 이용하다 **input** 입력 정보 **pinch** 꼬집다 **pop** (물건을) 탁 놓다 **jellybean** 젤리빈 **chew** 씹다 **let go of** 놔주다 **tell** 알다 **flavor** 맛 **demonstrate** 설명하다 **confusion** 혼란 **grab** 잡다 **a handful of** 한 움큼의 **sweetness** 달콤함 **appearance** 출현, 나타남

「사람들이 먹을 때, 그들은 혀와 입(정보를 뇌로 보내기 위해 3개의 신경을 사용하는 미각)으로부터 오는 정보를 코(다른 신경 입력정보를 사용하는 후각)에서 일어나는 것과 혼란스러워하거나 결합하는 경향이 있다. (B) 이 혼란스러움을 설명하는 것은 쉽다. 한 움큼의 다른맛의 젤리빈을 한손에 움켜쥐고 눈을 감아 보라. (A) 다른 손으로, 너의 코를 막아라. 이제 젤리빈중 하나를 코를 막은 상태로 너의 입속에 넣고 씹어라. 너는 어떤 맛이 너의 입속으로 들어갔는지를 알 수 있나? (C) 아마도 아닐 것이다. 하지만 당신은 아마 젤리빈의 달콤함은 경험할 것이다. 이제 막고 있었던 너의 코를 놓아라. 자 보세요, 맛이 느껴집니다.」

Answer 20.①

15 주어진 글 다음에 이어질 글의 순서로 가장 적절한 것은?

> In World War II, Japan joined forces with Germany and Italy. So there were now two fronts, the European battle zone and the islands in the Pacific Ocean.

(A) Three days later, the United States dropped bombs on another city of Nagasaki. Japan soon surrendered, and World War II finally ended.

(B) In late 1941, the United States, Britain and France participated in a fight against Germany and Japan; the U.S. troops were sent to both battlefronts.

(C) At 8:15 a.m. on August 6, 1945, a U.S. military plane dropped an atomic bomb over Hiroshima, Japan. In an instant, 80,000 people were killed. Hiroshima simply ceased to exist. The people at the center of the explosion evaporated. All that remained was their charred shadows on the walls of buildings.

① (A) − (B) − (C)   ② (B) − (A) − (C)

③ (B) − (C) − (A)   ④ (C) − (A) − (B)

 Point

front 전선 **cease** 그만두다 **explosion** 폭발 **evaporate** 증발하다 **remain** 남다 **char** 까맣게 태우다 **surrender** 항복하다

「제2차 세계대전에서 일본은 독일과 이탈리아와 힘을 합쳤다. 그래서 이제 유럽 전투 지역과 태평양에 있는 섬 두 개의 전선이 있었다.
(B) 1941년 말, 미국, 영국, 프랑스는 독일과 일본에 대항하는 싸움에 참가했다; 미군은 두 전선에 모두 파견되었다.
(C) 1945년 8월 6일 오전 8시 15분, 미군 비행기가 일본 히로시마 상공에 원자 폭탄을 투하했다. 순식간에 8만 명이 목숨을 잃었다. 히로시마는 그저 존재하지 않게 되었다. 폭발의 중심에 있던 사람들이 증발했다. 남은 것은 건물 벽에 새까맣게 그을린 그림자뿐이었다.
(A) 3일 후, 미국은 다른 도시 나가사키에 폭탄을 투하했다. 일본은 곧 항복했고, 제2차 세계대전은 마침내 끝났다.」

16 주어진 글 다음에 이어질 글의 순서로 가장 적절한 것은?

> Trivial things such as air conditioners or coolers with fresh water, flexible schedules and good relationships with colleagues, as well as many other factors, impact employees' productivity and quality of work.

(A) At the same time, there are many bosses who not only manage to maintain their staff's productivity at high levels, but also treat them nicely and are pleasant to work with.

(B) In this regard, one of the most important factors is the manager, or the boss, who directs the working process.

(C) It is not a secret that bosses are often a category of people difficult to deal with: many of them are unfairly demanding, prone to shifting their responsibilities to other workers, and so on.

① (A) − (B) − (C)　　　　② (B) − (A) − (C)

③ (B) − (C) − (A)　　　　④ (C) − (B) − (A)

 Point

trivial 사소한　**productivity** 생산성　**in this regard** 이러한 측면에서　**category** 범주　**demanding** 요구가 많은　**prone** ~하기 쉬운

「에어컨이나 신선한 물이 든 쿨러, 유연한 일정, 동료들과의 좋은 관계 등의 사소한 것들은 물론 많은 다른 요소들도 직원들의 생산성과 업무 질에 영향을 미친다.
(B) 이런 점에서 가장 중요한 요인 중 하나는 업무 프로세스를 지휘하는 관리자 또는 상사이다.
(C) 상사가 다루기 어려운 사람들의 범주인 것은 비밀이 아니다. 그들 중 많은 사람들은 부당하게 요구하고, 책임을 다른 노동자들에게 전가시키기 쉽다.
(A) 동시에, 직원들의 생산성을 높은 수준으로 유지하면서도 잘 대해주고 함께 일하기에 즐거운 상사들도 많다.」

Answer 16.③

17 밑줄 친 부분 중 어법상 틀린 것은?

Australia is burning, ① being ravaged by the worst bushfire season the country has seen in decades. So far, a total of 23 people have died nationwide from the blazes. The deadly wildfires, ② that have been raging since September, have already burned about 5 million hectares of land and destroyed more than 1,500 homes. State and federal authorities have deployed 3,000 army reservists to contain the blaze, but are ③ struggling, even with firefighting assistance from other countries, including Canada. Fanning the flames are persistent heat and drought, with many pointing to climate change ④ as a key factor for the intensity of this year's natural disasters.

🔊 **Point**

ravage 황폐화시키다 **bushfire** (잡목림 지대의) 산불 **blaze** 화염 **deadly** 치명적인 **rage** 격노, 격정 **reservist** 예비군 **contain** 억제하다 **fan** 부채질하다 **persistent** 지속적인 **intensity** 강도

「호주는 수십 년 만에 최악의 산불 시즌에 의해 파괴되어 불타고 있다. 지금까지, 총 23명의 사람들이 화재로 인해 전국적으로 사망했다. 9월부터 맹위를 떨치고 있는 이 치명적인 산불은 이미 약 500만 헥타르의 땅을 불태우고 1,500채 이상의 집을 파괴했다. 주와 연방 당국은 화재 진압을 위해 3,000명의 육군 예비군을 배치했지만 캐나다를 포함한 다른 나라들의 소방 지원에도 불구하고 어려움을 겪고 있다. 불길을 부채질하는 것은 지속적인 더위와 가뭄으로, 많은 사람들이 올해 자연재해 강도의 핵심 요인으로 기후변화를 지적한다.」

② 관계대명사 that은 콤마 뒤에 계속적 용법으로 쓰일수 없다. 따라서 which로 바꾸어야 한다.
① 수동 분사구문으로 being은 옳은 표현이고, 생략도 가능하다
③ struggle은 '고군분투하다'는 자동사의 의미로 쓰여서 올바른 표현이다.
④ '~로서'라는 의미의 전치사로 쓰였다.

Answer 17.②

18 밑줄 친 부분 중 어법상 틀린 것은?

It can be difficult in the mornings, especially on cold or rainy days. The blankets are just too warm and comfortable. And we aren't usually ① <u>excited</u> about going to class or the office. Here are ② <u>a few</u> tricks to make waking up early, easier. First of all, you have to make a definite decision to get up early. Next, set your alarm for an hour earlier than you need to. This way, you can relax in the morning instead of rushing around. Finally, one of the main reasons we don't want to get out of bed in the morning ③ <u>are</u> that we don't sleep well during the night. That's ④ <u>why</u> we don't wake up well-rested. Make sure to keep your room as dark as possible. Night lights, digital clocks, and cell phone power lights can all prevent good rest.

📢 Point

③ 주어, 동사의 수 일치를 묻는 문제로서 주어는 one이고, 동사는 are이다. 따라서 are를 is로 바꾸어야 한다.
① 분사를 묻는 문제로서 주어가 사람(we)이기 때문에 excited가 옳다.
② 수량형용사 + 명사 수 일치를 묻는 문제로서 tricks가 셀 수 있는 명사 복수이기 때문에 a few가 맞는 표현이다.
④ That's why는 뒤에 결과가 나와야 된다. 우리가 잠에서 잘 깨지 못한다는 결과의 내용이기 때문에 맞는 표현이다.
blanket 담요   **definite** 분명한

「특히 춥거나 비가 오는 날에는 아침에 어려울 수 있다. 담요는 너무 따뜻하고 편안하다. 그리고 우리는 보통 수업이나 사무실에 가는 것에 흥분하지 않는다. 여기 일찍 일어나는 것을 쉽게 만드는 몇 가지 묘수가 있다. 우선 일찍 일어나려면 확실한 결정을 내려야 한다. 다음으로, 필요한 시간보다 한 시간 일찍 알람을 설정하라. 이렇게 하면, 당신은 뛰어다니지 않고 아침에 휴식을 취할 수 있다. 마지막으로, 우리가 아침에 침대에서 일어나기 싫은 주된 이유 중 하나는 우리가 밤중에 잠을 잘 자지 않기 때문이다. 그래서 우리는 잠에서 잘 깨지 못하는 것이다. 가능한 한 방을 어둡게 유지하도록 하라. 야간 조명, 디지털 시계, 휴대폰 전원 빛은 모두 좋은 휴식을 막을 수 있다.」

Answer 18.③

19 빈칸에 들어갈 말로 가장 적절한 것은?

Thunberg, 16, has become the voice of young people around the world who are protesting climate change and demanding that governments around the world _____. In August 2018, Thunberg decided to go on strike from school and protest in front of the Swedish parliament buildings. She wanted to pressure the government to do something more specific to reduce greenhouse gases and fight global warming. People began to join Thunberg in her protest. As the group got larger, she decided to continue the protests every Friday until the government met its goals for reducing greenhouse gases. The protests became known as Fridays for Future. Since Thunberg began her protests, more than 60 countries have promised to eliminate their carbon footprints by 2050.

① fear the people
② give free speech
③ save more money
④ take more action

 Point

protest 시위하다 **demand** 요구하다 **take action** 조치를 취하다 **go on strike** 파업하다 **parliament** 의회 **pressure** 압박하다 **eliminate** 제거하다 **carbon footprint**

① 사람들을 두려워 하도록
② 자유 연설을 하도록
③ 더 많은 돈을 절약하도록

「툰버그(16)는 기후변화에 항의하고 전 세계 정부들이 <u>더 많은 조치를 취할 것</u>을 요구하는 전 세계 젊은이들의 목소리가 됐다. 2018년 8월, 툰버그는 학교에서 파업을 벌이며 스웨덴 의회 건물 앞에서 시위를 벌이기로 결정했다. 그녀는 정부가 온실가스를 줄이고 지구 온난화와 싸우기 위해 좀 더 구체적인 일을 하도록 압력을 가하기를 원했다. 사람들은 그녀의 항의에 툰버그와 합류하기 시작했다. 이 단체가 규모가 커지면서, 그녀는 정부가 온실가스를 줄이기 위한 목표를 달성할 때까지 매주 금요일 시위를 계속하기로 결정했다. 그 시위는 미래를 위한 금요일로 알려지게 되었다. 툰버그가 시위를 시작한 이후, 60개 이상의 나라들이 2050년까지 탄소 발자국을 제거하겠다고 약속했다.」

Answer 19.④

20 다음 글의 내용과 일치하지 않는 것은?

Dear Sales Associates,

The most recent edition of The Brooktown Weekly ran our advertisement with a misprint. It listed the end of our half-price sale as December 11 instead of December 1. While a correction will appear in the paper's next issue, it is to be expected that not all of our customers will be aware of the error. Therefore, if shoppers ask between December 2 and 11 about the sale, first apologize for the inconvenience and then offer them a coupon for 10% off any item they wish to purchase, either in the store or online.

Thank you for your assistance in this matter.

General Manger

① The Brooktown Weekly에 잘못 인쇄된 광고가 실렸다.
② 반값 할인 행사 마감일은 12월 1일이 아닌 12월 11일이다.
③ 다음 호에 정정된 내용이 게재될 예정이다.
④ 10% 할인 쿠폰은 구매하고자 하는 모든 품목에 적용된다.

 Point

misprint 오인, 오식 **correction** 수정 **inconvenience** 불편함

「친애하는 영업사원분들께,
The Brooktown Weekly 최신호에 실은 우리 광고에 오자(誤字)가 있었습니다. 그것은 우리의 반값 세일의 종료를 12월 1일이 아닌 12월 11일로 기재했습니다. 다음 호에는 수정 사항이 나오겠지만, 우리 고객 모두가 오류를 인지하지는 못할 것으로 예상됩니다. 따라서 12월 2일에서 11일 사이에 구매자들이 판매에 대해 물어본다면, 먼저 불편함을 사과한 후 매장이나 온라인에서 구매하고자 하는 물품에 대해 10% 할인 쿠폰을 제공해 주십시오.
총괄 매니저」

Answer 20.②

1 밑줄 친 부분과 의미가 가장 가까운 것은?

> There was the <u>unmistakable</u> odor of sweaty feet.

① accessible

② distinct

③ desirable

④ complimentary

 Point

odor 냄새, 낌새, 평판 **unmistakable** 오해의 여지가 없는, 틀림없는

① 이해하기 쉬운
② 확실한, 분명한
③ 바람직한
④ 칭찬하는

「<u>틀림없는</u> 땀에 젖은 발 냄새였다.」

2 밑줄 친 부분과 의미가 가장 가까운 것은?

> Candidates interested in the position should hand in theirresumes to the Office of Human Resources.

① emit

② omit

③ permit

④ submit

 Point

Office of Human Resources 인사과 **hand in** 제출하다

① 내보내다
② 제외하다
③ 허용하다
④ 제출하다

「그 자리에 관심 있는 후보자들은 인사과에 이력서를 <u>제출해야</u> 한다.」

Answer 1.② 2.④

3 밑줄 친 부분과 의미가 가장 가까운 것은?

> It is easy to understand the conflict that arises between humans and nature as human populations grow. We bring to every <u>encounter</u> with nature an ancient struggle for our own survival. In the old days, all too often it was nature — her predators, winters, floods, and droughts — that did us in.

① confrontation
② reproduction
③ encouragement
④ magnificence

 Point

encounter 맞닥뜨리다

① 대치
② 생식
③ 격려
④ 장려

「인간과 자연 사이에서 인구 증가로 인해 일어나는 갈등을 이해하기는 쉽다. 우리는 자연과 맞닥뜨릴 때마다 우리 자신의 생존을 위한 오래된 투쟁을 해왔다. 옛날에는 포식동물, 동절기, 홍수, 가뭄과 같은 자연이 아주 빈번히 우리를 그런 상황으로 만들었다.」

4 빈칸에 들어갈 말로 가장 적절한 것은?

> When the fire alarm sounds, act immediately to ensure your safety. The fire alarm system is designed and engineered to provide you with an early warning to allow you to safely _____ the building during an urgent situation.

① exit
② renovate
③ demolish
④ construct

 Point

ensure 보장하다

① 나가다
② 개조하다
③ 철거하다
④ 건설하다

「화재 경보가 울릴 때, 즉시 당신의 안전을 보장할 행동을 취하라. 화재 경보 시스템은 당신에게 당신이 긴급 상황에서 건물을 안전하게 빠져나가게끔 초기에 경고를 주도록 설계, 계획되었다.」

Answer 3.① 4.④

5 다음 글의 요지로 가장 적절한 것은?

To demonstrate that you are thankful, you should say "thank you" immediately when you walk into the room and do the interview. This is a step that many people forego and do not remember, but when you do it, you demonstrate a level that is above the average candidate. So, you should say something to the interviewer like the following : "Thank you for inviting me to have this interview. I appreciate the time that you have committed to talk to me about this available position." You don't have to fluff up your words or try to make it into something fancy. Instead, keep it simple and to the point to show your gratitude to the interviewer.

① 면접자는 면접 시간 약속을 철저하게 지켜야 한다.
② 면접자는 면접 요청을 받으면 최대한 빨리 답장해야 한다.
③ 면접자는 면접관에게 곧바로, 간단히 감사를 표현해야 한다.
④ 면접에서 자신의 의견을 말할 때는 근거를 정확히 밝혀야 한다.

📢 Point

③ 주어진 글의 첫문장에서 글의 주요 내용이 드러나고 있다.
forego 앞서다 **fluff up** 부풀리다 **gratitude** 고마움

「당신이 감사하다는 것을 보여주기 위해, 당신이 방에 들어가 인터뷰를 할 때 즉시 "감사하다."라고 말해야 한다. 이것은 많은 사람들이 앞서 들어가 기억하지 못한 단계이지만, 당신이 그렇게 한다면 당신은 보통 지원자 우위의 레벨임을 보여주게 된다. 그렇기에 당신은 면접관에게 다음과 같은 말을 해야 한다. "이런 인터뷰 기회를 주셔서 감사합니다. 당신이 이 공석에 관해 저와 이야기 나눌 수 있는 시간을 내주심에 감사드립니다." 당신은 당신의 말을 부풀리거나 멋지게 만들어낼 필요는 없다. 대신에 면접관에게 당신의 고마움을 표현하는 데에 당신의 말을 간단명료하게 하라.」

18 Hansberry에 관한 다음 글의 내용과 일치하지 않는 것은?

> Hansberry was born on May 19, 1930, in Chicago, Illinois. She wrote The Crystal Stair, a play about a struggling black family in Chicago, which was later renamed A Raisin in the Sun, a line from a Langston Hughes poem. She was the first black playwright and, at 29, the youngest American to win a New York Critics' Circle award. The film version of A Raisin in the Sun was completed in 1961, starring Sidney Poitier, and received an award at the Cannes Film Festival. She broke her family's tradition of enrolling in Southern black colleges and instead attended the University of Wisconsin in Madison. While at school, she changed her major from painting to writing, and after two years decided to drop out and move to New York City.

① The Crystal Stair라는 연극 작품을 썼다.
② 29세에 New York Critics' Circle 상을 수상했다.
③ 가문의 전통에 따라 남부 흑인 대학에 등록했다.
④ 학교에서 전공을 미술에서 글쓰기로 바꿨다.

📢 **Point**

③ Hansberry는 가문의 전통을 따르지 않고 Wisconsin 대학에 진학했다.
starring 주연 **drop out** 중퇴하다

「Hansberry는 Illinois의 Chicago에서 1930년 5월 19일에 태어났다. 그녀는 Chicago에서 분투하는 한 흑인 가족에 대한 연극 The Crystal Stair를 집필했고, 그것은 후에 Langston Hughes의 시의 한 구절에서 따온 A Raisin in the Sun으로 이름이 바뀌었다. 그녀는 최초의 흑인 극작가였고, 29세에 최연소 미국인으로 New York Critics' Circle 상을 받았다. Sidney Poitier가 주연인 A Raisin in the Sun을 영화화한 작품은 1961년에 완성되었고, Cannes Film Festival에서 상을 받았다. 그녀는 남부 흑인 대학에 가는 그녀 가문의 전통을 깨고 대신에 Madison의 Wisconsin 대학에 진학했다. 학교에 다니는 동안, 그녀는 전공을 회화에서 작문으로 바꾸었고, 2년 후에 중퇴하고 New York 시로 이사하기로 결심했다.」

Answer 18.③

19 다음 글에서 전체 흐름과 관계없는 문장은?

Genetic engineering of food and fiber products is inherently unpredictable and dangerous — for humans, for animals, for the environment, and for the future of sustainable and organic agriculture. ① As Dr. Michael Antoniou, a British molecular scientist, points out, gene-splicing has already resulted in the " unexpected production of toxic substances in genetically engineered (GE) bacteria, yeast, plants, and animals." ② So many people support genetic engineering which can help to stop the fatal diseases. ③ The hazards of GE foods and crop sfall basically into three categories: human health hazards, environmental hazards, and socioeconomic hazards. ④ A brief look at the already-proven and likely hazards of GE products provides a convincing argument for why we need a global moratorium on all GE foods and crops.

🔊 Point

② 유전공학의 위험에 대해 서술하는 전체 흐름과 관계없이 유전공학에 대한 사람들의 지지를 서술하고 있다.
genetic 유전학의 **fiber** 섬유 **inherently** 본질적으로 **sustainable** 지속 가능한 **organic agriculture** 유기농업
molecular 분자의 **gene-splicing** 유전자 접합 **fatal** 치명적인 **hazard** 위험 **fall into** -로 나뉘다 **socioeconomic** 사회 경제적

「식품과 섬유 제품의 유전 공학은 인간, 동물, 환경, 그리고 지속 가능한 유기농업의 미래에 본질적으로 예측할 수 없고 위험하다. ①영국의 분자 과학자인 Michael Antoniou 박사가 지적한 바와 같이 유전자 접합은 이미 "유전자공학에 의해 생성된(GE) 박테리아, 효모, 식물, 동물에서 예기치 못한 독성 물질 생성"이라는 결과를 냈다. (②그래서 많은 사람들이 치명적인 질병들을 멈추는 데 도움을 줄 수 있는 유전공학을 지지한다.) ③GE 식품과 농작물의 위험은 기본적으로 세 가지 범주로 분류된다.: 인간의 건강 위험, 환경 위험, 사회 경제적 위험. ④이미 입증된 GE 생산품의 위험 여지를 간략히 살펴보는 것은 왜 우리가 GE 식품과 농작물에 글로벌 모라토리엄이 필요한지에 대해 설득력 있는 주장을 가능하게 해준다.」

Answer 19.②

20 다음 글의 내용과 일치하지 않는 것은?

A local Lopburi inn owner, Yongyuth, held the first buffet for the local monkeys in 1989, and the festival now draws thousands of tourists every year. The Lopburi people revere the monkeys so much that every year they hold an extravagant feast for them in the ruins of an old Khmer temple. Over 3,000 monkeys attend the banquet of fruit, vegetables and sticky rice, which is laid out on long tables. Before the banquet, Lopburi locals perform songs, speeches and monkey dances in honour of the monkeys. The Lopburi people believe that monkeys descend from Hanuman's monkey army, who, according to legend, saved the wife of Lord Ram from a demon. Since then, monkeys have been thought to bring good luck and are allowed to roam where they please in the city, even if they do cause chaos and tend to mug people.

① Lopburi 여관의 주인이 원숭이를 위한 뷔페를 처음 열었다.
② Lopburi 사람들은 원숭이를 매우 존경해서 매년 호화로운 잔치를 연다.
③ Lopburi 사람들은 연회가 끝나면 원숭이 춤을 춘다.
④ 원숭이가 행운을 가져다준다고 여겨진다.

 Point

③ 본문에서 Lopburi 사람들은 연회 전에 원숭이 춤을 춘다고 언급되었다.

inn 여관 **revere** 숭배하다 **extravagant** 화려한 **banquet** 만찬 **roam** 배회하다 **even if** -일지라도

「현지 Lopburi 여관 주인인 Yongyuth는 1989년에 지역 원숭이들을 위한 첫 번째 뷔페를 열었고, 이제 그 축제는 해마다 수 천 명의 관광객들을 끌어모으고 있다. Lopburi 사람들은 원숭이들을 무척 숭배해서 해마다 오래된 Khmer 사원의 폐허에서 그들을 위한 화려한 잔치를 베푼다. 3,000마리가 넘는 원숭이들이 기다란 탁자에 놓여있는 과일, 야채, 찹쌀의 만찬에 참여한다. 연회가 열리기 전에 Lopburi 현지인들은 원숭이들에게 경의를 표하기 위해 노래, 연설, 원숭이 춤을 춘다. Lopburi 사람들은 원숭이들이 Hanuman의 원숭이 군대에서 내려온다고 믿는데, 전설에 따르면 Hanuman은 Ram 경의 아내를 악마로부터 구했다고 한다. 그 이후 원숭이들은 복을 가져온다고 생각되었고, 난장판을 만들고 사람들에게 강도 짓을 하더라도 그들은 도시에서 마음에 드는 곳을 돌아다녀도 된다.」

서원각 교재와 함께하는 STEP

공무원 학습방법

01 파워특강

공무원 시험을 처음 시작할 때
파워특강으로 핵심이론 파악

02 기출문제 정복하기

기본개념 학습을 했다면
과목별 기출문제 회독하기

03 전과목 총정리

전 과목을 한 권으로 압축한
전과목 총정리로 개념 완성

04 전면돌파 면접

필기합격!
면접 준비는 실제 나온 문제를
기반으로 준비하기

서원각과 함께하는
공무원 합격을 위한
공부법

05 인적성검사 준비하기

중요도가 점점 올라가는
인적성검사, 출제 유형 파악하기

제공도서 : 소방, 교육공무직

• 교재와 함께 병행하는 학습 step3 •

1step 회독하기

최소 3번 이상의
회독으로 문항을 분석

2step 오답노트

 YES
 NO

틀린 문제 알고 가자!

3step 백지노트

오늘 공부한 내용,
빈 백지에 써보면서 암기

다양한 정보와
이벤트를 확인하세요!

서원각 블로그에서 제공하는 용어를 보면서 알아두면 유용한 시사, 경제, 금융 등 다양한 주제의 용어를 공부해보세요. 또한 블로그를 통해서 진행하는 이벤트를 통해서 다양한 혜택을 받아보세요.

최신상식용어
최신 상식을 사진과 함께 읽어보세요.

시험정보
최근 시험정보를 확인해보세요.

도서이벤트
다양한 교재이벤트에 참여해서 혜택을 받아보세요.

 상식 톡톡　　**최신 상식용어 제공!**

알아두면 좋은 최신 용어를 학습해보세요. 매주 올라오는 용어를 보면서 다양한 용어 학습!

 학습자료실　　**학습 PDF 무료제공**

일부 교재에 보다 풍부한 학습자료를 제공합니다. 홈페이지에서 다양한 학습자료를 확인해보세요.

 도서상담　　**교재 관련 상담게시판**

서원각 교재로 학습하면서 궁금하셨던 점을 물어보세요.

QR코드 찍으시면
서원각 홈페이지(www.goseowon.com)에
빠르게 접속할 수 있습니다.